面向科技型中小企业创新的技术竞争情报方法体系研究

刘志辉 著

科学技术文献出版社
·北京·

图书在版编目（CIP）数据

面向科技型中小企业创新的技术竞争情报方法体系研究 / 刘志辉著. —北京：科学技术文献出版社，2019.8

ISBN 978–7–5189–5716–3

Ⅰ.①面… Ⅱ.①刘… Ⅲ.①高技术企业—中小企业—企业竞争—竞争情报—研究 Ⅳ.① F276.44

中国版本图书馆 CIP 数据核字（2019）第 126143 号

面向科技型中小企业创新的技术竞争情报方法体系研究

策划编辑：周国臻　　责任编辑：杨瑞萍　　责任校对：文　浩　　责任出版：张志平

出 版 者	科学技术文献出版社
地　　　址	北京市复兴路15号　邮编　100038
编 务 部	（010）58882938，58882087（传真）
发 行 部	（010）58882868，58882870（传真）
邮 购 部	（010）58882873
官方网址	www.stdp.com.cn
发 行 者	科学技术文献出版社发行　全国各地新华书店经销
印 刷 者	北京时尚印佳彩色印刷有限公司
版　　　次	2019 年 8 月第 1 版　2019 年 8 月第 1 次印刷
开　　　本	710×1000　1/16
字　　　数	221千
印　　　张	15.25　彩插12面
书　　　号	ISBN 978–7–5189–5716–3
定　　　价	68.00元

版权所有　违法必究

购买本社图书，凡字迹不清、缺页、倒页、脱页者，本社发行部负责调换

前　言

　　科技型中小企业是国家创新体系的重要组成部分，一方面它们是技术创新，特别是突破式创新的重要来源；另一方面却因为缺乏必要的技术竞争情报支撑而面临日益加剧的竞争压力。本研究在基于社会调查了解科技型中小企业创新活动现状的基础上，对其技术竞争情报需求进行分析，在此基础上尝试从方法论研究的视角为科技型中小企业的技术竞争情报活动提供方法体系借鉴，并针对其关键技术竞争情报课题进行方法应用研究。

　　2013 年与 2015 年调查数据的比较表明，科技型中小企业的开放式创新活动正在不断加强，而且中小企业青睐内向式开放式创新。开放式创新中的技术竞争情报呈现"微笑曲线"的特点。对科技型中小企业的技术竞争情报活动调研结果表明，科技型中小企业的竞争情报活动呈现专业化趋势。从数据来源看，科技型中小企业在技术竞争情报研究中更加倾向于二手情报源，这与韩国一项研究的结论具有一致性。科技型中小企业技术竞争情报需求的整体共性特点与个体差异相对较大，技术内容是科技型中小企业技术竞争情报关键情报问题的核心，而且对竞争对手的分析也更加复杂。这说明开放式创新环境中科技型中小企业对技术竞争情报的需求更加复杂。

　　中小企业的技术竞争情报活动自身具有显著特点，特别是由于资源与知识结构局限性所带来的方法应用局限。针对这种问题，学者给出了不同的解决思路：一种是基于共享理论，借助于产业集群或国家平台解决此类问题；另一种则是针对中小企业的特点进行方法的适用性改进。而本研究则从科技情报方法论的视角提出了一种新的解决途径，即基于元分析的思想充分挖掘已有的、可获得的科技文献数据及相关产业数据，为企业战略决策提供更具效度的情报支撑。这种解决方案正是基于前期对科技型中小企业的调研发现提出的：目前科技型中小企业对二手情报源的利用要高于一手情报源。本研究将这一解决方案的核心概念化为基于多源数据与复合关系的分析范式。

在多源数据与复合关系的分析范式概念框架之下，中小企业的技术竞争情报分为3个层次：框架层、业务层与操作层。其中，业务层是从价值链视角进行描述，但与传统分析业务不同，在分析环节可能存在并行的情报分析，即利用相关数据源针对同一关键情报需求进行分析，以提高结果一致性与效度。而这一点也决定了操作层的特征。基于多源数据与复合关系分析范式，本研究提出了面向开放式创新的中小企业技术竞争情报方法体系。它具有3个典型的特点：第一，在操作层突出了基于多源数据与复合关系的分析范式，在数据源层突出了二手情报源，在分析环节中突出并行；第二，在业务层突出了开放式创新中的关键情报问题（技术与市场的结合、竞争与市场的结合），同时相应地在数据源层强化了数据源与创新链的对应（基础研究、应用研究、产业化）；第三，在框架层强调协同，包括二手情报源与一手情报源的协同、基于多源数据和复合关系分析与其他技术竞争情报分析方法间的协同。

在方法实证方面，基于对方法体系外在效度与信度的考虑，分别选择了LED、信息技术及环保领域作为实证研究对象。鉴于数据的可获得性及更多关系融合的可能，本项目选择以上市公司为具体的企业对象。在数据源方面基于科技型中小企业利用科技文献的特点，主要是将论文、专利作为主要数据源，再结合反映市场信息的企业年报与行业标准等数据源类型。

在技术领域监测、市场竞争预警和创新活动监测中的实证分析结果证实了这种技术竞争情报分析体系的有效性及其优势，即基于定量分析在全景式描述及深度分析上的优势。但同时也发现了一些局限，如对市场竞争行为预测的不足、融合过多关系而带来的计算压力等。就具体的方法应用来说，这种方法体系特别突出了将技术与市场数据进行融合对解决开放式创新关键情报课题的必要性，但也存在适用范围问题，如应用研究中提出的企业技术创新能力评估方法只适用于科技型中小企业。

在理论研究上，本研究关于科技型中小企业技术竞争情报需求影响因素的分析对于竞争情报用户行为研究具有重要的参考价值；基于多源数据与复合关系的分析范式研究对于技术竞争情报分析方法研究具有重要的方法论意义。在实践应用上，本研究关于科技型中小企业创新活动现状的调查对于科技管理决策者来说具有一定的数据支撑价值；面向开放式创新的中小企业技术竞争情报方法体系可以为科技型中小企业的技术竞争情报分析提供方法框架及具体的操作流程参考，因此，具有重要的实践应用价值。

在研究过程中，限于能力与资源的局限，本研究仍存在着需要进一步改进的地方及研究空间。在未来研究中将对科技型中小企业创新及技术竞争情报需求进行持续跟踪，探索多源数据与复合关系分析范式的工具化与平台化，对更广泛的关键情报课题开展应用研究，如基于开源信息的创新人才画像与评估等。

目 录

第1章 引 言 ·· 1
- 1.1 研究目标 ·· 1
- 1.2 相关概念 ·· 2
  - 1.2.1 科技型中小企业 ·· 2
  - 1.2.2 技术竞争情报 ··· 4
- 1.3 技术竞争情报研究现状 ·· 5
  - 1.3.1 数据来源与分析方法 ··· 5
  - 1.3.2 技术竞争情报研究的发文量变化 ····································· 6
  - 1.3.3 技术竞争情报的研究流派 ·· 7
  - 1.3.4 技术竞争情报的主要研究主题分析 ·································· 8
  - 1.3.5 中小企业技术竞争情报研究现状 ···································· 15
  - 1.3.6 研究述评 ·· 16
- 1.4 研究内容 ··· 18
- 1.5 研究思路与方法 ·· 19

第2章 基于问卷调查的科技型中小企业技术竞争情报研究 ········ 21
- 2.1 科技型中小企业与开放式创新 ·· 21
  - 2.1.1 开放式创新的内涵与特征 ··· 21
  - 2.1.2 开放式创新与相关创新模式的比较 ································ 22
- 2.2 科技型中小企业与技术竞争情报 ·· 24
  - 2.2.1 开放式创新环境下的技术竞争情报影响因素 ··················· 24
  - 2.2.2 技术竞争情报分析的功能、内容与来源 ························· 27

2.3 问卷设计与调查 ·· 30
   2.3.1 问卷设计 ·· 30
   2.3.2 数据收集 ·· 33
   2.3.3 有效样本 ·· 34
   2.3.4 信度检验 ·· 34
2.4 技术竞争情报需求与现状分析 ································· 36
   2.4.1 科技型中小企业的创新现状分析 ······················· 36
   2.4.2 科技型中小企业的技术竞争情报需求 ················ 41
   2.4.3 技术竞争情报的组织形式 ······························· 48
2.5 技术竞争情报的影响因素分析 ································· 50
   2.5.1 基于结构方程的影响因素分析 ························· 50
   2.5.2 影响因素的比较分析 ····································· 54
2.6 小结 ··· 56

第3章 面向开放式创新的中小企业技术竞争情报方法体系研究 ··· 58

3.1 相关概念的界定 ·· 58
   3.1.1 技术情报与技术竞争情报 ······························· 58
   3.1.2 技术竞争情报概念框架 ·································· 60
   3.1.3 技术竞争情报分析 ·· 64
3.2 中小企业技术竞争情报分析的特点 ··························· 65
   3.2.1 中小企业的技术竞争情报工作的特点 ················ 66
   3.2.2 竞争情报分析的发展趋势 ······························· 66
   3.2.3 科技型中小企业技术竞争情报分析中存在的问题 ·· 67
3.3 科技情报分析方法的发展趋势 ································· 68
   3.3.1 科技情报分析方法研究的趋势 ························· 68
   3.3.2 面向分析流程的数据源与工具调研 ··················· 70
   3.3.3 科技情报分析支撑工具的发展趋势 ··················· 78
3.4 基于多源数据与复合关系的技术竞争情报分析范式 ····· 78

  3.4.1 分析范式 ·············· 79
  3.4.2 竞争情报分析与元分析 ·············· 79
  3.4.3 基于多源数据与复合关系的分析范式 ·············· 81
 3.5 面向开放式创新的中小企业技术竞争情报方法体系 ·············· 85
  3.5.1 方法体系概述 ·············· 85
  3.5.2 方法体系分解 ·············· 86
  3.5.3 方法体系的应用 ·············· 87
 3.6 小结 ·············· 89

第4章 产业共性技术识别方法应用研究 ·············· 92
 4.1 关键情报课题：影响产业发展的关键技术 ·············· 92
 4.2 概念操作化定义：产业共性技术的监测指标 ·············· 93
  4.2.1 产业共性技术的概念界定 ·············· 93
  4.2.2 产业共性技术的基本特征 ·············· 94
  4.2.3 产业共性技术的识别指标 ·············· 95
 4.3 产业共性技术识别的方法流程 ·············· 97
  4.3.1 多源数据与复合关系分析范式下的方法体系 ·············· 98
  4.3.2 共性技术识别的分析操作流程 ·············· 98
 4.4 共性技术识别方法的实证研究 ·············· 100
  4.4.1 实证数据集构建 ·············· 100
  4.4.2 相关计算方法 ·············· 101
  4.4.3 结果分析 ·············· 102
 4.5 小结 ·············· 105

第5章 技术领域研究前沿识别方法应用研究 ·············· 107
 5.1 关键情报课题：企业所在技术领域的技术前沿 ·············· 107
 5.2 概念操作化定义：研究前沿的监测指标 ·············· 108
  5.2.1 研究前沿的概念界定 ·············· 108
  5.2.2 研究前沿的基本特征 ·············· 108

5.2.3　研究前沿的识别指标 …………………………………… 109
5.3　研究前沿识别的方法流程 …………………………………………… 110
　　5.3.1　多源数据与复合关系分析范式下的方法体系应用 ……… 111
　　5.3.2　研究前沿识别方法的分析操作流程 ……………………… 111
5.4　前沿领域识别方法的实证研究 ……………………………………… 113
　　5.4.1　实证数据集构建 …………………………………………… 113
　　5.4.2　相关计算方法 ……………………………………………… 114
　　5.4.3　结果分析 …………………………………………………… 114
5.5　小结 …………………………………………………………………… 123

第6章　潜在竞争对手识别方法应用研究 ………………………………… 124

6.1　关键情报课题：企业的潜在竞争对手 ……………………………… 124
6.2　概念操作化定义：竞争对手监测指标 ……………………………… 125
　　6.2.1　竞争对手与竞争战略假说 ………………………………… 125
　　6.2.2　目标竞争对手范围的限定 ………………………………… 126
　　6.2.3　竞争对手的监测指标 ……………………………………… 126
6.3　竞争对手识别的方法流程 …………………………………………… 128
　　6.3.1　多源数据与复合关系分析范式下的方法体系 …………… 128
　　6.3.2　竞争对手识别方法的分析操作流程 ……………………… 129
6.4　潜在竞争对手识别方法的实证研究 ………………………………… 130
　　6.4.1　实证数据集构建 …………………………………………… 130
　　6.4.2　相关计算方法 ……………………………………………… 130
　　6.4.3　结果分析 …………………………………………………… 131
6.5　小结 …………………………………………………………………… 135

第7章　竞争威胁测度方法应用研究 ……………………………………… 136

7.1　关键情报课题：企业竞争威胁 ……………………………………… 136
7.2　概念操作化定义：竞争威胁 ………………………………………… 137
　　7.2.1　竞争威胁的界定 …………………………………………… 137

　　　　7.2.2　竞争威胁的分析维度 ·· 138
　　　　7.2.3　竞争威胁的测度体系 ·· 139
　　7.3　竞争威胁测度的方法流程 ·· 142
　　　　7.3.1　多源数据与复合关系分析范式下的方法体系 ··············· 143
　　　　7.3.2　竞争威胁测度的分析操作流程 ································· 143
　　7.4　竞争威胁测度方法的实证研究 ··· 146
　　　　7.4.1　实证数据集构建 ·· 146
　　　　7.4.2　结果分析 ··· 147
　　7.5　小结 ·· 155

第8章　企业技术创新能力评估方法应用研究 ······························ 156
　　8.1　关键情报课题：企业的技术创新能力 ····································· 156
　　8.2　概念操作化定义：技术贡献度 ··· 157
　　　　8.2.1　企业技术创新能力的界定 ·· 157
　　　　8.2.2　企业技术贡献度的界定 ··· 158
　　　　8.2.3　技术贡献度的操作化定义 ·· 159
　　8.3　企业技术创新能力评估方法流程 ·· 161
　　　　8.3.1　多源数据与复合关系分析范式下的方法体系 ··············· 161
　　　　8.3.2　企业技术创新能力评估的分析操作流程 ····················· 161
　　8.4　技术创新能力测度的实证研究 ··· 165
　　　　8.4.1　实证数据集构建 ·· 165
　　　　8.4.2　相关计算方法 ··· 166
　　　　8.4.3　结果分析 ··· 166
　　8.5　小结 ·· 175

第9章　企业开放式创新战略分析方法应用研究 ··························· 176
　　9.1　关键情报课题：企业开放式创新战略 ····································· 176
　　9.2　概念操作化定义：企业竞合 ··· 177
　　　　9.2.1　企业竞合的概念界定 ··· 177

9.2.2　竞合关系的监测指标……………………………………178
9.3　企业开放式创新战略分析方法流程………………………………182
　　9.3.1　多源数据与复合关系分析范式下的方法体系……………182
　　9.3.2　企业开放式创新战略分析操作流程………………………182
9.4　企业开放式创新战略分析实证研究………………………………184
　　9.4.1　实证数据集构建……………………………………………185
　　9.4.2　相关计算方法………………………………………………185
　　9.4.3　结果分析……………………………………………………187
9.5　小结…………………………………………………………………196

第10章　结　语……………………………………………………198
10.1　主要研究发现与结论……………………………………………198
　　10.1.1　科技型中小企业的开放式创新……………………………198
　　10.1.2　科技型中小企业的技术竞争情报活动……………………199
　　10.1.3　科技型中小企业的技术竞争情报需求……………………200
　　10.1.4　技术竞争情报分析方法论…………………………………201
　　10.1.5　面向开放式创新的技术竞争情报方法体系………………203
10.2　创新点……………………………………………………………204
10.3　研究局限与展望…………………………………………………205
　　10.3.1　研究局限……………………………………………………205
　　10.3.2　未来研究……………………………………………………205

附录　调查问卷……………………………………………………207
参考文献……………………………………………………………213

图表目录

图 1-1　国外技术竞争情报领域发文量年度分布 …………………… 6
图 1-2　技术竞争情报领域的作者同被引分析 ……………………… 7
图 1-3　基于作者关键词共现关系网络（全局）…………………… 10
图 1-4　基于作者关键词共现关系网络（核心）…………………… 10
图 1-5　项目的研究思路与研究方法 ……………………………… 20
图 2-1　开放式创新的机制 ………………………………………… 22
图 2-2　科技型中小企业选择技术合作伙伴时所考虑的主要因素 … 41
图 2-3　科技型中小企业的技术竞争情报需求强度分布 ………… 42
图 2-4　未设情报部门的企业负责情报工作的部门分布情况 …… 50
图 2-5　最终结构方程模型 ………………………………………… 51
图 2-6　调整路径后的结构模型 …………………………………… 52
图 3-1　概念模型之框架层 ………………………………………… 61
图 3-2　概念模型之系统层 ………………………………………… 61
图 3-3　概念模型之流程层 ………………………………………… 62
图 3-4　基于价值链的技术竞争情报系统框架 …………………… 63
图 3-5　科技情报研究流程 ………………………………………… 70
图 3-6　分析范式之框架层 ………………………………………… 82
图 3-7　分析范式之业务层 ………………………………………… 82
图 3-8　分析范式之操作层 ………………………………………… 82
图 3-9　面向开放式创新的中小企业技术竞争情报方法体系 …… 85
图 4-1　共性技术识别的分析操作流程 …………………………… 98

图 5-1　研究前沿识别的分析操作流程…………………………………………112
图 5-2　LED 领域论文主题演化………………………………………………116
图 5-3　LED 领域专利主题演化………………………………………………118
图 5-4　LED 领域数据融合后的主题演化……………………………………120
图 5-5　2006—2010 年论文数据类团…………………………………………122
图 5-6　2006—2010 年专利数据类团…………………………………………122
图 7-1　2015 年环保行业市场威胁网络………………………………………148
图 7-2　2015 年环保行业市场威胁密度………………………………………148
图 7-3　2015 年环保行业资源威胁网络………………………………………149
图 7-4　2015 年环保行业资源威胁密度………………………………………149
图 7-5　2015 年环保行业技术威胁网络………………………………………150
图 7-6　2015 年环保行业技术威胁密度………………………………………150
图 7-7　龙净环保 2011 年竞争对手威胁情况…………………………………152
图 7-8　龙净环保 2012 年竞争对手威胁情况…………………………………152
图 7-9　龙净环保 2013 年竞争对手威胁情况…………………………………153
图 7-10　龙净环保 2014 年竞争对手威胁情况…………………………………153
图 7-11　龙净环保 2015 年竞争对手威胁情况…………………………………154
图 8-1　知识物化理论视角下的企业技术贡献度………………………………158
图 8-2　企业知识与资源要素的映射……………………………………………160
图 8-3　企业技术创新能力评估操作流程………………………………………162
图 8-4　企业产品—知识映射……………………………………………………163
图 8-5　中游企业技术贡献度演化趋势…………………………………………167
图 8-6　下游企业技术贡献度演化趋势…………………………………………168
图 8-7　"铜峰电子"技术贡献度与营业利润增长率演化趋势………………169
图 8-8　"长江通信"技术贡献度与营业利润增长率演化趋势………………170
图 8-9　"同方股份"技术贡献度与营业利润增长率演化趋势………………171
图 9-1　假说——指标对应体系…………………………………………………181
图 9-2　企业开放式创新战略分析操作流程……………………………………183
图 9-3　LED 领域企业合作网络…………………………………………………187

图 9-4　LED 领域企业竞合网络 ··· 188
图 9-5　LED 领域企业竞合网络（部分）····································· 189
图 9-6　LED 领域上市公司竞合关系网络 ···································· 190
图 9-7　LED 领域上市公司竞合关系二维散点 ···························· 191
图 9-8　LED 领域上市公司竞争与合作关系散点 ························ 193
图 9-9　LED 领域企业关系网络竞合分布熵与竞争合作比 ·········· 194
图 9-10　京东方科技集团股份有限公司竞合关系动态演化 ········· 195

表 1-1　数据集中的部分关键词及词频 ·· 8
表 2-1　封闭式创新与开放式创新基本原则比较 ···························· 23
表 2-2　合作创新与开放式创新基本原则比较 ································ 23
表 2-3　影响因素的操作化定义 ·· 30
表 2-4　技术竞争情报方法的操作化定义 ······································· 31
表 2-5　研究样本的基本情况 ·· 35
表 2-6　数据的信度分析结果 ·· 35
表 2-7　科技型中小企业获取新技术的主要方式 ···························· 36
表 2-8　科技型中小企业内向创新的广度与深度 ···························· 37
表 2-9　科技型中小企业技术成果商业化方式 ······························· 38
表 2-10　科技型中小企业外向式创新的广度与深度 ····················· 39
表 2-11　科技型中小企业的技术合作对象 ···································· 40
表 2-12　科技型中小企业外部创新源的合作广度与深度 ·············· 41
表 2-13　科技型中小企业的技术竞争情报功能需求 ····················· 42
表 2-14　开放式创新中的主要分析功能需求 ································ 43
表 2-15　科技型中小企业的技术竞争情报内容需求 ····················· 44
表 2-16　科技型中小企业的关键情报需求 ···································· 45
表 2-17　科技型中小企业的技术竞争情报来源分布 ····················· 45
表 2-18　科技型中小企业的主要技术竞争情报来源 ····················· 46
表 2-19　企业内部情报意识变量统计 ·· 49
表 2-20　企业内部情报意识 T 检验结果 ······································· 49

表 2-21	被调查企业的情报部门设置情况	50
表 2-22	技术竞争情报需求的相关影响因素假说验证	52
表 2-23	调整模型修正后的系数估计情况	53
表 2-24	CTI 需求与影响因素之间的相关性分析	55
表 2-25	企业开放度与其他影响因素及 CTI 需求的相关性分析	56
表 3-1	技术竞争情报方法体系的应用研究	88
表 4-1	产业共性技术三大类监测指标	95
表 4-2	多源数据与复合关系分析范式下的共性技术识别	98
表 4-3	单一映射后对应的类团相似度之和	102
表 4-4	2 种分析结果对比	103
表 5-1	多源数据与复合关系分析范式下的研究前沿识别	111
表 5-2	LED 领域论文主题年龄与主题作者数量	115
表 5-3	LED 领域专利主题年龄和主题作者数量	117
表 5-4	论文与专利主题合并结果	118
表 5-5	论文与专利主题合并年龄和主题作者数量	119
表 5-6	ST7 类团包含的关键词及所属主题	121
表 6-1	资源实力维度的指标	127
表 6-2	多源数据与复合关系分析范式下的潜在竞争对手识别	129
表 6-3	2013 年金证股份竞争对手分类	132
表 6-4	竞争对手分类结果的重合度	133
表 6-5	竞争对手分类结果的年度变化	134
表 7-1	企业威胁测度指标体系	141
表 7-2	多源数据与复合关系分析范式下的竞争威胁测度	143
表 7-3	企业间竞争威胁分级	146
表 8-1	多源数据与复合关系分析范式下的创新能力评估	161
表 8-2	2013 年环保领域企业技术创新能力排名 TOP10	166
表 8-3	模型摘要	172
表 8-4	方差分析	172
表 8-5	回归系数	172

表 8-6　因子得分系数矩阵 …………………………………………… 173
表 8-7　最终聚类中心 ………………………………………………… 173
表 8-8　各个类别原始指标还原特征 ………………………………… 174
表 9-1　多源数据与复合关系分析范式下的开放式创新战略分析 … 182
表 9-2　LED 领域关系网络指标比较 ………………………………… 190
表 9-3　LED 领域上市公司竞合类型 ………………………………… 192
表 9-4　LED 领域企业竞争关系熵与合作关系熵变化趋势 ………… 193

第 1 章 引　言

1.1　研究目标

世界经合组织（Organisation for Economic Co-operation and Development，OECD）的研究表明了中小企业对于创新引领型（Innovation-led）经济增长及就业的重要作用，特别是大量证据表明中小企业，特别是新兴中小企业对于国家创新体系的重要作用[1]。这些科技密集型中小企业，即科技型中小企业不仅是新兴产业与国家经济发展的基础，同时也是国家创新体系的重要组成部分。科技型中小企业的创新活动在推进科技成果转化、提高创新效率、实现产业结构升级等方面发挥着不可替代的作用，它们是新技术和新产业的"探路者"[2]。

2017 年，OECD 的最新数据表明，中小企业提供的就业达到所统计经济体全部就业的 70%，而对于新兴经济体来说，中小企业对就业与 GDP 的贡献分别达到了 45% 与 33%[3]。尽管并不是所有的中小企业都是创新型企业，但是新兴中小企业的确是突破式创新的主要驱动力量，因此，科技型中小企业也是许多国家创新政策的重要关注对象[4]。随着我国创新驱动发展战略实施，科技型中小企业的作用日益突出，而在技术研发全球化和技术开发复杂化的环境下，科技型中小企业在市场竞争中面临着巨大的生存挑战与发展压力。

---

[1] OECD.Enhancing the competitiveness of SMEs through innovation[R/OL].（2000-06-14）[2018-01-20]. http://www.oecd.org/cfe/smes/2010176.pdf.
[2] 陈清泰. 必须确立科技型中小企业在国家创新体制中的战略地位[N]. 科学时报，2011-06-11（1）.
[3] OECD.Enhancing the contributions of SMEs in a global and digitalised economy[R/OL].（2017-06-07）[2018-01-20]. http://www.oecd.org/mcm/documents/C-MIN-2017-8-EN.pdf.
[4] JARUNEE WONGLIMPIYARAT.New economics of innovation:strategies to support high-tech SMEs[J]. Journal of high technology management research, 2015, 26：186-195.

从宏观层次的创新研究视角来看，科技型中小企业所面临的问题是多方面的，具有行业性差异、区域性差异等特点。但从微观层次的企业创新研究视角来看，这些外部驱动力最终都将转化为企业技术创新的影响因素。如何在这种既定的产业与技术影响格局之下，选择自己的创新路径就成为科技型中小企业所面临的首要问题。而这一点也正是技术竞争情报（Competitive Technical Intelligence，CTI）的核心研究内容所在。

如何利用技术竞争情报理念与方法工具，使科技型中小企业有效规避技术竞争的潜在风险，发掘并利用潜在技术发展机遇，进而提高其创新能力和竞争实力，已逐渐成为学术界和企业界关注的焦点。本研究的研究目标就是针对科技型中小企业的创新需求，通过方法研究为其具体技术竞争情报工作提供方法论指导，同时进一步丰富技术竞争情报研究的理论与方法体系。

1.2 相关概念

1.2.1 科技型中小企业

目前，国内外研究中对科技型中小企业并没有一个被广泛接受的概念界定，但会根据研究或统计需要给出一定的标准，如OECD的企业调查中会限定中小企业的统计标准。目前，大部分国内研究都是参考科技部对高新技术企业的认定及科技型中小企业创新基金的认定标准。

《高新技术企业认定管理办法》由科技部、财政部和国家税务总局于2008年颁布并于2016年进行了修订，其中，对高技术企业的认定主要有以下指标：通过自主研发、受让、受赠、并购或等独占许可方式，对其主要产品或服务的核心技术拥有自主知识产权；产品或服务在电子信息技术、生物与新医药技术、航空航天技术、新材料技术、高技术服务业、新能源及节能技术、资源与环境技术、高新技术改造传统产业的范围内（《国家重点支持的高新技术领域》）；具有大学专科以上学历的科技人员占企业当年职工总数的30%以上，其中研发人员占企业当年职工总数的10%以上；企业为获得科学技术新知识，创造性运用科学技术新知识，或实质性改进技术、产品或服务而持续进行了研究开发活动，且研究开发费用总额占销售收入总额的比例不低于3%；高新技术产品或服务收入占企业当年总收入的 60% 以上[①]。

《科技型中小企业技术创新基金项目管理暂行办法》由科技部和财政部联合发布，其中要求承担项目的企业应具备以下条件：具备独立企业法人资格的中小企业；主要从事高新技术产品的研制、开发、生产和服务业务；管理团队有较强的市场开拓能力和较高的经营管理水平，并有持续创新的意识；职工人数不超过 500 人，具有大专以上学历的科技人员占职工总数的比例 30% 以上，直接从事研究开发的科技人员占职工总数的比例 10% 以上；有良好的经营业绩，资产负债率合理；每年用于技术产品研究开发的经费不低于当年营业收入的 5%；有健全的财务管理制度和合格的财务管理人员[②]。

除了上述以行业、研发、人员等不同指标进行界定外，国内也有相关研究从中小企业发展阶段的角度对科技型中小企业进行界定。根据企业的生命周期理论，一般企业的生命周期大致可分为 4 个阶段：创业期（种子期、导入期），成长期或扩张期，成熟期，最后是衰退期或企业再造期。科技型中小企业是指处于种子期、导入期和成长期这几个时期的企业，种子期是指技术的酝酿与发明阶段，导入期是指技术创新和产品试销阶段，成长期是指技术发展和生产扩大阶段[③]。这几个时期的企业具有规模小、知识密集、研发投入高、增长速度快、技术进步快等特征。

综合不同研究，本研究认为科技型中小企业的构成要素有以下几个方面：处于种子期、导入期和成长期这 3 个时期；主要从事高新技术产品的研制、开发、生产或服务业务；具有大专以上学历的科技人员占职工总数的比例 30% 以上；直接从事研究开发的科技人员占职工总数的比例 10% 以上；企业每年用于技术产品研究开发的经费不低于当年营业收入的 3%。本项目之所以提出这种基于指标的界定方式，是为了便于后续研究，特别是需求调查时的可操作性。

---

① 科技部，财政部，国家税务总局.高新技术企业认定管理办法：国科发火〔2008〕172 号 [A/OL].（2008-04-28）[2013-01-25].https://www.most.gov.cn/fggw/zfwj/zfwj2008/200804/t20080428_61006.htm.
② 科技部，财政部.科技型中小企业技术创新基金项目管理暂行办法：国科发计字〔2005〕60 号 [A/OL].（2005-03-11）[2013-01-25]. http://www.most.gov.cn/tztg/200503/t20050311_19628.htm.
③ 张丹.科技型中小企业技术创新能力评价研究 [D].济南：山东大学，2007：11.

1.2.2 技术竞争情报

与"技术竞争情报"相关的术语包括"技术情报""技术预见"等，与之相对应的英文也主要包括2种，即"Competitive Technical Intelligence""Technology Intelligence"。从技术竞争情报概念的相关研究来看，主要有2种理论视角：一是竞争情报之技术领域应用；二是技术管理之情报支撑。

第一类观点主要将技术竞争情报视为"可能影响到组织竞争地位的具有可行动性（Actionable）的外部科技发展信息"[①]。这种界定方式与竞争情报的定义具有很强的相似性，如美国战略与竞争情报协会（Strategic and Competitive Intelligence Professionals，SCIP）将竞争情报定义为以符合伦理与法律的方式系统收集、分析并管理那些可能影响企业规划、决策与运营的信息。显然在这种视角下，当技术是一个重要因素时，竞争情报就成为技术竞争情报[②]。因此，技术竞争情报是指能给组织的竞争地位带来重大影响的外部科学或技术的威胁、机会或发展的信息，以及这些信息的获取、监控、分析、前瞻和预警过程，是竞争情报理论和方法在科技领域中的应用[③]。

第二类观点是从技术管理的视角来进行概念界定的，技术情报是"通过搜集、分析和传递，及时准备关于组织环境中的技术事实与趋势相关信息（机遇与威胁），从而支撑企业技术与管理决策的系列活动"[④]。因此，也有学者直接将技术情报定义为企业识别技术威胁与机遇流程中进行技术信息收集与传递的活动[⑤]，包括技术监测、技术评估及技术预测等系列活动[⑥]。尽管关注于技术这一维度，但技术管理视角下的技术情报并不仅仅关注于某项技术本身的技

---

① RCHARD A KLAVANS, W BRADFORD ASHTON. Keeping abreast of science and technology: technical intelligence for business[M]. Columbus：Battelle Press，1997.
② GINA CULBELT, CAREY JORDAN, CHRIS TUROSI. Competitive intelligence white paper[EB/OL]. (2009-09-01)[2018-01-26]. https://www.ipo.org/wp-content/uploads/2013/03/Nov2009TradeSecretsWhitePaper1.pdf.
③ 李艳，赵新力，齐中英. 技术竞争情报现状分析[J]. 情报学报，2006，25（2）：242-253.
④ PASCAL SAVIOZ. Technology intelligence:concept design and implementation in technology-based SMEs[M]. New York: Palgrave Macmillan, 2004.
⑤ C I V KERR, L MORTARA, R PHAAL, et al. A conceptual model for technology intelligence[J]. International journal of technology intelligence and planning，2006，2（1）：73-93.
⑥ ECKHARD LICHTENTHALER. Third generation management of technology intelligence process[J]. R&D management，2003，33（4）：361-375.

术特征，同时也关注该项技术所涉及的政治、经济、社会、法律和环境等一系列内容。也就是组织或机构为了获取技术竞争优势，对有关外部技术机会、威胁和发展的信息进行收集和分析，由此形成有关技术本身、技术竞争环境、竞争对手、竞争策略和战略的分析产品，并组织实施技术创新管理的过程[①]。

除了基于这 2 种理论视角的分析外，也有学者认为不同理论视角对技术竞争情报的研究只是关注的要素不同而已，此类活动在任务层次上是具有一致性的，只是不同理论视角下的操作方式有所不同。特别是从分析任务的视角来看，技术竞争情报就是将竞争对手数据转换成与竞争对手的地位、努力程度和动向相关的、可利用的战略技术知识的分析过程[②]。

尽管不同学者对技术竞争情报的内涵界定与描述不同，但在以下几点是有相似之处的：①技术竞争情报中的"情报"不等同于"信息"，它是一种更加聚焦的信息，面向用户需求的（技术威胁与机遇）、关于外部技术的（技术本身与技术相关）、具有及时性与可靠性的、在特定范围公开的信息；②技术竞争情报是基于分析的，而不是仅仅通过"收集"就能得到的；③从任务层次来说，技术竞争情报也是一个过程。

1.3　技术竞争情报研究现状

基于文献调研的结果表明，尽管国内外对技术竞争情报的研究比较丰富，国内外也有专门针对中小企业竞争情报的研究，但目前以科技型中小企业为研究对象的技术竞争情报研究相对较少。本节将通过定量分析与内容分析相结合的方法，从研究主题与研究进展 2 个维度介绍相关研究现状。

1.3.1　数据来源与分析方法

本小节关于技术竞争情报研究现状的定量分析数据来源为 Web of Science 数据库。以"techn* intelligence"或"competi* techn* intelligence"为检索式进行主题检索（检索日期为 2018 年 4 月 21 日），文献类型限定为"article"

---

① 刘细文. 技术竞争情报的演化与发展[J]. 图书情报工作，2008，52（10）：6-9.
② COBURN MATHIAS M. Competitive technical intelligence: a guide to design, analysis and action[M]. Oxford: Oxford University Press，1999.

和"proceeding paper",时间限定为"all-year",经过清洗去重后,共得到496条文献题录数据,其中SCI核心库为313条文献记录(本部分称之为"核心数据集")。为了更加全面地分析技术竞争情报的相关研究,本研究又检索了313篇SCI核心库文献的施引文献(排除自引),结果为2101条记录,最终形成包括2401条记录的数据集(本部分称之为"扩展数据集")。

1.3.2 技术竞争情报研究的发文量变化

根据主题检索得到的496条文献的发表时间分布,如图1-1所示。在该文献集中最早发表的2篇论文是"German Wartime Food Processing and Packaging"(1947年)和"Technical Intelligence Service"(1948年)。这2篇文章尽管从标题上与技术竞争情报相关,但其内容与本研究所界定概念具有较大不同。

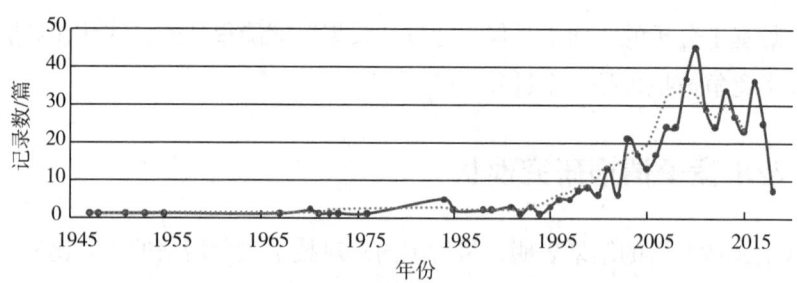

图1-1 国外技术竞争情报领域发文量年度分布

而与本研究所界定技术竞争情报较为相关的研究从20世纪90年代开始逐步增加,特别是1991年所发表的论文中明确地出现了"Competitor Technology Intelligence"[①],到2000年左右才开始迅速发展,2009年之后技术竞争情报的研究达到近年来的峰值。总体来看,技术竞争情报的研究出现得较早,而真正发展起来较晚。

---

① BROCKHOFF K. Competitor technology intelligence in German companies[J].Industrial marketing management,1991,20(2):91-98.

1.3.3 技术竞争情报的研究流派

作者同被引分析是一种分析研究领域基础知识结构的主要科学计量分析方法,这种分析方法所得到的研究结果可以解释为该领域的主要知识来源,本研究中将其称为研究流派。基于本部分数据集所得到的作者同被引分析结果如图1-2所示。

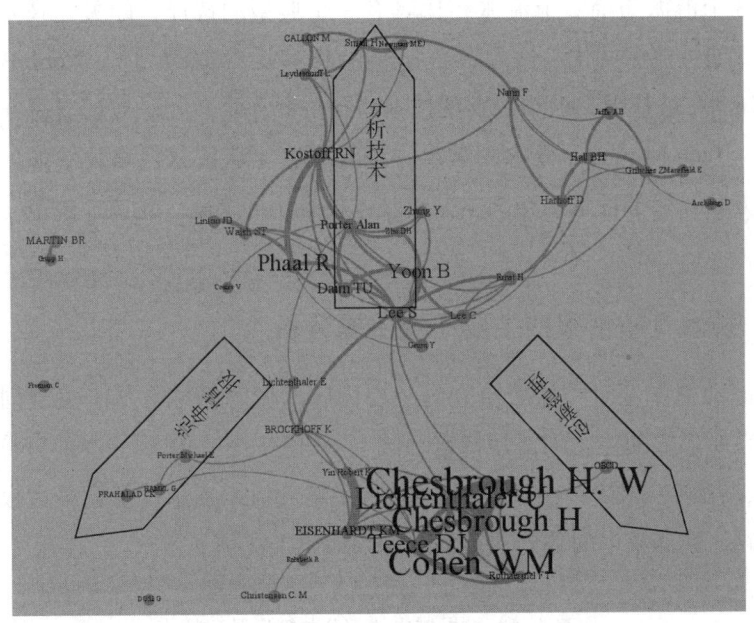

图1-2 技术竞争情报领域的作者同被引分析(见书末彩图)

通过技术竞争情报领域的作者同被引分析可以发现,目前对技术竞争情报的研究流派可以分为3个,即竞争情报、创新管理与分析技术。

(1)竞争情报

竞争情报的研究流派以Lichtenthaler E.、Phaal R.和Porter Michael E.等人为代表,其中Porter Mechael E.的竞争三部曲《竞争战略》、《竞争优势》和《国家竞争优势》被视为竞争情报领域的经典。该流派主要基于竞争情报应用的视角,关注企业的技术竞争情报实践、流程与方法问题。

（2）创新管理

创新管理流派的理论基础主要来源于企业创新理论，以 Chesbrough H. W.、Lichienthaler U.、Cohen W. M. 等人为代表，其中 Chesbrough H. W. 是开放式创新理论的提出者。该流派主要是基于企业创新理论，特别是开放式创新理论，分析企业创新中的技术竞争情报活动。

（3）分析技术

第3个流派与前2个流派相比具有一个典型的特征，即关注技术问题。分析技术研究流派的代表性人物是 Kostoff R. N.、Porter A. L.、Yoon B.，其中 Kostoff R. N. 是基于文献知识发现技术的开拓者，而 Porter A. L. 是最早提出技术挖掘（Tech Mining）概念的学者。该流派主要从技术视角关注如何利用经典分析方法（科学计量）与文本分析技术挖掘不同文献（论文、专利）中的技术情报。

1.3.4 技术竞争情报的主要研究主题分析

关键词是作者对文献所研究的核心内容的概念精练，基于关键词之间的共现关系所形成的主题网络是特定领域主要研究内容的体现。本部分将通过对WOS数据集中关键词频次及共现网络的主题分析来揭示技术竞争情报的主要研究主题。数据集中的部分关键词及词频如表1-1所示。

表1-1 数据集中的部分关键词及词频

核心数据集			扩展数据集		
序号	关键词	词频	序号	关键词	词频
1	Technology Intelligence	68	1	Text Mining	135
2	Competitive Technical Intelligence	40	2	Technology Roadmapping	122
3	Text Mining	27	3	Bibliometrics	116
4	Bibliometrics	18	4	Technology Intelligence	112
5	Patent Analysis	14	5	Innovation	108
6	Technology Innovation	12	6	Patent Analysis	102
7	Competitive Intelligence	11	7	Open Innovation	90

续表

核心数据集			扩展数据集		
序号	关键词	词频	序号	关键词	词频
8	Technology Forecasting	11	8	Nanotechnology	84
9	Technology Mining	9	9	Technology Foresight	73
10	Innovation	7	10	Technology Forecasting	71
11	Open Innovation	7	11	SMEs	54
12	Technology Roadmapping	7	12	Competitive Technical Intelligence	50

（1）数据集中的主要关键词及共现关系网络图

从核心数据集与扩展数据集中的主要关键词可以发现，这些关键词大体上可分为4类：第一类为检索词，即"Technology Intelligence""Competitive Technical Intelligence"；第二类为与创新及技术管理相关的术语，如"Innovation""Technology Innovation""Open Innovation""Technology Roadmapping""Technology Forecasting""Technology Foresight"等；第三类是以技术挖掘为代表的分析技术，如"Technology Mining""Text Mining""Bibliometrics""Patent Analysis"；第四类为以中小企业（SMEs）与纳米技术（Nanotechnology）为代表的应用研究对象。这些关键词间的共现关系可以更好地揭示技术竞争情报领域的研究主题（图1-3、图1-4）。

通过图1-3可以发现，技术竞争情报研究主要集中于技术管理的应用研究、技术竞争情报方法研究2个大的主题领域。其中，面向技术管理的应用研究首先是预测方法研究，如技术预测、技术预见及技术路线图，其次是面向开放式创新的研究。技术竞争情报方法研究则主要集中于基于文本挖掘的技术挖掘、专利分析，以及文献计量与科学计量研究。图1-4所展示的核心网络则表明技术竞争情报方法研究呈现显著的分析研究范式：一方面是基于传统技术文献（论文、专利）而展开的文献计量（包括引文分析）与专利分析；另一方面则是以文本挖掘为代表的新兴数据分析技术对各类技术文本资源的定量分析。

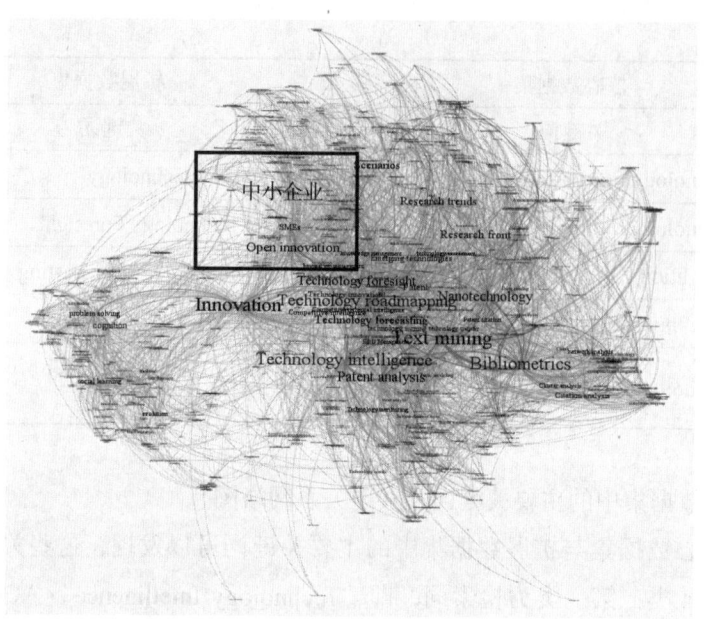

图 1-3　基于作者关键词共现关系网络（全局）（见书末彩图）

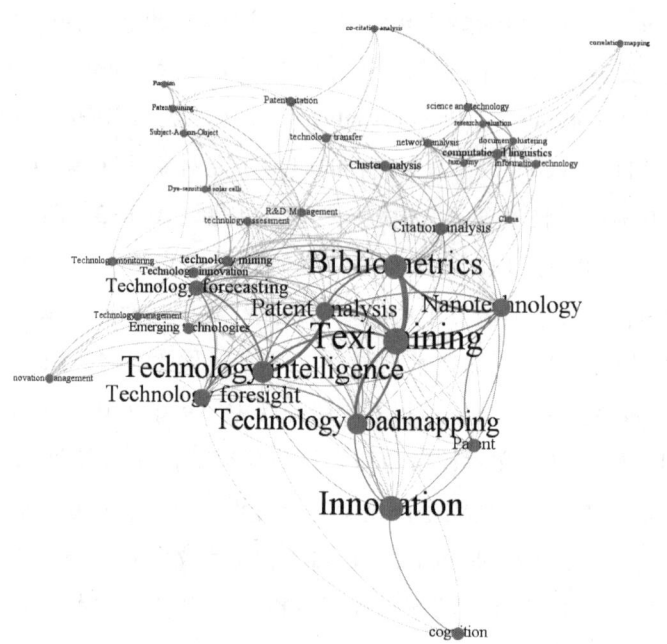

图 1-4　基于作者关键词共现关系网络（核心）（见书末彩图）

（2）分析方法应用与改进研究

技术竞争情报分析方法研究主要包括文献计量在技术竞争情报中的应用研究、基于文本挖掘的技术挖掘方法研究及专利分析3个方面。文献计量应用研究主要是基于经典的文献计量分析方法及其改进方法，如引文分析、同被引分析、科学知识图谱等对特定领域的分析（如纳米领域[①]和基因编辑技术[②]），以及基于科学计量指标的创新与技术竞争力比较[③]。对方法的改进研究也主要集中在传统基于题录数据的分析与文本分析（如计算语言学）的结合，以Kostoff的系列研究为代表[④⑤]。

基于文本挖掘的技术情报分析是技术竞争情报分析方法的重要研究主题。文本挖掘是将信息检索、信息抽取、自然语言处理等技术与数据库知识发现、数据挖掘、机器学习、统计学等领域的方法相结合进行文本分析，从非结构化的文档中抽取显性模式及知识的过程[⑥]，而技术挖掘是该技术在竞争情报领域的应用。技术挖掘（Tech Mining）的概念最早由Porter教授提出，指通过文本挖掘软件来分析科技信息资源，将对技术创新流程的认识与软件工具结合到一起，从而为技术管理决策提供支持[⑦]。Porter所在的研究团队探索了技术挖掘在技术管理，特别是创新过程中的作用，同时还开发了专门的分析技术以支

---

① SUOMINEN A, LI Y, YOUTIE J, et al. A bibliometric analysis of the development of next generation active nanotechnologies[J]. Journal of nanoparticle research, 2016, 18: 270.
② ALIYA KUZHABEKOVA, JENNIFER KUZMA.Mapping the emerging field of genome editing[J]. Technology analysis & strategic management, 2014, 26（3）: 321-352.
③ YANG LY, YUE T, DING JL, et al. A comparison of disciplinary structure in science between the G7 and the BRIC countries by bibliometric methods[J]. Scientometrics, 2012, 93: 497-516.
④ KOSTOFF R N, DEL RIO J A, CORTES H D, et al. Clustering methodologies for identifying country core competencies[J]. Journal of information science, 2007, 33（1）: 21-40.
⑤ RONALD N KOSTOFF, TIBOR BRAUN, ANDRAS SCHUBERT, et al. Fractals data mining using bibliometrics and database tomography[J].Journal of chemical information and computer sciences, 2000, 40（1）: 19-39.
⑥ TAN AH. Text mining: the state of the art and the challenges[C].Proceedings of the PAKDD Workshop on Knowledge Discovery from Advanced Databases, 1999.
⑦ PORTER AL. Tech mining[J]. Competitive intelligence magazine, 2005（8）: 30-37.

撑相关分析，如技术机会分析[1][2]。

专利文献由于自身的特点，已经成为一种重要的开源技术竞争情报来源，因此，成为技术竞争情报研究与相关分析人员的重点关注对象。专利分析主要是通过对专利数量、质量、分布等属性进行多维度的分析，为技术管理与创新管理战略决策提供支撑[3]。目前，技术竞争情报领域对专利的关注主要是从2个角度展开的，即指标与内容。在指标研究中，技术竞争情报关注如何面向研发管理基于专利构建各类指标，以评估技术竞争或创新能力的水平与质量[4][5][6][7]。在内容层次，则是利用自然语言处理与语义分析技术深入揭示技术主题结构[8]、演化趋势[9]、技术或产品生命周期[10][11][12]等技术特征与属性。

---

[1] PORTER AL, DETAMPEL M J. Technology opportunities analysis[J]. Technological forecasting and social change, 1995, 49（3）: 237-255.

[2] WANG X, MA P, HUANG Y, et al. Combining SAO semantic analysis and morphology analysis to identify technology opportunities[J].Scientometrics, 2017, 111（1）: 3-24.

[3] DANIELA BAGLIERI, FABRIZIO CESARONI. Capturing the real value of patent analysis for R&D strategies[J]. Technology analysis & strategic management, 2013, 25（8）: 971-986.

[4] PANTANO E, PRIPORAS CV, SORACE S, et al. Does innovation-orientation lead to retail industry growth? empirical evidence from patent analysis[J]. Journal of retailing and consumer services, 2017, 34（1）: 88-94.

[5] YU SHAN CHEN, CHUN YU SHIH. Re-examine the relationship between patents and Tobin's q[J]. Scientometrics, 2011, 89（3）: 781-794.

[6] YU SHAN CHEN, CHUN YU SHIH, CHING HSUN CHANG. Explore the new relationship between patents and market value: a panel smooth transition regression（PSTR）approach[J].Scientometrics, 2014, 98（2）: 1145-1159.

[7] ZHANG YI, QIAN YUE, HUANG YING, et al. An entropy-based indicator system for measuring the potential of patents in technological innovation: rejecting moderation[J]. Scientometrics, 2017, 111（3）: 1925-1946.

[8] SUNGCHUL CHOI, HYUNSEOK PARK, DONGWOO KANG, et al. An SAO-based text mining approach to building a technology tree for technology planning[J].Expert systems with applications, 2012, 39（13）: 11443-11455.

[9] LEE CHANG YONG, JEON JEONGHWAN. Monitoring trends of technological changes based on the dynamic patent lattice: a modified formal concept analysis approach[J]. Technological forecasting and social change, 2011, 78（4）: 690-702.

[10] HU HAO CHANG, CHIN YUAN FAN. Identification of the technology life cycle of telematics: a patent-based analytical perspective[J].Technological forecasting and social change, 2016, 105: 1-10.

[11] M S M ALENCAR, A L PORTER, A M S ANTUNES.Nanopatenting patterns in relation to product life cycle[J].Technological forecasting and social change, 2007, 74（9）: 1661-1680.

[12] AKAYA OGAWA, YUYA KAJIKAWA. Assessing the industrial opportunity of academic research with patent relatedness: a case study on polymer electrolyte fuel cells[J].Technological forecasting and social change, 2015, 90（B）: 469-475.

(3）面向技术/创新管理的方法研究

分析方法应用与改进研究侧重从方法论或者分析技术的理论视角进行研究，而在技术竞争情报研究中还有一类明确以技术管理或创新管理任务为导向的方法研究，此类研究中更关注的是技术管理者的需求[①②]，特别是技术机遇与威胁[③]，希望通过分析技术管理中所存在的问题以确立数据挖掘或技术分析的路线，从而为技术管理提供情报产品服务[④⑤]。技术管理从最初的研发管理发展而来，随后其发展融入了更大范围的战略管理。技术管理是对技术知识的产生、存储和利用进行管理的过程，它是技术竞争情报提供服务支撑的重点应用领域，并与其他主题之间存在密切联系，如技术挖掘及专利分析在技术管理中的应用、技术监测与预见对技术管理提供的信息与工具支撑等。

目前，技术竞争情报较为关注的领域包括技术预测、技术预见、技术路线图、技术监测等功能，而此类技术也可统称为技术未来分析技术（Technology Futures Analysis）。技术未来分析指任何一种为获取新兴技术特征、发展路径及特定技术的潜在影响而进行的系统性工作流程，可以分为技术监测、技术情报分析、技术预测、技术路线图、技术评估及技术预见等不同的形式功能[⑥]。技术未来分析涉及九大类方法，分别是专家咨询、趋势分析、监测与情报方法、统计方法、建模仿真、情景分析、价值/决策/经济方法、描述与矩阵及创意[⑦]。

---

① SEO WONCHUL, KIM NAMHYOUNG, CHOI SUNGCHUL. Big data framework for analyzing patents to support strategic R&D planning[C]. DASC/PiCom/DataCom/CyberSciTech.2016: 746-753.

② GERDSRI NATHASIT, DAIM TUGRUL. Generating intelligence on the research and development progress of emerging technologies using patent and publication information[C]. Proceedings of the 4th IEEE International Conference on Management of Innovation and Technology，ICMIT，2008：1-6.

③ ASHTON WB, TACEY GS. Technical intelligence in business-understanding technology threats and opportunities [J].International journal of technology management, 1995, 10（1）：79-104.

④ PORTER AL，NILS C NEWMAN. Tech mining: a key tool to bolster innovation[C]. Proceedings of International Forum on Technological Innovation and Competitive Technical Intelligence，2008：254-270.

⑤ PORTER AL. "Tech mining" to drive open innovation[C]. Proceedings of the First International Conference on Technology Innovation，Risk Management and Supply Chain Management，2007：1-13.

⑥ TECHNOGLY FUTURES ANALYSIS METHODS WORKING GROUP.Technology futures analysis: toward integration of the field and new methods[J].Technological forecasting and social change，2004，71（3）：287-303.

⑦ AYSE KAYA FIRAT，WEI LEE WOON，STUART MADNICK.Technological forecasting：a review[R/OL]. （2008-09-01）[2018-02-05]. http://web.mit.edu/smadnick/www/wp/2008-15.pdf.

Porter 对技术预见（Technology Foresight）类型与方法的划分基本与技术未来分析相类似。他认为技术预见不是某种独立的活动，而是具有多面性的。因此，通过问题（Issue）、维度（Dimension）和国家价值（State Values）等不同方面构建了技术预见方法的描述原型，并基于技术未来分析方法构建了涵盖描述方法与规范性方法的技术预见的方法体系[1]。鉴于技术预见周期长而导致结果不确定性上升的问题，学者开始尝试将技术预见与情景分析相结合进行预测，如战略技术竞争情报与技术预见的结合[2]等。

技术路线图（Technology Roadmapping）最早由 Motorola 应用于实践，主要是协调技术与创新的发展，其后被企业、政府及其他机构所广泛采用。目前，技术路线图研究主要应用于创新与战略 2 个层次，前者包括技术、管理、研发及新产品开发，后者则主要是商业战略应用。但从方法层次来看，目前技术路线图所采用的方法仍主要是定性方法，因此更多是以案例研究的形式展示方法的应用研究[3]。

与技术预见和技术路线图相比，技术监测的概念出现较早[4]，指利用计算机数据库技术对现代科学和高新技术进行实时监测、评估和分析的方法[5]。国内在这一领域较早开展研究的是北京理工大学的朱东华团队[6]。技术监测战略及实施流程是研究者关注的重点内容，包括确定监测对象及范围、描述并展示相关环境因素、选择合适的监测战略，以及解释和表达监测结果，其中监测战略可根据目标、时间、资源占据情况及对主题的熟悉程度等进行权衡选择[7]。此外，技术监测在实践中的应用也是较为重要的研究主题，如在政府等公共部

---

[1] PORTER AL. Technology foresight: types and methods[J]. International journal of foresight and innovation policy，2010（6）：36-45.
[2] 陈峰. 开展竞争情报与技术预见交叉研究的若干发现[J]. 图书情报工作，2007，51（2）：26-29.
[3] M M CARVALHO，ANDRÉ FLEURY，ANA PAULA LOPES.An overview of the literature on technology roadmapping（TRM）：contributions and trends[J].Technological forecasting and social change，2013，80（7）：1418-1437.
[4] PORTER AL，DETAMPEL M J. Technology opportunities analysis[J]. Technological forecasting and social change，1995，49（3）：237-255.
[5] 朱东华，袁军鹏，李石柱. 面向科研立项评估的技术监测和技术机会分析研究[J]. 科研管理，2003，24（2）：9-15.
[6] 朱东华. 论技术监测的对象[J]. 科研管理，2006，27（1）：23-28.
[7] PORTER AL，ROPER AT，MASON TW，et al. Forecasting and management of technology[M]. New Jersey：Wiley，2011：114-132.

门、行业及企业中分析技术发展态势的应用,但早期主要是关注大型机构或企业,目前中小企业的技术监测应用开始逐渐得到关注[1]。

(4) 面向创新战略的技术竞争情报方法研究

已有技术竞争情报领域相关研究特别关注不同创新理念在企业中应用的问题,如模糊尖端、三螺旋结构、巴斯德象限及突破性创新(ARI)和开放式创新等。因为这些创新理念会给企业,特别是科技型企业带来新的机遇与挑战,同时也会带来新的技术竞争情报需求[2],特别是开放式创新。开放式创新理论源于高技术企业案例,由 Chesbrough 于 2003 年首次提出[3]。技术研发的复杂化和全球化,使企业研发不得不由封闭走向开放,利用外部创意流入,为企业提供新的创新范式,即开放式创新[4]。在该视角之下,企业创新过程中包括内向创新和外向创新两大过程,前者面向内部创新支撑,后者面向成果应用推广。面对这2个过程中的问题,学术界提出了一系列的方法,如针对内向创新过程的技术监测方法、新兴技术识别方法、技术机遇识别方法、合作伙伴识别等,以及用于支撑外向创新的技术替代应用识别方法、技术商业化情报方法等。

1.3.5 中小企业技术竞争情报研究现状

从技术竞争情报研究整体来看,尽管分析技术与创新战略是重要关注内容,但中小企业作为一个特殊群体,也开始引起关注。在技术竞争情报领域"SMEs"(中小企业)成为一个重要的关键词,如图 1-3 方框所示。

目前,中小企业技术竞争情报研究更多的是应用研究,同样可分为 3 个维度或视角,即竞争情报、企业战略与分析方法。竞争情报视角更多地关注大型

---

[1] CUNNINGHAM SW, SANZ A. Enhancing technological intelligence and competitiveness of small and medium sized enterprises[J]. Technology monitoring and analysis,2011:11-19.

[2] ALAN L PORTER, NILS C NEWMAN. Mining external R&D[J]. Technovation,2011,31(4):171-176.

[3] CHESBROUGH HW. The era of open innovation [J].MIT sloan management review,2003,9(44):35-41.

[4] CHESBROUGH HW. Open innovation: the new imperative for creating and profiting from technology[M]. Massachusetts :Harvard Business School Press,2003.

企业，如跨国企业[1]，对中小企业的整体竞争情报活动（包括技术竞争情报）研究相对较少[2]。对企业战略层次的关注与研究相对较多（特别是技术路线图的应用），如竞争情报对于中小企业风险管理的作用[3]、面向企业长期供应链网络战略的技术路线图[4]、面向产品长期规划的路线图方法[5]。在分析方法应用研究中，特别突出解决因为企业规模小而带来的资源局限问题[6]，如通过产业集群协作克服这一局限的协作式技术预见方法[7]及技术路线图方法[8]、基于中小企业已有能力与资源的两阶段技术机遇识别方法[9]及适用中小企业的功能技术预测（Functional Technology Foresight）方法[10]等。

1.3.6 研究述评

通过对技术竞争情报，特别是关于中小企业技术竞争情报相关研究的梳

---

[1] ECKHARD LICHTENTHALER. Managing technology intelligence processes in situations of radical technological change[J].Technological forecasting & social change，2007，74：1109-1136.

[2] CANTONNET M L，ALDASORO J C，CILLERUELO E. Analysis of the competitive intelligence activities of small and medium-sized enterprises from the industrial sector[J]. Hum factors ergon Man，2015，25：646-658.

[3] XIANJIN ZHA，MINGHONG CHEN. Competitive intelligence monitoring in the risk prevention of SMEs[J]. Journal of service science and management，2009，3：230-235.

[4] ANDRÉS B，POLER R. A roadmap focused on SMEs decided to participate in collaborative non-hierarchical networks[A]. In：Camarinha-Matos L M，Xu L，Afsarmanesh H（eds）Collaborative Networks in the Internet of Services. PRO-VE 2012. IFIP Advances in Information and Communication Technology，Heidelberg：Springer，2012.

[5] JARNO VÄHÄNIITTY，CASPER LASSENIUS，KRISTIAN RAUTIAINEN，et al. Long-term planning of development efforts by roadmapping：a model and experiences from small software companies[C]. In Proceedings of the 2009 35th Euromicro Conference on Software Engineering and Advanced Applications（SEAA'09）. IEEE Computer Society，Washington，DC，USA，2009：300-305.

[6] PASCAL SAVIOZ.Technology intelligence concept design and implementation in technology-based SMEs[M].New York：Palgrave Macmillan，2004.

[7] DAVID SARPONG，DIRK MEISSNER. Potentials of collaborative foresight for SMEs[J].Technology analysis & strategic management，2018，30（6）：625-632.

[8] CINZIA BATTISTELLA，ALBERTO F DE TONI，ROBERTO PILLON.The extended map methodology：technology roadmapping for SMES clusters[J].Journal of engineering and technology management，2015，38：1-23.

[9] LEE YONG HO，YOUNG KIM SO，SONG INSEOK，et al. Technology opportunity identification customized to the technological capability of SMEs through two-stage patent analysis[J]. Scientometrics，2014，100：227-244.

[10] APREDA R，BONACCORSI A，DELL'ORLETTA F，et al. Functional technology foresight：a novel methodology to identify emerging technologies[J].European journal of futures research，2016，4：13.

理，可以发现目前中小企业的技术竞争情报研究仍有几个议题值得关注。

（1）中小企业创新活动中的技术竞争情报需求仍需进一步研究

20世纪末期，对科技型中小企业创新问题的关注开始出现并逐步兴起，但最初大部分的研究还主要包含于对中小企业整体创新活动的研究文献中，单独针对科技型中小企业开展的研究较少。其中，具有代表性的是20世纪90年代欧盟和OECD对中小企业创新问题所进行的大规模调研与研究[①]。除却这些国际组织与政府机构开展了相关研究外，近年来科技型中小企业的创新问题也已成为国内外学术界研究的热点，其中情报学界，尤其是竞争情报领域对此问题的关注度很高。竞争情报领域对中小企业创新的研究主要集中在竞争情报对中小企业的作用分析、中小企业实践调研、中小企业竞争情报流程、中小企业竞争情报服务[②]等方面，但围绕中小企业技术竞争情报活动的研究还比较少[③]，特别是国内中小企业创新活动中的技术竞争情报需求需要进一步挖掘与分析。

（2）专门针对中小企业的分析方法研究需要进一步集成与综合

在技术竞争情报方法的实证研究中，其研究对象多是以跨国企业[④]或大型企业[⑤]，对科技型中小企业的关注较少。P. Savioz 最早对科技型中小企业的技术竞争情报问题开展系统研究，主要是以理论分析与案例研究为主[⑥]。近几年，法国学者 Henry Du 特别关注技术竞争情报在中小企业中的应用，但更多地是从方法应用角度进行企业层次的实证。目前，多数分析方法研究也主要是面向特定战略问题的研究，如供应链战略、产品规划等，缺乏面向企业创新活动

---

① OECD. Enhancing the competitiveness of SMEs through innovation[EB/OL].（2011-12-10）[2018-02-10]. http:///www.oecd.org/ dataoecd/20/1/2010176.pdf.

② 郑彦宁. 我国中小企业竞争情报供给模式研究[D]. 武汉：武汉大学，2011.

③ HENRI DOU. Competitive technical intelligence. methods and tools，application to innovation，SMEs，poles of competitiveness，research institutions and large companies[C]. Proceedings of International Forum on Technological Innovation and Competitive Technical Intelligence' 2008，Beijing：Peking University press，2009：155-170.

④ E LICHTENTHALER. The choice of technology intelligence methods in multinationals: towards a contingency approach[J]. International journal of technology management，2005，32（3）：388-407.

⑤ 柯贤能. 基于创新过程的技术竞争情报分析方法框架构建[D]. 北京：中国科学院文献情报中心，2008.

⑥ P SAVIOZ.Technology intelligence：concept design and implementation in technology-based SMEs[M]. New York：Palgrave Macmillan，2004.

整体的方法论层次分析。同期国内的研究也多是针对中小企业竞争情报工作现状[①]或其某一特定问题开展研究[②]，尽管也有相关研究探索开放式创新视角下的技术竞争情报，但仍是以服务模式视角为主[③]。从国内外研究现状来看，尚缺乏对科技型中小企业技术竞争情报方法的深度挖掘与整合。

（3）分析方法研究面向技术管理的同时，需要融入新的分析思路

前文综述部分已经表明，面向企业战略的技术竞争情报分析方法相对较多，特别是关于技术路线图与技术预见方法的研究。这突出了已有技术竞争情报研究面向具体技术管理问题的特点，毕竟技术管理问题是技术竞争情报活动的逻辑起点。但从分析方法研究本身来看，这种面向具体战略的研究仍存在进一步提升的空间。因为在分析方法的研究中，除了考虑中小企业的特点之外（资源局限），也需要融入目前竞争情报分析方法的一些技术趋势，如开源情报。从目前分析方法所依赖的数据源来看，主要是专利与研究文献，而许多非结构化数据来源应用得相对较少。而且，在分析方法研究时，对不同数据来源间的信息集成与验证作用的关注也较少。

总之，中小企业创新研究及技术竞争情报实证研究的结果表明，开展面向科技型中小企业的技术竞争情报方法研究是极其必要的。OECD 的研究结果显示，任何一项中小企业创新研究都应基于中小企业自身类型的划分，同时技术竞争情报实践调查结果也表明，不同类型企业间的技术竞争情报实践是有差异的，因此针对不同应用环境开展技术竞争情报研究是非常有必要的。而本研究的主要工作就是从方法研究的视角，关注中小企业创新中的技术竞争情报分析问题，在丰富技术竞争情报方法论研究的同时，为中小企业实践提供参考借鉴。

1.4　研究内容

根据研究目标，本项目需要解决的核心研究问题有 2 个：一个是实践问题，国内科技型中小企业在创新过程中的核心技术竞争情报需求是什么？另一个则

---

① 杜娟．我国科技型中小企业竞争情报现状及特点研究[D]．北京：中国科学技术信息研究所，2004．
② 周英．动态环境下科技型中小企业专利竞争情报系统研究[D]．镇江：江苏大学，2010．
③ 曾德超，许明金，彭丽徽．开放式创新视角下中小企业技术竞争情报服务模式研究[J]．图书馆，2015（1）：101-103，108．

是方法论问题，什么样的技术竞争情报分析框架或体系比较适用于中小企业这一特殊群体。具体来说，研究内容包括4个主要方面。

（1）关键情报需求：面向创新的科技型中小企业技术竞争情报需求研究

本部分的主要研究内容是通过挖掘科技型中小企业在创新过程中，特别是在开放式创新、突破式创新等新型创新模式下所面临的主要问题，从中识别出其核心技术竞争情报需求。

（2）分析方法研究：技术竞争情报与科技情报分析方法研究

本部分的主要研究内容分为2个方面：一是竞争情报方法利用现状分析；二是科技情报分析方法研究。竞争情报方法利用现状分析的目的是了解科技型中小企业的技术竞争情报方法利用现状，分析不同方法在中小企业的应用现状及影响因素；科技情报分析方法研究的目的则是从更宽泛的视角分析科技情报分析方法的发展趋势及可能对技术竞争情报产生的影响或可提供的借鉴。通过2种视角的综合，为后续技术情报分析框架研究提供参考。

（3）方法体系研究：技术竞争情报方法分析范式

本部分研究的目的是探索一种基于元分析思想的技术竞争情报分析范式，并基于该范式提出面向科技型中小企业关键情报课题的方法体系。本部分将借鉴关系整合与元分析的思想，探索一种面向科技型中小企业技术竞争情报特点的分析范式，并由此提出相应的中小企业技术竞争情报方法体系，从而为中小企业创新决策提供更加综合、更加可靠的分析结果。

（4）实证研究：分析范式与分析框架的应用研究

本部分的主要研究内容是对所提出的分析范式与分析框架进行应用研究，以特定产业或行业为研究对象，选择科技型中小企业创新中的关键情报问题进行实证研究，进一步检验其有效性与适用性。

1.5 研究思路与方法

本研究整体采用了实证研究的分析框架（图1-5），针对不同的研究内容采用了有针对性的研究方法。

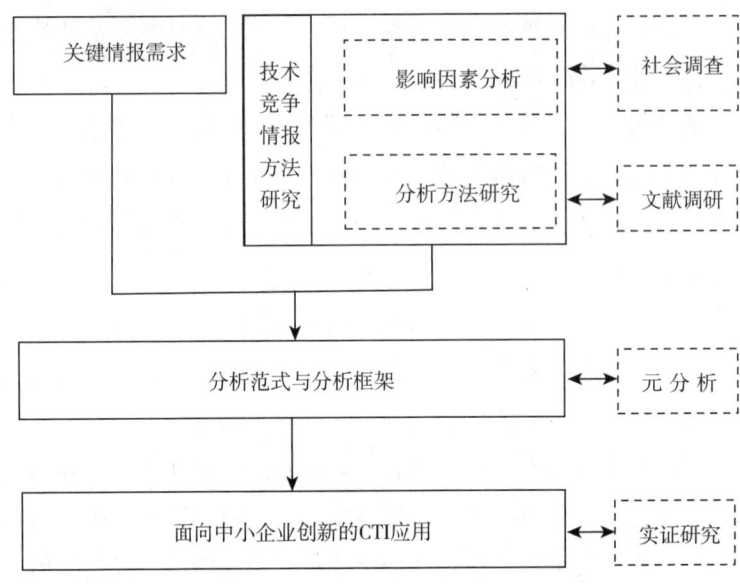

图 1-5　项目的研究思路与研究方法

　　本研究首先基于社会调查与深度访谈等形式,分析科技型中小企业在创新过程中所面临的主要问题,识别出其中的技术竞争情报需求,并总结出科技型中小企业的技术竞争情报应用现状及其影响因素。其次通过文献调研,在梳理技术竞争情报方法研究的基础上,重点展开科技情报分析方法的发展趋势分析,从而为后续研究提供方法论研究的基础。在上述研究基础上,本研究将借鉴元分析思想,进行方法整合研究,并构建出具有可操作性的、适于科技型中小企业的技术竞争情报方法分析范式及框架,并通过实证研究验证其有效性。研究过程中采用的主要研究方法如下。

　　①文献调研法:系统归纳已有技术竞争情报需求及方法的研究成果,特别是与技术竞争情报分析方法密切相关的科技情报分析方法的特点与发展趋势。

　　②社会调查法:通过问卷调查与访谈了解科技型中小企业技术竞争情报需求、方法应用现状及应用影响因素。

　　③元分析:基于元分析方法的思路,探索技术竞争情报的分析范式与框架。

　　④实证研究:验证所提出的技术竞争情报分析范式及框架的有效性。

第 2 章
基于问卷调查的科技型中小企业技术竞争情报研究

科技型中小企业是中小企业中最具发展前景的组成部分,在技术研发全球化和技术开发复杂化的环境下,科技型中小企业的技术创新逐步由封闭走向开放。开放式创新是一种企业与多种合作伙伴多角度动态合作的创新模式。本部分的目标就是在了解国内科技型中小企业技术竞争情报活动现状的同时,通过问卷调查深入分析科技型中小企业在此过程中的核心情报需求及相关影响因素。

2.1 科技型中小企业与开放式创新

2.1.1 开放式创新的内涵与特征

开放式创新理论从开放系统的视角审视企业创新体系。这种观点认为企业的创新活动不只在企业内部,外部创新源也可为企业创新带来价值,企业研究和开发都是开放的系统,新技术的商业化可通过企业内部和外部 2 条途径实现[①](图 2-1)。在此观点下,企业创新可以采用一种企业与多方合作伙伴多途径动态合作的创新模式。

---

① 陈钰芬. 开放式创新的机理与动态模式研究 [D]. 杭州:浙江大学,2007.

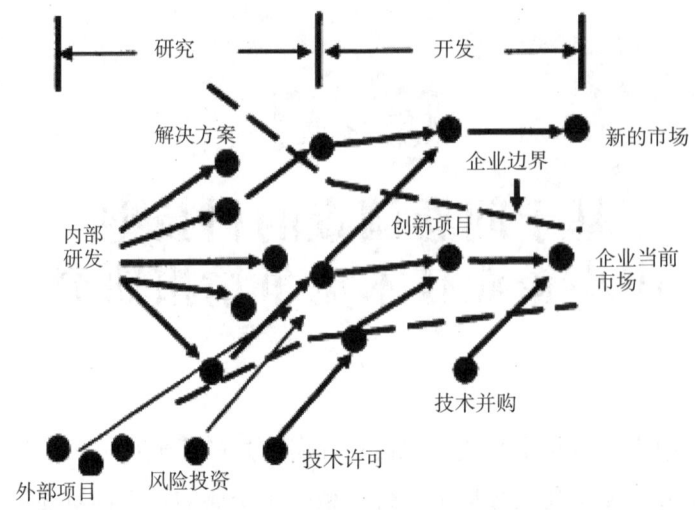

图 2-1　开放式创新的机制

来源：陈钰芬，2007。

在开放式创新模式下，企业内部与外部的边界逐渐淡化，创新思想主要来源于企业内部的研发机构等部门，但也可能来源于企业外界。企业内部的创新思想可能在研发的任何阶段扩散到企业外部。公司不再封锁其知识财产，而是通过许可协议、短期合伙和其他安排等手段利用外部技术实现获利。

2.1.2　开放式创新与相关创新模式的比较

（1）封闭式创新

封闭式创新是指企业独立控制创意产生到产品化的整个过程，所有技术研发及商业化等工作均在企业内部完成。而开放式创新模式更强调外部创新资源的利用，企业必须从外部寻找技术来弥补内部创新资源的不足，整合内部和外部技术以创造新产品和新服务。开放式创新模式下外部知识作为内部知识的补充，起着和内部知识同等重要的作用。这2种模式相比，具有显著不同（表2-1）[①]。

---

① 亨利·切萨布鲁夫. 开放式创新：进行技术创新并从中赢利的新规则[M]. 金马，译. 北京：清华大学出版社，2005：9.

表 2-1　封闭式创新与开放式创新基本原则比较

封闭式创新	开放式创新
本行业里最聪明的员工为我们工作	并非所有的聪明人都为我们工作。我们需要和企业内部、外部的所有聪明人通力合作
为了从研发中获利,我们必须自己进行发明创造、开发产品并推向市场	外部研发工作可以创造巨大的价值,内部研发工作需要或有权利分享其中的一部分价值
如果我们自己进行研究,那么就能首先把新产品推向市场	我们不是非要自己进行研究才能从中获利
最先把新技术转化为产品的企业必将胜利	建立一个更好的企业模式要比把产品争先推向市场更为重要
如果我们的创意是行业内最多最好的,那么我们一定能在竞争中取胜	如果我们能充分利用企业内部和外部的所有好创意,那么就一定能成功
我们应当牢牢控制我们的知识产权,这样竞争对手就无法从我们的发明中获利	我们应当从别人对我们的知识产权的使用中获利,同时只要是能提升或改进我们的企业模式,那么也同样应当购买别人的知识产权

（2）合作创新

合作创新是指企业间或企业、研究机构、高等院校之间的联合创新行为[1]。合作创新活动主要集中在研发方面,通常以合作伙伴的共同利益为基础,具有明确的合作目标、合作期限和合作规则。合作创新既包括具有战略意图的长期合作,如战略技术联盟、网络组织,也包括针对特定项目的短期合作。在合作创新模式下,合作双方之间在一定范围内实现了创新资源共享,但对外界来说仍然是封闭的。企业研发管理和创新管理的重点仍然是内部资源的整合,从这一点上来说,2 种类型的创新仍存在一定区别（表 2-2）[2]。

表 2-2　合作创新与开放式创新基本原则比较

	合作创新	开放式创新
创新来源	内部研发为主,合作伙伴间资源共享	内部研发和外部创新资源并重
企业关系	竞合关系	分工协作关系

---

[1] 傅家骥. 技术创新学[M]. 北京：清华大学出版社,1998.
[2] 陈钰芬. 开放式创新的机理与动态模式研究[D]. 杭州：浙江大学,2007：49.

续表

	合作创新	开放式创新
组织边界	合作伙伴间边界可渗透，对外界封闭	边界可渗透，动态开放
组织方式	内部纵向一体化，强调合作	垂直非一体化，动态合作

2.2 科技型中小企业与技术竞争情报

企业的需求会决定企业竞争情报活动的模式与特点。同样，企业的特定任务需要也会决定具体的技术竞争情报分析过程，如技术水平、创新水平、供应商数量及资本密集度是企业生产与供应链管理的核心关注内容，而它们又会决定技术竞争情报的数据来源及分析重点[1]。竞争环境、情报需求及分析方法间的作用是相互的，这一点对于科技型中小企业来说尤为突出。因此，我们需要将技术竞争情报置于开放式创新视角下，从工作流程与分析任务 2 个层次分析科技型中小企业的技术竞争情报的特点。

2.2.1 开放式创新环境下的技术竞争情报影响因素

相关研究表明，在开放式创新环境下科技型中小企业技术竞争情报可能会受到来自外部环境与企业自身等不同方面，特别是企业技术创新水平与合作开放程度的影响。具体来说，包括 6 个方面，即环境动荡程度、技术创新能力、外部技术知识的认知难度、技术合作能力、企业开放度、内部情报意识。

（1）环境动荡程度

环境动荡性是环境不确定性的一个维度，着眼于环境变化的速率和不确定性[2]，可分为技术动荡性和市场动荡性[3]，两者都对技术竞争情报需求有着重要影响。技术动荡程度是指感知产业技术变革、技术发展的速度[4]，技术动荡性水平越高，企业越容易联合大学、科研机构或者竞争者进行技术联盟或联合

---

[1] JOHN J MCGONAGLE，CAROLYN M VELLA. Proactive intelligence the successful executive's guide to intelligence[M].London： Springer London Heidelberg New York Dordrecht，2012.
[2] MAYOR A D. Adapting to environmental jolts[J]. Administrative science quarterly，1982，27（4）： 515-538.
[3] 冯军政.环境动荡性、动态能力对企业不连续创新的影响作用研究[D].杭州：浙江大学，2012.
[4] 蒋旭灿，王海花，彭正龙.开放式创新模式下创新资源共享对创新绩效的影响：环境动荡性的调节效应[J].科学管理研究，2011，3（29）：5-10.

研发①。市场动荡程度是指感知市场需求或顾客需求变化的不稳定性和不确定性程度，包括顾客构成及顾客偏好的变化速度，或者感知产品需求偏好和新顾客涌现的速度②。企业竞争中所面临的市场环境动荡性越强，不确定性越高，对技术竞争情报的需求越强。

（2）技术创新能力

在开放式创新模型下，创新能力可以分为技术生产与技术吸收2个方面。技术生产能力也就是技术研发能力，它在开放式创新模式下将决定企业未来技术能力的积累，决定外部创新源的搜寻、识别和消化吸收的能力。企业内部研发强度及拥有的专利数2项指标是企业内部研发能力的重要表征③。技术吸收能力是企业利用外部知识的能力，表现为监视、评估、吸收和使用技术知识的能力。在开放式创新中，企业利用外部知识的能力也是技术创新成功的关键。从知识管理的视角来看，技术吸引能力主要表现为组织内的知识学习、知识的外部获取及整合应用能力④。

（3）外部技术知识的认知难度

外部知识的隐含性及复杂性对企业利用外部知识实现知识转移具有重要影响⑤。隐性知识的显性化是很难实现的，而且往往嵌入企业内部的非正式化的复杂网络之中⑥。因此，知识的这种特性（隐性知识）阻止了知识在企业之间的正式流动，企业不易识别外部的关键技术，因而在获取外部创新知识时具有较大困难。知识的复杂度是指知识较难被人们吸收及有效利用，具体到技术创新领域，表现为外部新技术利用与挖掘具有较大难度，不利于进行技术转移及技术的消化吸收过程。技术知识越复杂，企业往往就会对于技术本身的相关信息更为关注，必要时会寻求技术相关机构的帮助或与其进行技术合作，来降

---

① NELSON R R, WINTER S G. Evolutionary theorizing in economics[J].Journal of economic perspectives，2002，16：23-46.
② 冯军政.环境动荡性、动态能力对企业不连续创新的影响作用研究 [D]. 杭州：浙江大学，2012.
③ TYLER B B, STEENSMA H K. Evaluating technological collaborative opportunities:a cognitive modeling perspective[J].Strategic management journal，1995，16（5）：43-70.
④ 王长峰.知识属性、网络特征与企业创新绩效：基于吸收能力的视角 [D]. 济南：山东大学，2009.
⑤ L ARGOTE, P INGRAM. Knowledge transfer: a basis for competitive advantage in firms[J]. Organizational behavior and human decision proeesses，2000，82（1）：150-169.
⑥ 陈钰芬，陈劲.开放度对企业技术创新绩效的影响 [J]. 科学学研究，2008，2（26）：419-426.

低技术认知难度。

(4) 技术合作能力

在技术创新过程中，企业与外部技术合作伙伴进行合作时，需要时刻关注外部新技术的出现及其发展趋势，外部新技术的识别和获取是保证企业跟进技术发展动态的必要途径。另外，企业对技术合作伙伴的识别能力也是企业进行技术合作的关键，技术合作过程能否顺利进行并为企业带来新的技术资源，技术本身及技术合作伙伴的评价能力是关键因素。具体来说，技术合作可以分为机会识别及技术评估2个阶段，因此企业需要具备这2个方面的能力。技术机会识别能力表现为企业对关键技术及潜在合作伙伴的识别能力；而技术机遇评估能力则表现为企业在技术合作前、合作过程中根据自身情况，对技术的适用性和合作的兼容性进行评估的能力。

(5) 企业开放度

开放式创新可分为内向开放式和外向开放式，内向开放式创新是指企业从组织外部（用户、供应商、高校、科研机构及其他相关企业等）吸取有价值的创意、技术专利等来进行商业化活动。相应地，外向开放式创新是企业将内部的创新资源外部化，由外部其他组织来完成商业化的过程[①]。科技型中小企业实施开放式创新的机会与风险并存，企业开放度越大，所能获得的创新资源就越丰富，而需要的机会成本也越高，并且对企业搜索外部技术的能力要求较高，企业对技术信息的跟踪和监控工作也扮演着重要的角色。企业技术创新的开放度包括开放的广度和深度2个方面。开放的广度指企业与外部合作的创新要素的个数，开放的深度指企业与外部各创新要素合作的频率[②]。

(6) 内部情报意识

情报意识对于情报的识别、获取及利用过程存在一定的影响。企业在技术创新活动中，如果能够有意识地去寻求技术情报的帮助，或者有意识地去识别和获取市场上的关键技术信息，那么企业对自身的技术竞争情报需求就会有比较明确的认知。情报意识较弱的企业即使存在技术竞争情报需求，也很难对自

---

① 王鹏飞. 外向开放式创新对创新绩效的影响研究：基于网络嵌入性的视角[D]. 杭州：浙江大学，2011.
② 陈钰芬，陈劲. 开放度对企业技术创新绩效的影响[J]. 科学学研究，2008，2（26）：419-426.

身的情报需求进行明确化。如果企业高层能够意识到情报工作的价值，那么企业会更重视获取和利用技术信息等工作。另外，经常进行情报培训的企业，其员工的情报获取和利用能力会得到显著提高，情报意识也较强。

在这 6 种影响因素中，环境动荡程度，特别是技术动荡程度将会对企业的技术竞争情报需求强度产生直接影响，技术创新能力、外部技术知识认知及技术合作能力则会决定技术竞争情报的关键情报课题，开放程度将会影响到技术竞争情报的分析重点，而内部情报意识则会最终影响到企业的技术竞争情报组织形式。

2.2.2 技术竞争情报分析的功能、内容与来源

除了技术竞争情报的业务现状研究外，本研究还需要了解技术竞争情报方法利用的现状，从方法论视角对技术竞争情报进行剖析。因为分析是技术竞争情报活动的核心，因此本研究更多地是从分析技术的视角来剖析技术竞争情报，主要内容有 3 个，①核心功能：技术竞争情报作为一种分析活动的直接目的是什么；②分析内容：技术竞争情报分析的对象是什么；③数据来源：技术竞争情报分析的素材源于何处。

（1）核心功能：技术竞争情报分析的任务目标

目前，关于技术竞争情报功能的理解更多地是通过其定义来体现的，但就分析技术视角下功能分析相对较少。技术竞争情报经典理论认为技术竞争情报的功能就是应对技术威胁与机遇，具体来说包括 3 种任务目标[①]：提供给企业可能带来机会或威胁的外部技术发展及其他企业相关活动的早期预警信息；评估外部科学技术活动产生的新产品、新工艺及潜在合作前景；预测并理解科技变化趋势，为企业规划与战略制定提供支撑。但也有学者从功能上将整个技术竞争情报流程分为扫描（scaning）与监测（monitoring）2 个阶段[②]，前者是发现趋势，后者则是对趋势及新变化的跟踪。有学者认为在技术密集型企业中，技术竞争情报功能需要进一步细分，如需要特别关注预测功能，即预测那些由

---

① ASHTON W B, TACEY G S. Technical intelligence in business-understanding technology threats and opportunities [J].International journal of technology management，1995，10（1）：79-104.
② LICHTENTHALER E.Technological change and the technology intelligence process: a case study[J]. Journal of engineering and technology management，2004，21（4）：331-348.

技术变化而引起的威胁与机会。因此，可将技术竞争情报在企业技术创新过程中的功能分为预测、评价及监测3类[①]。

综合已有研究观点可以发现，相关学者认为对于技术密集型企业或者对于技术创新来说，技术竞争情报的功能需要不断挖掘。本研究认为，技术竞争情报的核心作用是帮助企业洞察技术变化所带来的各种威胁与机遇，但从分析技术上来看，其功能应该包括监测（技术变化的遴选）、预警（技术变化的趋势分析）、评估（技术变化的影响评估）、预测（技术变化及其影响的趋势）。

（2）分析内容：技术竞争情报分析的内容对象

从技术竞争情报功能目标来说，其中的分析工作应该是以"技术"为核心展开，而这一点也反映在了不同的技术竞争情报概念界定之中（见第1章1.2.2部分）。但从分析这一具体环节来看，对"技术"的分析应该包括技术本身及技术所涉及的所有利益相关者（如竞争对手、合作伙伴、政府机构等）。因为从行动者网络理论的视角来看，技术所涉及的利益相关者及其行动者网络构成了技术创新网络[②]，同时也形成了企业外部的技术竞争环境。在这种视角下，技术竞争情报分析的对象包括技术及技术在社会网络中的具象物2类实体。这一点与技术竞争情报的基本活动特征是一致的：技术及机构是监测和分析的2个重点[③]。显然，从行动者网络理论来看，机构是技术在社会创新网络中的人类"行动者"，因此，无论是非人类要素的"技术"，还是具有人类社会属性的"行动者"（机构）都应该成为技术竞争情报的分析对象。

①技术本身。技术本身是技术竞争情报分析在本质上的分析对象。从分析流程上来看，技术信息是技术竞争情报分析工作的基本输入。技术信息可能以显性知识的形式存在于各类技术文本，包括论文、专利、技术报告等，也可能以隐性知识的形式存在于技术专家的头脑之中。通过对各种技术相关信息的收集、整理，目的是通过分析获取关于技术本身的一些内容，如技术现状或性能

---

① 柯贤能. 基于创新过程的技术竞争情报分析方法框架构建[D]. 北京：中国科学院文献情报中心，2008.
② CARROLL N, RICHARDSON I, WHELAN E. Service science: an actor-network theory approach[J]. International journal of actor-network theory and technological innovation（IJANTTI），2012，4（3）：51-69.
③ 金炬，梁战平. 美国的竞争性技术情报及其对我国的启示[J]. 图书情报知识，2006（7）：71-77.

指标、技术发展趋势、共性技术、前沿技术。这些技术情报将为企业研发布局、市场定位、创新战略制定提供技术维度的支撑。

②技术机构。技术机构是技术竞争情报分析在形式上的分析对象，主要指具有明确社会标识的、与某类技术密切相关的所有利益相关者。这些利益相关者构成了企业运营的宏观外部环境，也就是竞争环境分析（如 PEST、STEEP）的对象，同时也构成了企业竞争的小生境，也就是供应链分析或价值链分析的对象。从技术竞争的视角来看，前者以政府为典型代表，而后者以竞争对手为典型代表。因此，技术竞争情报在形式上的分析对象包括了政府至竞争对手的一系列社会组织，涉及基础研究、技术研发、商业化及相应支撑机构等整个技术创新链。具体来说包括企业自身及外部创新来源，如用户、供应商、分销商、竞争对手、产业外其他企业、大学/科研机构等组织、技术中介组织、知识产权机构、政府机构等。在这些机构中以竞争对手为首要关注目标，目的是了解此类机构的研发战略、研发计划、技术竞争力、研究团队等内容，为企业创新战略制度提供竞争行为维度的支撑。

（3）数据来源：技术竞争情报分析的资料来源

从整个竞争情报工作流程上来看，功能定位与分析对象会决定具体分析工作的数据或资料来源的类型及可获得性等内容。反之，技术机构所生产技术信息的类型及相应载体的特点，又会决定可适应的分析技术及所能形成情报产品的质量。因此，对技术竞争情报分析方法的研究必须纳入数据来源这一维度。这一点无论是从开源情报分析，还是从大数据分析来说都显得尤为主要。根据不同划分标准，竞争情报的数据来源可划分为不同的类型，如一手情报源与二手情报源。前者主要是指人际情报网络，后者则主要是指各类文献，如期刊、报告、技术文档等。如果从机构性质来看，又可分为政府与非营利机构、私人部门与媒体情报源[①]。及时、准确、可靠的技术竞争情报对于企业掌握技术发展动态起着非常关键的作用。在技术创新过程中，企业需要多方面技术信息的支持，而这些信息的获取途径成为技术竞争情报需求表征的同时，也反映了企业的技术竞争情报分析特点。更广泛的数据来源，不仅可以代表企业技术竞争

---

① JOHN J MCGONAGLE，CAROLYN M VELLA. Proactive intelligence the successful executive's guide to intelligence[M]. London：Springer London Heidelberg New York Dordrecht，2012.

情报需求的广度，同时也代表企业进行技术竞争情报分析的方法特点。

如前文所述，关于技术本身的情报源主要是各类文献，如专业期刊、杂志、会议文献、标准及专利文献、研究报告等文献类型，可以看作二手情报源。而作为形式上分析对象的技术机构同时又是一手情报源的主要构成，如企业内各部门员工、客户、竞争对手、经销商、供应商、政府机构、行业协会等。这说明了在技术竞争情报分析中，技术机构的双重身份：任何一个机构都可能是一个重要研究对象，但同时它又可能是某种技术情报分析的重要情报源。因此，企业技术竞争情报数据来源的不同，在表征其需求差异的同时，也会在一定程度上代表企业的技术竞争情报分析能力。

2.3 问卷设计与调查

为了能够更加定量化地描述、揭示科技型中小企业在开放式创新环境下的技术竞争情报特点，本研究设计以问卷为工具的社会调查方法，并且通过比较研究的方法，对2013—2015年的可能变化进行了分析。

2.3.1 问卷设计

（1）测度变量及其操作化定义

根据上述理论研究，本研究对技术竞争情报需求的影响因素及技术竞争情报分析方法进行了操作化定义，如表2-3与表2-4所示。

表2-3 影响因素的操作化定义

指标	指标标识	测度指标
技术创新能力	CXNL1	企业内部研发强度高于同行企业
	CXNL2	企业拥有的专利数量高于同行企业
	CXNL3	企业具有较强的知识学习能力
	CXNL4	企业具有较强的外部获取能力
	CXNL5	企业具有较强的知识整合应用能力
环境动荡程度	HJDD1	公司所属的技术领域，新技术出现的速度很快
	HJDD2	公司的核心知识和能力很快就过时

续表

指标	指标标识	测度指标
环境动荡程度	HJDD3	公司所属的技术领域，用户的偏好速度变化很快
	HJDD4	公司所属的技术领域，产品生命周期越来越短
内部情报意识	QBYS1	企业员工经常接受情报培训
	QBYS2	企业员工能够有意识地进行技术情报信息的监测和获取
	QBYS3	企业高层管理人员能够认识到情报工作的价值
外部技术知识的认知难度	JSRZ1	企业外部的新技术具有知识隐性
	JSRZ2	企业外部的新技术比较复杂
技术合作能力	JSHZ1	企业能够识别出关键技术
	JSHZ2	企业能够识别出潜在合作伙伴
	JSHZ3	企业能够对技术的适用性进行准确评估
	JSHZ4	企业能够对合作的兼容性进行准确评估

表 2-4 技术竞争情报方法的操作化定义

指标	指标标识	测度指标	
内容	C1	技术发展现状	
		技术发展趋势	
		技术机会	
		技术威胁	
		技术发展战略	
		研发方向和计划	
		技术竞争力	
		研发人员水平	
功能	C2	获取外部新技术阶段	预警
			监测
			预测
			评价
		技术研发决策阶段	预警
			监测
			预测
			评价

续表

指标	指标标识	测度指标	
功能	C2	技术研发阶段	预警
			监测
			预测
			评价
		技术商品化阶段	预警
			监测
			预测
			评价
		向外输出新技术阶段	预警
			监测
			预测
			评价
情报源	C3	报纸	
		专业期刊	
		会议文献	
		专利文献	
		标准文献	
		研究报告	
		企业员工	
		客户	
		竞争对手	
		经销商	
		供应商	

（2）问卷设计

问卷的内容主要由三部分构成：被调查企业的基本信息、企业的技术竞争情报需求影响因素及企业的技术竞争情报需求。

第一部分，被调查企业的基本信息。包括企业规模、科研人员比例、研发经费投入、企业所属行业领域、企业的成立时间等。

第二部分，被调查企业的技术竞争情报需求影响因素。包括6个维度：环境动荡程度、企业内部情报意识、企业技术创新能力、外部创新知识属性、企业开放度及企业的技术合作能力。在企业开放度维度，考虑到开放程度及合作程度的判别标准不同，为避免出现主观性，企业开放度采用选择题和排序题的方式进行调查，通过后期数据处理进行量化。其他5个技术竞争情报需求影响因素维度分别采用5级李克特量表。

第三部分，被调查企业的技术竞争情报需求。本部分从技术竞争情报需求内容、功能及情报源3个维度来测量技术竞争情报需求。这部分所有指标同样采用五级李克特量表。

2.3.2 数据收集

本问卷研究旨在调研2013—2015年科技型中小企业的技术竞争情报需求及其影响因素的现状及发展趋势，探究随着创新环境更加开放科技型中小企业的技术竞争情报需求的历时变化。本研究在2013年和2015年分别进行了问卷调查，在问卷中通过相关问题对研究中涉及的各个变量进行了度量。为了保持效度，在2015年的第二次调查中对问卷中部分题目的顺序进行了随机调整。

（1）样本选择与有效性控制

在实证研究中，问卷收集是获取实证数据的重要手段，对研究结果的有效性和可靠性具有决定性的作用，有效的问卷数据是得出科学的研究结果的必要保证。

本研究的调查对象要求企业是科技型中小企业。对于科技型中小企业的定义，参照科技部、财政部关于2010年度《科技型中小企业技术创新基金项目申报须知》对我国科技型中小企业的界定标准：企业职工总数在500人以下；具有大学专科以上学历的科技人员占企业当年职工总数的30%以上，其中研发人员占企业当年职工总数的10%以上；企业每年高新技术产品的研发投入占销售额的比例不低于3%。在科技型企业的界定上，根据科技部、财政部、国家税务总局于2008年公布的《高新技术企业认定管理办法》中对高技术企业的认定，并结合相关文献资料，将科技型企业分为电子信息、生物医药、光机电一体化、新材料与节能技术、新能源、航空航天、资源与环境以及地球空间海洋工程等领域。在问卷中，通过设置甄别题进行判断，不符合以上条件的将作为无效问卷进行排除。

（2）问卷的发放途径和回收情况

本研究分别于2013年和2015年进行了2次调查。第一次调查从2013年4月17日开始进行问卷的发放工作，持续时间为2个月，截至2013年6月17日，共回收问卷323份。对于回收的问卷，通过甄别题及对答题情况进行人工排查，对于不满足科技型中小企业定义、填写不完整及填写选项明显无差异的问卷进行剔除，筛选出有效的问卷，有效问卷的总数量为206份，有效问卷回收率为63.78%。第二次调查从2015年2月9日开始进行问卷的发放工作，持续时间为2个月，截至2015年4月9日，共收到问卷211份，经过筛选最终有效问卷172份，有效问卷回收率为81.52%。

2.3.3 有效样本

本研究分析所使用有效样本的总数为378份，样本的规模、企业性质及所在行业等基本特征如表2-5所示。从总体上来看，调查对象主要是成立时间2年以上且职工人数50人以上的民营企业，电子信息领域及新材料与节能技术领域的中小企业占比达到50%以上。

2015年调查样本与2013年调查样本的分布基本类似，不具有统计意义差异。但从描述统计上来看，与2013年的问卷样本相比，2015年的问卷样本中：企业规模超过200人的样本比例有所增加；民营企业占比明显增加；企业领域分布无明显差异；企业成立时间8年以上的样本比例增长明显。

2.3.4 信度检验

信度是指测验的可信程度，主要表现测量结果的一贯性、一致性、再现性和稳定性。内部一致性信度通常用变量Cronbach's Alpha的值来衡量，一份信度高的量表或问卷，其信度系数最好在0.80以上，如果在0.70～0.80，是可以接受的范围。本研究用SPSS 22.0软件对数据的信度进行检验。2013年和2015年问卷数据的信度检验结果如表2-6所示，2013年的Cronbach's Alpha系数为0.836，2015年的Cronbach's Alpha系数为0.871，本研究2次调查具有较好的信度。

表 2-5 研究样本的基本情况

中小企业基本信息		2013 年		2015 年	
		有效问卷	百分比	有效问卷	百分比
职工数量	A.50 人以下	20	9.7%	15	8.7%
	B.50～200 人	133	64.6%	90	52.3%
	C.201～500 人	53	25.7%	67	39.0%
企业性质	A. 国有及国有控股企业	39	18.9%	25	14.5%
	B. 民营企业	131	63.6%	118	68.6%
	C. 外资企业	15	7.3%	10	5.8%
	D. 中外合资企业	21	10.2%	19	11.0%
所属领域	A. 电子信息	75	36.4%	58	33.7%
	B. 生物医药	31	15.0%	23	13.4%
	C. 光机电一体化	12	5.8%	14	8.1%
	D. 新材料与节能技术	44	21.4%	45	26.2%
	E. 新能源	18	8.7%	20	11.6%
	F. 航空航天	5	2.4%	1	0.6%
	G. 资源与环境	20	9.7%	11	6.4%
	H. 地球、空间、海洋工程	1	0.5%	0	0%
成立时间	A.2 年及以下	4	1.9%	2	1.2%
	B.3～4 年	45	21.8%	29	16.9%
	C.5～8 年	99	48.1%	61	35.5%
	D.8 年以上	58	28.2%	80	46.5%

表 2-6 数据的信度分析结果

年份	Cronbach's Alpha	项目个数
2013	0.836	101
2015	0.871	101

2.4 技术竞争情报需求与现状分析

本部分将从开放式创新现状、关键情报需求、组织形式等不同角度描述科技型中小企业的技术竞争情报现状，在此基础上通过相关性分析与探索性研究分析科技型中小企业竞争情报需求的影响因素，从而为后续的分析方法研究提供参考。

2.4.1 科技型中小企业的创新现状分析

对企业开放创新情况进行统计分析，主要包括内向式开放创新，即企业获取新技术途径；外向式开放创新，即企业新技术成果商业化途径及企业外部创新源。

（1）内向式开放创新：科技型中小企业获取新技术途径

通过关于获取新技术方式的描述统计（表2-7）可以发现，目前对于获取新技术途径科技型中小企业更加关注的是自主研发，而其他途径依次为合作研发、人才引进、技术并购、委外研发、购买技术许可及知识产权。从2013年和2015年的数据比较来看，近几年科技型中小企业更加关注技术并购和技术人才引进在技术创新中的作用。

表 2-7 科技型中小企业获取新技术的主要方式

主要方式	综合排序							加权值		
	1	2	3	4	5	6	7	全部	2013年	2015年
A. 自主研发	157	73	48	36	20	17	8	5.64	5.66	5.61
B. 委外研发	31	37	53	32	37	43	63	3.69	3.66	3.73
C. 合作研发	88	120	51	50	22	22	6	5.31	5.29	5.34
D. 技术并购	32	34	58	58	33	49	35	3.95	3.87	4.04
E. 吸收技术人才	41	59	73	52	50	29	34	4.31	4.06	4.58
F. 购买技术许可	16	20	41	70	81	59	25	3.54	3.58	3.49
G. 购买知识产权	13	34	43	40	51	48	72	3.29	3.96	2.43

为了从开放创新的理论视角进行分析，本研究基于该问题定义了技术创新

的开放广度,即调查对象选择获取新技术途径的数量(数值范围为 1~7)。同时利用近 2 年企业通过各种外部途径获取新技术的次数(在变量测度中,选项设置为 5 次及以下、6~10 次、11~20 次、20 次以上),表示技术创新的开放深度。开放广度与开放深度的统计结果如表 2-8 所示。

从样本整体来看,2013 年及 2015 年的开放广度的众数和均值都基本接近或超过了 6。这在一定程度上说明科技型中小企业获取新技术的开放广度普遍较大,企业在开放式创新环境下会积极地寻求多途径从组织外部吸取有价值的创意、技术专利等。从开放深度来看,企业通过外部途径获取新技术的次数普遍不多,说明科技型中小企业在主动寻求获取外部新技术的途径,但成功引入新技术的情况并不多,大部分企业还停留在积极尝试的阶段而没有成熟的运作流程。与 2013 年相比,2015 年企业获取新技术的开放广度与深度的均值更高,表明企业一直在积极扩展更多地获取外部新技术的途径,也不断引入吸收更多的外部技术,企业内向开放创新程度有所增强。

表 2-8 科技型中小企业内向创新的广度与深度

潜变量	指标变量		均值	众数	标准差
企业获取新技术途径	2013 年	广度	5.9	7	1.6
		深度	1.96	2	0.834
	2015 年	广度	6.13	7	1.479
		深度	1.97	2	0.945

(2)外向式开放创新:科技型中小企业技术成果商业化途径

本次调查结果表明,在具体的科技成果转化方式方面(表 2-9),科技型中小企业更加倾向于通过自身的生产或合作生产来实现技术成果的商业化,其后依次是外包生产销售、技术许可、技术出售及风险投资。而通过设立衍生公司的形式实现成果转化是目前科技型中小企业最不愿意采用的形式。2015 年与 2013 年的对比可以发现,在对于科技成果的商业化方面,科技型中小企业开始关注技术许可及风险投资,而技术人员离岗创业的意愿则进一步降低。

表 2-9　科技型中小企业技术成果商业化方式

商业化方式	综合排序							加权值		
	1	2	3	4	5	6	7	全部	2013年	2015年
A. 企业自身生产销售	157	69	54	28	25	13	4	5.71	5.73	5.70
B. 外包生产销售	47	68	90	44	38	21	8	4.83	4.94	4.71
C. 合作生产销售	89	131	53	35	20	13	7	5.48	5.68	5.25
D. 技术许可	41	49	67	63	45	28	10	4.52	4.21	4.86
E. 技术出售	36	39	55	71	60	26	7	4.37	4.62	4.10
F. 风险投资	5	10	17	35	42	74	70	2.62	2.28	2.98
G. 企业技术人才离职，并创建分公司	3	7	13	25	31	56	110	2.22	2.60	1.77

同样，本研究中对外向式开放创新也从广度与深度2个方面进行了再定义分析。其中，科技型中小企业的外向式开放创新广度是指企业新技术成果商业化途径的数量（数值范围为1～7），开放深度则是近2年企业通过各种外部途径实现新技术成果商业化的总次数（在变量测度中选项设置为：5次及以下、6～10次、11～20次、20次以上），统计分析结果如表2-10所示。

在外向式开放创新方面，2013年及2015年的开放广度的众数均为7，均值都超过了5，表明企业新技术成果商业化的开放广度较高，企业会主动探索多种路径进行新技术成果产业化，将企业研发的新技术转化为商业产品。结合具体商业化方式来看，科技型中小企业更加倾向于产品生产的合作，而不是技术开发层次。这与内向式创新形成鲜明的对比：科技型中小企业更加希望能从外部获取技术知识，而最终的技术商业化则是希望由自己完成，这一点也验证了已有的相关研究结果。中小企业开放创新与大型企业的开放创新具有不同，在中小企业中虽然也有外向式开放创新，但内向式开放创新仍是中小企业采取的主要形式[①]。

---

① JOON MO AHN, TIM MINSHALL, LEIZIA MORTARA. Open innovation: a new classification and its impact on frim performance in innovative SMEs[J]. Journal of innovation management, 2015, 3（2）: 33-54.

与开放广度不同，开放深度并不理想，科技型中小企业最终能够通过外部途径将新技术成果成功商业化的次数并不多。这可以解释为科技型中小企业在积极尝试各种外部新途径，但效果还不是很理想，新技术成果成功转化率不高。与2013年相比，2015年企业新技术成果商业化的开放广度与深度的均值更高，说明科技型中小企业的外向式技术创新活动在不断强化。在开放式创新环境下，科技型中小企业会逐渐获取更多途径进行科技成果转化，且成功转化的次数也逐渐增加，而内向式创新的这种变化趋势并不是特别明显。

表2-10 科技型中小企业外向式创新的广度与深度

潜变量		指标变量	均值	众数	标准差
企业新技术成果商业化	2013年	广度	5.41	7	1.907
		深度	1.86	2	1.014
	2015年	广度	5.79	7	1.754
		深度	2	2	0.858

（3）外部创新源：科技型中小企业的技术合作伙伴

从外部创新合作对象的整体排序来看，科技型中小企业在选择技术合作伙伴时，是首先基于价值链来考虑的，以供应链合作为主，特别是优先考虑供应商与客户参与到自身的技术创新之中，这是一种典型的开放式创新。其后依次是分销商、大学/科研机构、技术中介、产业外企业、竞争对手与知识产权机构。与技术知识的获取和技术成果商业化的数据分布不同，科技型中小企业在技术合作伙伴的选择上具有更高的灵活性。因为从被选择对象的角度来看，客户、供应商及大学/科研机构的最大值均出现在排名第一的位置。这说明对于科技型中小企业来说，这些对象是他们天然的创新合作伙伴。但从2013年与2015年的数据对比来看，科技型中小企业与传统伙伴的合作正在弱化，而与非传统伙伴的合作正在逐渐增加，如竞争对手（表2-11）。

表 2-11 科技型中小企业的技术合作对象

合作对象	综合排序								加权值		
	1	2	3	4	5	6	7	8	全部	2013年	2015年
A. 客户	86	52	56	40	34	20	17	17	5.65	5.71	5.68
B. 竞争对手	38	33	20	22	30	15	31	70	3.93	3.88	4.33
C. 分销商	51	80	52	27	30	32	25	7	5.34	5.56	5.54
D. 供应商	72	69	59	34	27	34	16	7	5.73	5.94	5.55
E. 技术中介组织	29	42	47	50	36	39	25	19	4.71	4.62	5.05
F. 产业外其他企业	16	19	57	54	45	31	44	18	4.27	4.58	4.21
G. 大学/科研机构	67	45	34	46	36	36	31	16	5.18	5.47	4.85
H. 知识产权机构	19	34	32	35	35	33	38	50	3.58	4.28	3.82
缺失值	0	4	21	70	105	138	151	174			

与外部创新源的合作，本研究也通过广度与深度进行了测度。外部创新源的开放广度是指科技型中小企业具有的外部创新源的数量（数值范围1~8），开放深度是近2年被调查企业与外部创新源进行深入合作的次数（0次、1~3次、4~8次、8次以上），统计结果如表2-12所示。

科技型中小企业外部创新源的开放广度的众数和均值都超过了6，表明企业的开放广度普遍较大，企业在开放式创新环境下能够寻求较多的技术合作伙伴进行合作。从开放深度来看，企业与合作伙伴的深入合作情况还处于比较低的水平，企业与外部创新源的技术合作还停留在较浅层的简单交易水平，说明企业的外部合作开放程度还是不足，其开放式创新合作模式存在一定问题。2015年的开放广度的均值高于2013年，说明企业在不断拓展更多新的合作伙伴，但2015年开放深度的均值略低于2013年，这可能是因为在开放式创新环境下企业虽然倾向于与更多外部合作伙伴进行接触，但实际合作的效果却不太理想。一方面这可能是合作双方采取的策略较为保守（特别是向外技术输出时）；另一方面也可能是科技型中小企业的技术吸收能力也在影响着开放式创新中的技术转移效果。这一点在科技型中小企业选择合作伙伴时考虑的因素上有所体现（图2-2）。

表 2-12 科技型中小企业外部创新源的合作广度与深度

潜变量		指标变量	均值	众数	标准差
企业外部创新源	2013 年	广度	6.06	8	2.204
		深度	2.49	2	0.607
	2015 年	广度	6.48	8	2.14
		深度	2.39	2	0.671

在技术合作伙伴的选择方面,在 2013 年调查中,科技型中小企业将技术创新资源共享意愿作为首要因素,但在 2015 年的调查中,已经被技术研发能力与合作意识所取代。而 2015 年与 2013 年影响因素分布上的差异表明:我国科技型中小企业对开放式创新的认识已经更进一步,由最初关注共享意愿开始转向关注具体的实质性内容,如对方的技术研发能力与技术转移能力等。

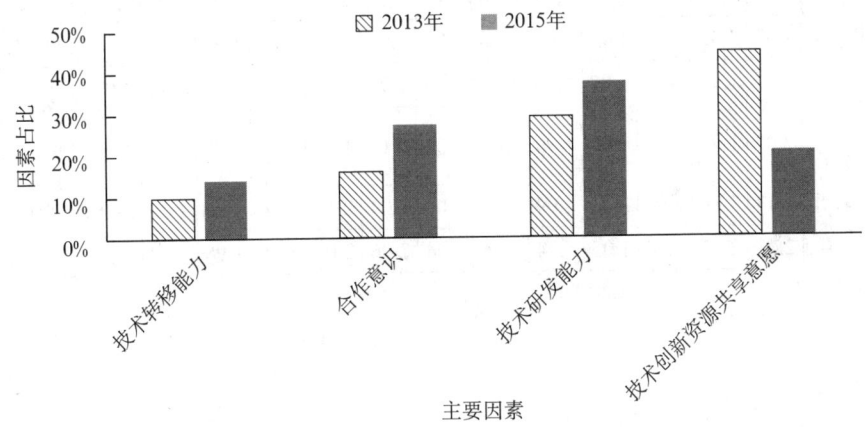

图 2-2 科技型中小企业选择技术合作伙伴时所考虑的主要因素

2.4.2 科技型中小企业的技术竞争情报需求

(1) 功能需求:技术竞争情报的分析功能定位

科技型中小企业对技术竞争情报分析的功能需求统计如表 2-13 所示。通过图 2-3 可以发现科技型中小企业对技术竞争情报的整体需求呈现明显的"微笑曲线"特征。

根据开放式创新中的技术知识流动,本研究将科技型中小企业的技术竞争情报功能需求划分为具体的5个阶段,分别是技术获取、技术决策、技术研发、技术商业化及技术输出。在调查过程中要求调查对象对不同阶段的技术竞争情报功能需求分别打分(1～5分)。尽管从整体平均值来看,不同阶段对技术竞争情报的需求强度都高,但从形态上却表现出了曲线特征:越靠近中小企业的核心业务(如技术研发),其技术竞争情报需求强度越弱;越接近于企业边界(技术的输出与输出决策),其技术竞争情报需求就越高。这一点也进一步验证了技术竞争情报关注于外部技术信息的本质特点。

表 2-13 科技型中小企业的技术竞争情报功能需求

变量	预警			监测			预测			评价			平均值		
	全部	2013年	2015年	全部	2013年	2015年	全部	2013年	2015年	全部	2013年	2015年	全部	2013年	2015年
技术获取	2.03	2.06	2.01	1.99	1.98	2.00	2.12	2.13	2.10	1.99	1.93	2.06	2.03	2.03	2.04
技术决策	1.97	2.02	1.91	1.97	1.97	1.98	2.02	2.04	2.00	1.97	1.95	1.99	1.98	2.00	1.97
技术研发	1.91	1.92	1.90	1.87	1.85	1.90	1.96	1.95	1.98	1.94	1.96	1.92	1.92	1.92	1.93
技术商业化	2.02	1.94	2.11	1.90	1.90	1.89	2.04	2.13	1.94	1.87	1.88	1.85	1.96	1.96	1.95
技术输出	2.13	2.19	2.06	2.00	1.99	2.02	2.08	2.04	2.14	2.04	2.04	2.04	2.06	2.07	2.07
平均值	2.01	2.03	2.00	1.95	1.94	1.96	2.04	2.06	2.03	1.96	1.95	1.97			

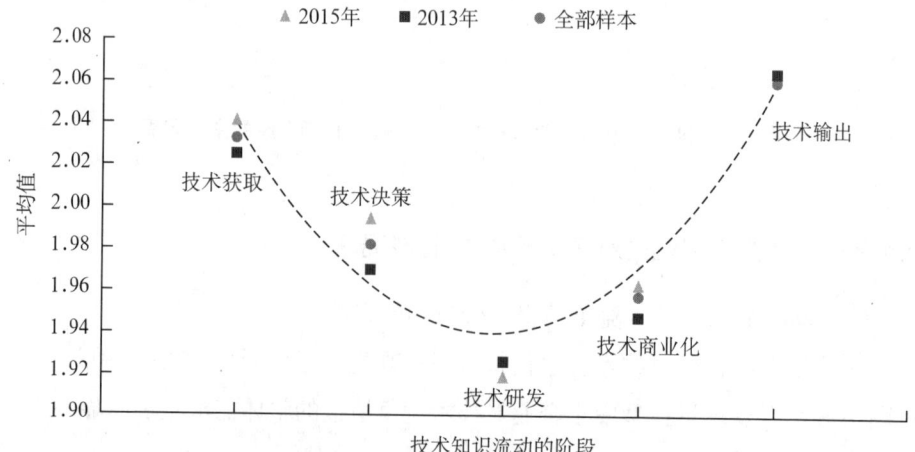

图 2-3 科技型中小企业的技术竞争情报需求强度分布

从功能维度来看，开放式创新过程中对预测与预警功能的需求最为突出（表2-14）。预测功能被视为技术竞争情报发挥作用的重要方式，指对设备、流程及技术未来有用特征的预测[①]。企业从外部获取新技术时2013年主要关注新技术的预测及预警功能，而2015年开始关注对外部新技术的评价；企业在技术决策阶段2013年主要关注技术的预警、预测，2015年也更加关注技术的评价功能；企业向外部输出新技术时2013年主要关注新技术成果转化时的预警及评价，2015年则更关注预警、预测功能。这表明企业在开放性的创新活动中，一直需要预测外部环境及技术相关信息，也逐渐注重对外部新技术的可靠性进行评价。

表2-14 开放式创新中的主要分析功能需求

变量		指标变量		均值	中位数	众数	标准差
功能	2013年	企业从外部获取新技术	预警	2.06	2	2	0.743
			预测	2.13	2	2	0.84
		技术决策阶段	预警	2.02	2	2	0.78
			预测	2.04	2	2	0.773
		企业向外部输出新技术	预警	2.19	2	2	0.843
			评价	2.04	2	2	0.777
	2015年	企业从外部获取新技术	预测	2.10	2	2	0.765
			评价	2.06	2	2	0.836
		技术决策阶段	预测	2.00	2	2	0.809
			评价	1.99	2	2	0.772
		企业向外部输出新技术	预警	2.06	2	2	0.818
			预测	2.14	2	2	0.867

（2）内容需求：科技型中小企业的关键情报课题

从分析对象来看（表2-15），科技型中小企业更加关注的是技术本身，

[①] P SAVIOZ, M BLUM. Strategic forecast tool for SMEs: how the opportunity landscape interacts with business strategy to anticipate technological trends[J]. Technovation, 2002, 22: 91-100.

其次才是关于相关机构的技术情报,而且这种倾向有进一步加强的趋势。对于技术本身,对技术威胁的关注要高于技术机遇,对于技术现状的关注要略高于技术趋势。这在一定程度上说明,目前科技型中小企业在竞争中处于劣势地位,因此,更加关注来自各方面的威胁(包括技术方面的),关注近期战略目标(如技术现状)。

在机构层面的需求中,以技术人员信息需求(技术人员)最为突出,其次是机构的技术战略、技术竞争力(技术实力)与研发计划。与2013年数据相比,2015年的调查数据表明,科技型中小企业对相关机构研发计划的需求略有上升。

表 2-15 科技型中小企业的技术竞争情报内容需求

维度	变量	指标变量	平均值					
			全部	2013年	2015年	全部	2013年	2015年
内容	技术	技术机遇	1.78	1.77	1.78	1.92	1.92	1.93
		技术威胁	2.39	2.38	2.4			
		技术现状	1.88	1.89	1.87			
		技术趋势	1.64	1.62	1.67			
	机构	研发计划	1.65	1.6	1.72	1.74	1.76	1.72
		技术实力	1.67	1.76	1.56			
		技术人员	1.86	1.89	1.82			
		技术战略	1.77	1.79	1.76			

宏观描述统计在一定程度上能揭示样本的平均水平,但对于极值情况的描述是欠缺的。因此,对于科技型中小企业的关键情报问题,还需要对样本认为最为重要的课题进行分析(表2-16)。

表 2-16 科技型中小企业的关键情报需求

维度	变量	指标变量	频次（次）	认为最为重要的样本占比（标记为5分的样本占比）	
				2013年	2015年
内容	技术	技术机会	139	43.90%	40.28%
		技术威胁	54	14.63%	17.06%
		技术现状	101	22.76%	34.60%
		技术趋势	166	52.85%	47.87%
	机构	研发计划	160	52.03%	45.50%
		技术实力	174	45.53%	55.92%
		技术人员	105	26.83%	34.12%
		技术战略	129	30.08%	43.60%

通过表 2-16 的数据来看，科技型中小企业的技术竞争情报课题与样本的整体情报需求具有不同特点。这种不一致性表明了科技型中小企业在关键情报问题认识上的显著差异。在技术内容上，技术趋势（如前沿领域）是科技型中小企业的关键情报课题；而在关于技术机构的需求上，技术实力（技术创新能力与竞争力）则正在成为核心问题。

（3）数据来源：科技型中小企业的技术竞争情报来源

对于数据来源的分析，本部分同样从 2 个层次展开：整体数据统计（表 2-17）及最为重要情报源（表 2-18）的分析。

表 2-17 科技型中小企业的技术竞争情报来源分布

维度	变量	指标变量				平均值		
			全部	2013年	2015年	全部	2013年	2015年
情报源	二手情报源	报纸	2.77	2.73	2.92	2.13	2.17	2.18
		专利	1.83	1.88	1.89			
		标准	2.13	2.27	2.11			
		报告	1.86	1.76	1.98			
		期刊	1.95	2.03	1.93			
		会议	2.24	2.35	2.24			

续表

维度	变量	指标变量	平均值					
			全部	2013年	2015年	全部	2013年	2015年
情报源	一手情报源	内部员工	2.06	2.11	2.09	2.13	2.13	2.16
		竞争对手	2.32	2.22	2.39			
		政府机构	2.37	2.44	2.40			
		顾客	2.01	2.11	1.92			
		行业协会	1.97	1.98	2.06			
		经销商	2.04	1.98	2.10			
		供应商	2.12	2.07	2.14			
平均值						2.13	2.15	2.17

调查数据结果表明，科技型中小企业对二手情报源的利用要高于一手情报源，而且对各类情报源的利用正在不断加强。从平均值来看，对报纸、会议、标准的利用程度较高，这突出表明了科技型中小企业对技术竞争情报的时效性要求；对政府机构与竞争对手等一手情报源的关注，则充分说明了政府对于科技型中小企业的重要作用。但仅从调查样本使用频次最高的情报源看，期刊论文、专利文献的关注则会进一步突显（表2-18），而且存在进一步强化的趋势。

表2-18 科技型中小企业的主要技术竞争情报来源

维度	变量	指标变量	频次（次）	认为使用频次最高的样本占比（标记为5分的样本占比）	
				2013年	2015年
情报源	二手情报源	报纸	33	15.45%	6.64%
		专利	130	37.40%	39.81%
		标准	91	20.33%	31.28%
		报告	124	43.09%	33.65%
		期刊	119	33.33%	36.97%
		会议	59	17.07%	18.01%
	一手情报源	内部员工	90	26.83%	27.01%

续表

维度	变量	指标变量	频次（次）	认为使用频次最高的样本占比（标记为5分的样本占比）	
				2013年	2015年
情报源	一手情报源	竞争对手	67	24.39%	17.54%
		政府机构	50	13.01%	16.11%
		顾客	97	25.20%	31.28%
		行业协会	107	30.08%	33.18%
		经销商	86	28.46%	24.17%
		供应商	88	25.20%	27.01%

在二手情报源中，行业协会的作用正在加强。这种数据来源的分布与韩国的一项研究结论基本一致：从信息收集角度来看，文本信息源中技术与市场报告是重要来源，而人际信息源中顾客是重要来源；中小企业研发管理者需要及时获取高质量技术与市场趋势报告，但限于资源，他们很难获得此类报告；关注新技术的中小企业需要从专利与出版物及与国家研究机构的合作中发现新兴技术趋势[①]。

（4）科技型中小企业的技术竞争情报需求特点

1）从需求本身来看，整体共性特点与个体差异相对较大

通过对功能、内容与情报源分析，可以发现科技型中小企业作为一个群体，其技术竞争情报需求尽管整体表现出一定共性，但个体差异是非常大的。这一点突出表现在各类变量的整体平均值结果与极值打分上的差异，如分析内容与情报源的打分。

2）从开放创新过程来看，科技型中小企业更加关注技术竞争情报的界面作用

基于开放式创新过程的情报需求强度分析表明，越靠近中小企业的核心业务（如技术研发），其技术竞争情报需求强度越弱；越接近于企业边界（技术的输出与输出决策），其技术竞争情报需求就越高。这一点充分说明了科技型

---

① CHANWOO CHO, BYUNGUN YOON, BYOUNG YOULCOH, et al. An empirical analysis on purpose drivers and activities of technology opportunity discovery: the case of Korean SMEs in the manufacturing sector[J]. R&D management, 2016, 46（1）: 13-35.

中小企业对技术竞争情报工作的定位及技术竞争情报工作的本质。

3）从关键情报课题来看，科技型中小企业更加关注技术本身的相关议题

在分析对象的调查中，可以发现目前科技型中小企业更加关注的是技术本身，如技术发展的趋势，进而是这种趋势所带来的机遇与威胁，而技术威胁是有调查对象普遍关注的内容。这种表现与科技型中小企业的主要技术竞争情报来源也是一致的（主要利用反映技术内容的二手情报源）。这种情报源的分布也在一定程度上反映了中小企业的技术竞争情报工作的特点：获取成本相对较低，因为都是开源可获得的。

4）竞争对手在科技型中小企业技术竞争情报工作中的定位复杂

竞争对手分析是竞争情报的基本工作内容之一。因此，在传统竞争情报分析中，竞争对手更多地是以研究对象的身份存在的。而通过本次调查可以发现，在开放式创新视角下，竞争对手也可能是创新合作者，因此不仅要从竞争视角分析其技术实力（这也是对机构情报分析的首要目标），而且也要从合作视角分析潜在合作可能。而从与之相对的视角来看，传统意义上不构成竞争关系的企业，也可能因为技术创新策略而成为潜在竞争对手。除了竞争者与合作者的定位外，竞争对手也是技术竞争情报的一种重要情报源。尽管目前将其作为最重要情报源的中小企业相对较少，但其作用也是不容忽略的。

2.4.3 技术竞争情报的组织形式

（1）科技型中小企业的技术竞争情报意识

将 2013 年和 2015 年问卷中的企业内部情报意识变量进行统计，分析各个测量指标的中位数、众数、均值和标准差情况，如表 2-19 所示。可以看出，整体上 2013 年与 2015 年的测量指标 QBYS1 的均值都较高，表示企业的情报培训活动较多，而测量指标 QBYS2 和 QBYS3 的均值偏低，表明企业员工尚不能有意识地进行情报的监测和获取，企业高层管理人员在对情报工作价值的认识方面也存在不足，同时也说明虽然企业经常进行情报培训活动，但其效果并不显著，企业领导及员工的情报能力没有得到充分提高。

第 2 章 基于问卷调查的科技型中小企业技术竞争情报研究

表 2-19 企业内部情报意识变量统计

潜变量	内部情报意识					
	2013 年			2015 年		
指标变量	QBYS1	QBYS2	QBYS3	QBYS1	QBYS2	QBYS3
均值	2.34	2.17	2.02	2.22	2.01	1.76
中位数	2	2	2	2	2	2
众数	2	2	2	2	2	1
标准差	0.984	0.912	0.79	0.85	0.701	0.849

对 2013 年及 2015 年数据总体进行 T 检验，如表 2-20 所示，3 个测量指标的显著性均大于 0.05，表明这 2 年数据无统计学上差异，内部情报意识与年份无显著相关性，2013—2015 年，企业的内部情报意识无明显变化。

表 2-20 企业内部情报意识 T 检验结果

	QBYS1	QBYS2	QBYS3
T 检验显著性 Sig	0.191	0.065	0.065

（2）科技型中小企业的竞争情报部门设置

科技型中小企业的竞争情报部门设置情况如表 2-21 所示。在调查的 2013 年企业当中，只有 41.7% 的企业设立了专门情报部门，而 2015 年 65.7% 的企业设立了情报部门，较 2013 年大幅增加，说明更多的企业越来越重视竞争情报的价值，更倾向于竞争情报工作专业化。

在没有设立情报部门的企业当中，企业技术竞争情报的收集、整理及分析等工作通常由其他部门负责。如图 2-4 所示，2013 年企业的情报工作主要由市场及行政管理部门负责，2015 年企业的情报工作则主要由市场及技术研发部门负责，且技术研发部门所占比例最大，表明随着创新环境的开放程度提高，企业更加注重技术竞争情报的价值。

表 2-21 被调查企业的情报部门设置情况

企业是否设有情报部门	2013 年		2015 年	
	有效问卷/份	百分比	有效问卷/份	百分比
A. 是	86	41.7%	113	65.7%
B. 否	120	58.3%	59	34.3%

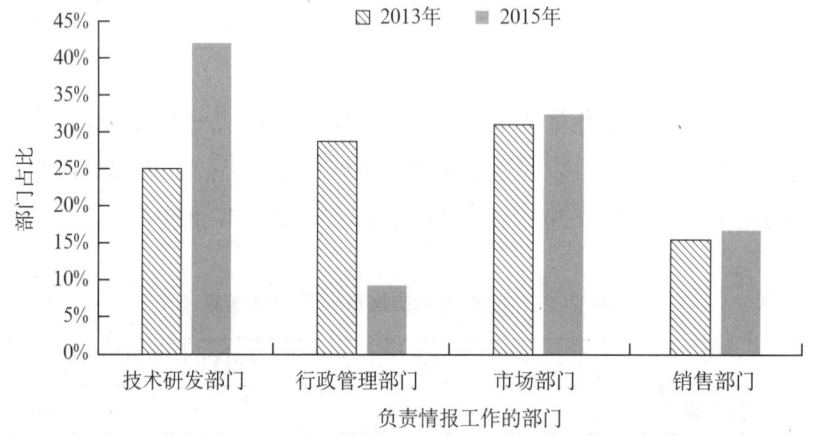

图 2-4 未设情报部门的企业负责情报工作的部门分布情况

2.5 技术竞争情报的影响因素分析

本部分主要是在 2013 年调研的基础上通过结构方程的方法对科技型中小企业的技术竞争情报需求进行影响因素分析,在此基础上通过 2015 年与 2013 年的比较研究进一步分析相关影响因素的变化。

2.5.1 基于结构方程的影响因素分析

(1)结构模型与变量定义

SEM 是一种验证性的统计分析方法,通常由理论来引导,建立假设模型图,并在理论基础上进行模型的修正及评价。依据是否可观测,SEM 中的变量分为 2 种:潜变量和显变量。潜变量是不可直接观测的变量,而显变量可直接观测，在问卷中体现为量表题项。结构方程模型中有2个基本的模型：测量模型和结构模型。测量模型由潜在变量与观察变量组成，所谓观察变量是量表或问卷等测量工具所得的数据，潜在变量是观察变量间形成的特质或抽象概念，无法直接测量，而要由观察变量测得的数据资料来反映。结构模型是潜在变量间因果关系模型的说明。

本研究使用AMOS17.0来对科技型中小企业技术竞争情报需求的影响因素模型进行检验，对2.2.1部分的相关影响因素假说进行验证。本研究中所设计的测量模型共有23个显变量，7个潜变量（各变量定义见2.3.1部分），分别如下。

·外因显变量：CXNL1、CXNL2、CXNL3、CXNL4、CXNL5；HJDD1、HJDD2、HJDD3、HJDD4；QBYS1、QBYS2、QBYS3；JSRZ1、JSRZ2；JSHZ1、JSHZ2、JSHZ3、JSHZ4。

·内因显变量：C1、C2、C3；K1、K2。

·外因潜变量：情报意识、环境动荡、技术认知、技术合作、创新能力。

·内因潜变量：CTI需求、开放度。

在初始模型设计的基础上，经过模型修改，最终构建模型如图2-5所示。

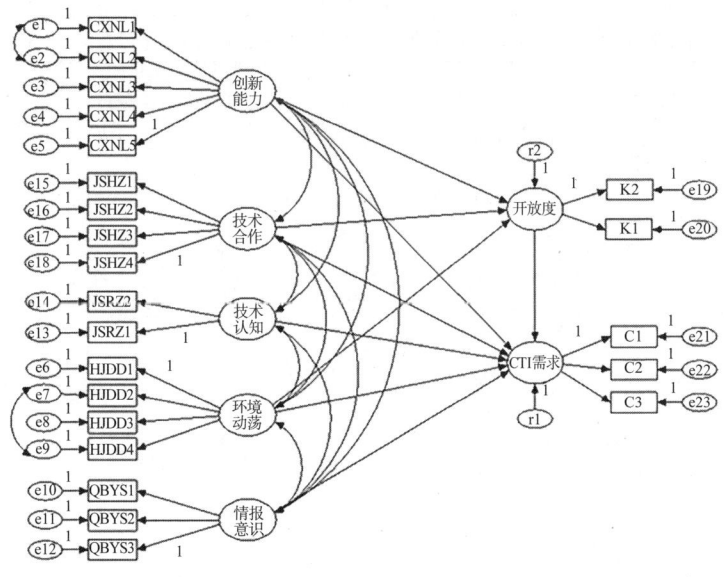

图2-5 最终结构方程模型

(2)结果分析

本研究在 2.2.1 部分影响因素分析的基础上,提出了关于科技型中小企业技术竞争情报需求的影响因素假说(表 2-22)。基于结构方程的分析结果表明,其中 H6 与 H10 并不支持,即"企业开放度对企业技术竞争情报需求有显著正向影响""外部新技术的认知难度对企业开放度有显著正向影响"。

表 2-22　技术竞争情报需求的相关影响因素假说验证

研究假设	假设内容	检验结果
H1	环境动荡程度对企业技术竞争情报需求有显著正向影响	支持
H2	内部情报意识对企业技术竞争情报需求有显著正向影响	支持
H3	技术创新能力对企业技术竞争情报需求有显著正向影响	支持
H4	技术合作能力对企业技术竞争情报需求有显著负向影响	支持
H5	外部新技术的认知难度对企业技术竞争情报需求有显著正向影响	支持
H6	企业开放度对企业技术竞争情报需求有显著正向影响	不支持
H7	环境动荡程度对企业技术竞争情报需求有显著正向影响	支持
H8	技术创新能力对企业开放度有显著正向影响	支持
H9	技术合作能力对企业开放度有显著正向影响	支持
H10	外部新技术的认知难度对企业开放度有显著正向影响	不支持

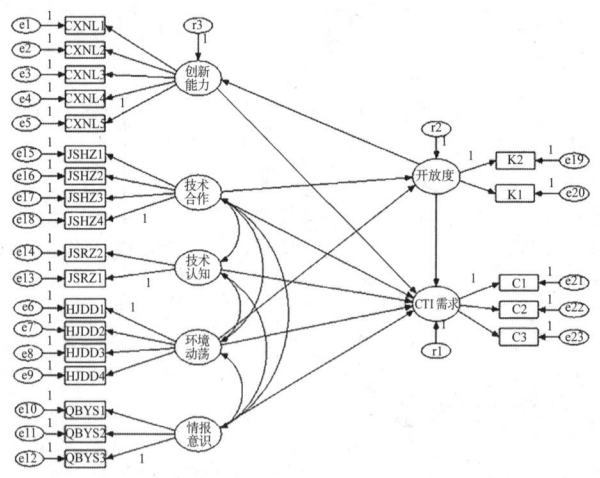

图 2-6　调整路径后的结构模型

因为本研究重点是分析开放创新环境下的技术竞争情报需求，因此需要对未通过验证的 H6 假说，即关于企业开放度的假说进一步探索。开放创新的一项研究表明，企业开放度越大，企业的技术创新强度和技术吸收能力就会越高，即技术创新能力越强[①]。根据这一假说，本研究将初始模型中"开放度←技术创新能力"路径进行反向调整为：开放度→技术创新能力（图2-6）。调整模型修正后的系数估计如表2-23所示。

表 2-23 调整模型修正后的系数估计情况

			Estimate	S.E.	C.R.	P	标准化路径系数
开放度	←	技术合作	0.282	0.068	4.179	***	0.362
开放度	←	环境动荡	0.506	0.115	4.401	***	0.471
创新能力	←	开放度	0.723	0.023	31.516	***	0.627
CTI 需求	←	开放度	0.280	4.803	0.006	0.995	0.016
CTI 需求	←	环境动荡	0.912	0.043	21.389	***	0.878
CTI 需求	←	情报意识	0.288	0.075	3.865	***	0.345
CTI 需求	←	创新能力	0.500	0.100	4.988	***	0.569
CTI 需求	←	技术合作	0.397	0.101	3.944	***	0.420
CTI 需求	←	技术认知	0.275	0.068	4.051	***	0.351

最终的路径系数及显著度表明，开放度并未对技术竞争情报需求构成直接影响，但存在间接影响。随着科技型中小企业开放度的不断提高，企业内部的技术创新能力将会得到显著提高，而模型中企业的技术创新能力对技术竞争情报需求存在显著的正向影响，从而会进一步推动科技型中小企业对技术竞争情报的需求。随着技术创新的需要，未来开放式创新是不可避免的发展趋势，企业必然会由封闭走向开放，那么企业的开放度将会提高，技术创新能力也会随之得到显著提高，继而提高企业对技术竞争情报的需求。

---

① RIGBY D，ZOOK C. Open-market innovation[J].Harvard business review，2002，80（10）：80-88.

2.5.2 影响因素的比较分析

在结构方程模型中，企业开放度对技术创新能力及技术竞争情报需求的影响测度是直接由调查对象利用李克特量表进行主观评估的。本次问卷设计的对科技型中小企业现状调查中，关于内向创新和外向创新是以外部合作对象的数量与合作次数为客观测度的，在一定程度上，也可以作为科技型中小企业的开放度的表征。从2013年与2015年2次调查结果来看，科技型中小企业开放度是逐步在加强的（见2.5.1部分），而且科技型中小企业的技术竞争情报需求也在加强（见2.5.2部分）。

（1）技术竞争情报的影响因素

为探讨各影响因素与竞争情报需求之间的影响关系，需要考察各因素与需求之间的相关关系。为了便于相关分析的计算，对内部情报意识、技术创新能力、技术认知难度、技术合作能力、环境动荡程度5个影响因素，企业开放广度和开放深度及技术竞争情报需求3个维度分别进行平均数的计算。本文中变量为定序变量，因此选择Spearman（斯皮尔曼）相关系数法，该方法可以反映2个变量间相关的密切程度与方向。

对2013年及2015年问卷数据利用Spearman法检验得出的5个影响因素与技术竞争情报需求变量之间的相关系数及相关关系的显著情况如表2-24所示。整体来看，企业的内部情报意识、技术创新能力、技术认知难度、技术合作能力均与企业的技术竞争情报需求存在显著的相关关系，且2015年影响因素与技术竞争情报需求的相关性普遍高于2013年，表明企业对情报的识别、技术研发及技术吸收、对外部关键新技术的认知、对技术机会的识别与对技术机遇的评估均会正向影响企业对技术竞争情报的内容、功能及情报源的需求程度，且影响力度逐渐加大。环境动荡程度在2013年只与技术竞争情报需求的情报源相关，在2015年则与CIT内容需求及CIT情报源需求都相关，且相关系数增大，表明随着外部环境的动荡程度加剧，企业对技术竞争情报的需求也日益显著增强。

表 2-24　CTI 需求与影响因素之间的相关性分析

		影响因素	内部情报意识	技术创新能力	技术认知难度	技术合作能力	环境动荡程度
2013 年	内容	spearman'rho	0.299	0.373	0.204	0.456	0.005
		显著性 Sig.	0.000	0.000	0.003	0.000	0.939
	功能	spearman'rho	0.286	0.368	0.207	0.282	0.092
		显著性 Sig.	0.000	0.000	0.003	0.000	0.187
	情报源	spearman'rho	0.454	0.391	0.257	0.439	0.146
		显著性 Sig.	0.000	0.000	0.000	0.000	0.036
2015 年	内容	spearman'rho	0.658	0.609	0.317	0.610	0.236
		显著性 Sig.	0.000	0.000	0.000	0.000	0.002
	功能	spearman'rho	0.548	0.639	0.272	0.609	0.142
		显著性 Sig.	0.000	0.000	0.000	0.000	0.063
	情报源	spearman'rho	0.608	0.500	0.397	0.538	0.464
		显著性 Sig.	0.000	0.000	0.000	0.000	0.000

（2）企业开放度与技术竞争情报需求的相关性

探究企业开放度与其他影响因素及技术竞争情报需求的相关性，对 2013 年及 2015 年问卷数据利用 Spearman 法进行检验，如表 2-25 所示。可以看出，2013 年的企业开放深度与环境动荡程度及技术竞争情报源需求负向相关，说明 2013 年外界环境的动荡会降低企业开放创新积极性，促使企业采取保守策略，倾向于与固定合作伙伴合作，同时也会影响企业对情报源的需求。2015 年的企业开放广度与环境动荡程度及技术竞争情报源需求负向相关，说明 2015 年外界环境的动荡同样会降低企业开放创新积极性，但是企业会在不稳定的外部环境中倾向于扩展外部创新源，探索更多的外部合作伙伴，且企业开放广度与情报源的负向相关减弱，表明企业对情报源的需求呈上升趋势。在开放式创新环境下，企业开放度及其他因素对技术竞争情报需求的影响，正如开放创新与企业绩效本身的关系一样：非常复杂，甚至是不一致的[①]。

---

① JOON MO AHN, TIM MINSHALL, LEIZIA MORTARA. Open innovation: a new classification and its impact on frim performance in innovative SMEs[J]. Journal of innovation management, 2015, 3（2）: 33-54.

表 2-25　企业开放度与其他影响因素及 CTI 需求的相关性分析

		影响因素	内部情报意识	技术创新能力	技术认知难度	技术合作能力	环境动荡程度	内容	功能	情报源
2013 年	开放广度	spearman'rho	0.008	−0.083	0.004	0.012	0.003	0.013	0.037	0.089
		显著性 Sig.	0.912	0.238	0.960	0.865	0.962	0.850	0.598	0.203
	开放深度	spearman'rho	−0.229	−0.168	−0.157	−0.202	−0.303	−0.102	−0.083	−0.272
		显著性 Sig.	0.201	0.115	0.124	0.504	0.000	0.145	0.237	0.000
2015 年	开放广度	spearman'rho	−0.115	0.035	−0.067	0.108	−0.146	−0.010	0.086	−0.150
		显著性 Sig.	0.132	0.644	0.380	0.159	0.045	0.892	0.264	0.049
	开放深度	spearman'rho	−0.023	−0.035	−0.053	−0.066	0.076	0.016	−0.050	−0.008
		显著性 Sig.	0.765	0.649	0.487	0.387	0.321	0.836	0.518	0.917

2.6　小结

竞争环境、情报需求及分析方法间的作用是相互的,这一点对于科技型中小企业来说尤为突出。因此,本研究需要将技术竞争情报置于开放式创新视角下,从工作流程与分析任务 2 个层次分析科技型中小企业的技术竞争情报的特点。

（1）科技型中小企业开放式创新活动正在加强,其技术竞争情报需求也在强化

在开放式创新过程中,目前科技型中小企业比较关注的技术知识获取方式是合作研发及人才引进,近期开始关注技术并购的方式。在技术商业化及技术知识的外部转移方面,科技型中小企业比较关注的是通过自身的生产或合作生产实现技术成果的商业化,其后依次是外包生产销售、技术许可、技术出售及风险投资。这种差异表明,目前科技型中小企业比较关注内向式开放创新。从与外部创新源的合作来看,目前科技型中小企业选择的合作对象较多,但合作的层次却相对较浅,形成这种现象的主要原因是开放式创新取得收益本身的复杂性。历时数据的比较表明,科技型中小企业的开放式创新活动正在不断加强,而且随着科技型中小企业开放度的不断加强,其技术竞争情报的需求强度也随之增加。

(2) 科技型中小企业的技术竞争情报呈现"微笑曲线"的特点

尽管在企业开放式创新过程中,科技型中小企业对技术竞争情报的利用程度相对较低,一方面表现在对技术竞争情报功能和情报源利用频次评分相对较低;另一方面是近 1/3 的企业仍未设立专职机构负责此项职能。但 2013—2015 年的趋势表明,这种情况正在逐步好转。科技型中小企业所呈现的技术竞争情报需求具有明显的个性化差异,突出表现在平均值与极值打分的差异上。从开放式创新过程来看,科技型中小企业的技术竞争情报需求呈现"微笑曲线"的特点,它们更加关注技术竞争情报的界面作用:越靠近中小企业的核心研发业务,其技术竞争情报需求强度越弱;越接近于企业边界(技术的输入与输出决策),其技术竞争情报需求就越高。这一点充分说明了科技型中小企业对技术竞争情报工作的定位及技术竞争情报工作的本身作用。

(3) 技术内容是科技型中小企业技术竞争情报关键情报问题的核心

除了由于资源局限而更加关注二手情报源的利用外,科技型中小企业的技术情报内容有 2 个特点需要特别关注:一是技术内容本身是优先关键情报课题;二是竞争对手的分析更加复杂。科技型中小企业在技术内容层次关注的共性问题与关键情报课题分别是:技术发展所带来的威胁与发展趋势;而对于机构信息的需求则集中于技术竞争力。

竞争对手作为技术竞争情报的基本研究对象,除了从竞争的视角进行分析外,在开放式创新环境下,他们也可能是潜在合作伙伴。这不仅需要技术竞争情报从竞争转向合作视角进行分析,同时还需要考虑技术作为一种驱动因素对未来竞争与合作格局的影响。这需要技术竞争情报研究人员将技术因素与管理因素结合到一起分析。

对技术本身的关注,需要技术竞争情报能够分析影响科技型中小企业发展的产业共性技术与前沿技术;对技术竞争力的关注需要技术竞争情报能够分析技术因素驱动下的竞争对手变化,特别是从威胁视角下分析竞争对手的变化;对竞争对手身份变化的关注,需要技术竞争情报不仅要深入到创新链与价值链进行分析,更重要的是还可以识别出他们的创新战略。

第 3 章
面向开放式创新的中小企业技术竞争情报方法体系研究

科技型中小企业在开放式创新中对技术竞争情报的需求越来越强,但由于自身资源和知识结构局限,一方面是在组织形式上没有专职的部门负责相关业务;另一方面则是更多地依靠企业内部的相关部门(如市场或技术研发部门)从二手情报源中挖掘相关技术竞争情报,这一点反映在对技术竞争情报分析方法研究上就开始关注协作。然而,克服这种局限性的另一种途径就是充分挖掘二手情报源的潜力,这也正是传统科技情报分析与科学计量分析方法的优势所在。本部分的主要研究目标就是通过对中小企业技术竞争情报分析方法特点的分析,参照科技情报分析的发展趋势,提出一种适用于科技型中小企业的技术竞争情报分析范式及方法体系。

3.1 相关概念的界定

本部分研究中涉及技术竞争情报的一系列相关概念,需要从方法论研究的视角对相关概念进行说明与界定,以构建科技型中小企业技术竞争情报分析的理论框架。

3.1.1 技术情报与技术竞争情报

与技术发展相关的信息收集与评估在不同领域往往被赋予不同的名称,如技术情报(Technology/Technical Intelligence)、技术监测(Technology Monitoring)、技术预见(Technology Forecasting)、技术侦察(Technology Scouting)与技术路线图(Technology Roadmapping),但许多学者都将技术

情报或者技术竞争情报作为此类活动的一个上位概念。

(1) 技术情报

在关于技术情报的界定中,许多学者是从"情报(Intelligence)"概念出发来进行界定的,认为类似活动的核心就是管理决策。因此,技术情报就是对外部可能影响企业业务活动的技术领域相关活动的公开可获取信息进行收集、分析及应用的过程。技术情报作为管理工具的价值在于通过增加外部条件或事件的视角以提高企业战略与战术决策质量[①]。

在此概念之下,特别突出的是信息并不是情报,但是收集信息并不是进行技术竞争情报活动。持此类观点的还包括 Kerr 等学者,他们认为技术情报需要利用情报(Intelligence)而非信息(Information)或知识(Knowledge)来界定,技术情报是企业意识到技术威胁和机遇过程中"捕获并传递技术信息的那个部分"。在这个概念中信息要素是以"捕获"体现的,即关注数据的处理,如收集、分类、存储、检索;而"传递"则体现的是情报处理与交流,即分析、解释、传播与行动[②]。

但技术情报并不是关注技术本身,与传统意义上的科技情报分析不同,它需要纳入市场的要素。因此,企业技术情报工作需要一系列的前提背景,除了传统意义上的专利与文献资源及内部的一手与二手情报源外,技术竞争情报还需要理解当前与未来的商业计划、目标与市场要求及外部环境(立法、政治、与所关注领域密切相关的社会与环境问题)等相关市场与商务要素。因此,技术情报是帮助企业监测与其产品、原材料、业务流及市场密切相关的技术变化,检查评估企业外部环境以帮助企业利用技术变化的一系列活动[③]。

(2) 技术竞争情报

与技术情报这一概念的出现不同,技术竞争情报(Competitive Technical Intelligence)一开始,就突出了技术与市场的关系:技术竞争情报是可能

---

① STEPHEN E RUDOLPH, ERNEST R GILMONT, ANDREW S MAGEE, et al. Technology intelligence a powerful tool for competitive advantage[EB/OL]. [2018-02-20]. http://www.adlittle.com/sites/default/files/prism/1991_q2_35-39.pdf.
② CIV KERR, L MORTARA, R PHAAL, et al. A conceptual model for technology intelligence[J]. International journal of technology intelligence and planning, 2006, 2(1): 73-93.
③ HUSAM ARMAN, JAMES FODEN. Combining methods in the technology intelligence process: application in an aerospace manufacturing firm[J]. R&D management, 2010, 40(2): 181-194.

会影响到企业竞争地位的外部科技发展及其趋势的可行性信息（Actionable Information）（见 1.2 部分）。这是一种基于竞争情报产出观的界定形式，同时在形式上也反映出技术竞争情报被视为企业竞争情报的一种重要组成，即竞争情报在技术领域的应用。从这点上来说，技术竞争情报是服务于企业竞争的，是面向企业决策的，这也正是企业技术情报工作的逻辑基础。

尽管技术情报与技术竞争情报从术语出处与概念界定上具有不同之处，但从其工作的逻辑基础（面向企业竞争的管理决策）与关注重点来说（技术与市场 2 个要素），它们可以作为 2 个可以相互替代的术语，而在本研究中将其统称为技术竞争情报。但同时，它们不同的思维路径也代表着，传统科技情报分析可以为企业技术竞争情报分析提供支撑，但需要关注其与市场要素的结合。这也是本研究作为一种技术竞争情报分析方法研究中需要关注的优先问题。

3.1.2 技术竞争情报概念框架

因为对技术竞争情报有不同的界定形式，而且基于不同的视角具有不同的概念体现，所以本研究有必要将相关术语置于同一概念框架进行说明，以便更好地界定本项目的相关研究内容。

（1）基于用户与代理理念的技术竞争情报概念框架

因为技术竞争情报涉及多个方面与维度，为了更好地理解相关内容，建立一个理论概念框架是非常有必要的。在此类研究中目前较为突出的是 Kerr 等学者所提出的包括框架层、系统层与流程层的三层概念框架（图 3-1 至图 3-3）。框架层对信息用户与信息代理间的关系进行了抽象展示，描述了从用户信息需求、机构情报活动到最终真实数据间的逻辑关系；系统层描述了技术竞争情报活动实现其效用所必需的业务功能模式；流程层在操作层次描述了技术竞争情报活动的运行及相关评价指标[①]。

---

① CIV KERR, L MORTARA, R PHAAL, et al. A conceptual model for technology intelligence[J]. International journal of technology intelligence and planning, 2006, 2 (1): 73-93.

第3章 面向开放式创新的中小企业技术竞争情报方法体系研究

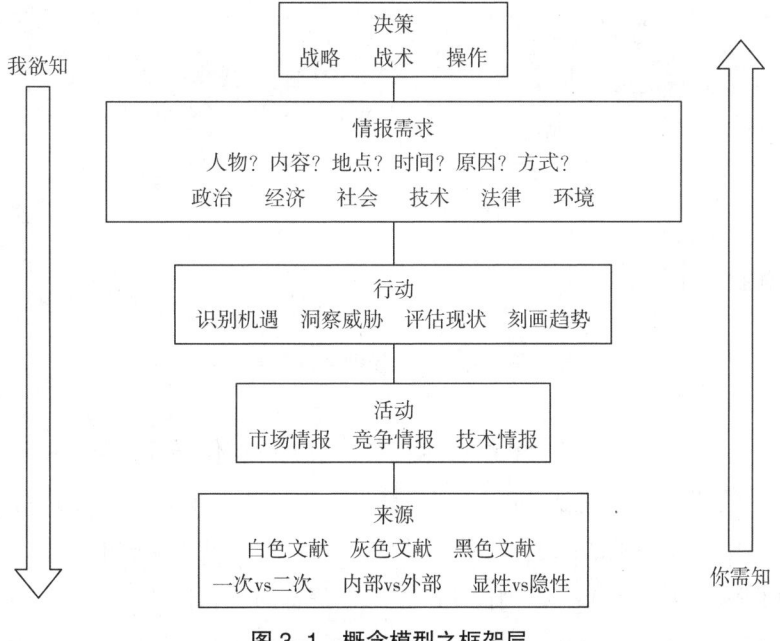

图 3-1 概念模型之框架层

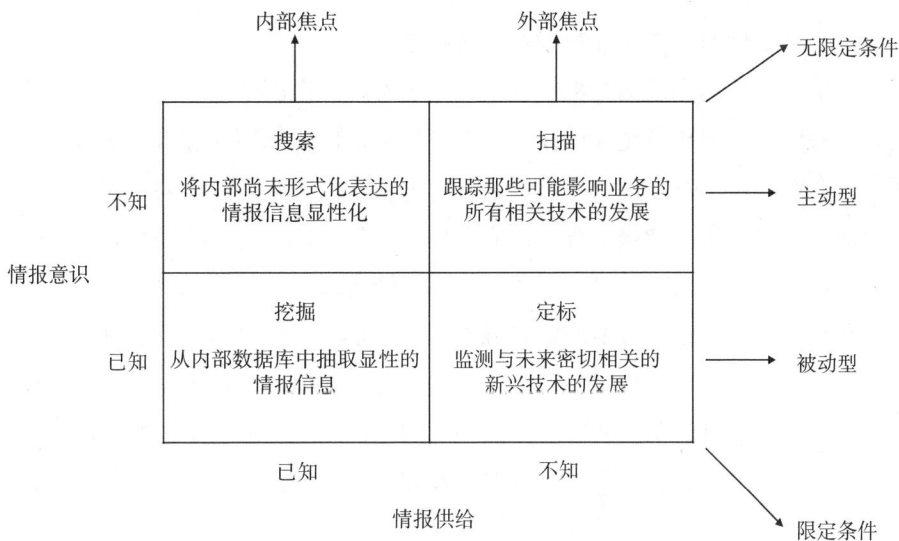

图 3-2 概念模型之系统层

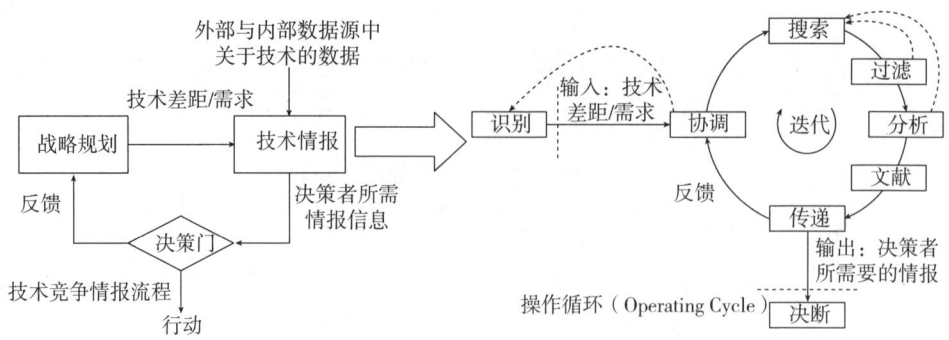

图 3-3 概念模型之流程层

在三层概念模型中，分析是技术竞争情报流程操作循环的重要一环。分析是对信息的解释，并对信息与企业特定情景或情报需求相关性进行评估的活动。在此过程中可能遇到的问题主要有 4 种：不确定性（缺少足够的信息）、复杂性（处理信息量过大）、模糊性（缺乏解释信息的概念框架）与多义性（出现多个具有竞争性，甚至相互冲突的概念框架）[1]。鉴于可能存在的这些问题，竞争情报中的分析过程往往是一个不断迭代的过程[2]。

（2）基于价值链的企业技术竞争情报系统

除了针对技术竞争情报概念模型外，也有学者提出了技术竞争情报系统概念，从系统论的视角对企业的技术竞争情报实践进行总结与分析。在该理论框架下，企业的技术竞争情报基于价值链的视角分为主要增值活动与辅助增值活动。前者指技术竞争情报流程，即需求描述、收集、分析、传播与利用；后者主要包括技术竞争情报管理、任务与目标、结构和工具 4 种元素（图 3-4）[3]。

在该系统框架中，分析（信息分析）同样是技术竞争情报价值链上的核心部分，是将信息转化为情报的阶段，其目标是赋予信息以特定含义。其工作强度完全取决于信息的明确程度与所需要的洞见，因此，分析工具的选择利用在很大程度上取决于背景（如技术战略）及环境的复杂性。在技术竞争情报分析

---

① ZACK M H.Managing organizational ignorance[J].Kowledge directions，1999，1（1）：36-49.
② CRAIG S FLEISHER，BABETTE E BENSOUSSAN.Business and competitive analysis[M]. New York：Pearson FT Press，2015.
③ JOHN J. MC GONAGLE, CAROLYN M VELLA. Proactive intelligence the successful executive's guide to intelligence[M].London:Springer London Heidelberg New York Dordrecht，2012.

过程中，分析具有3种不同的功能：过滤、集成与评估。过滤是通过评估信息相关性及质量以减小信息的数量；集成则是将信息融入于企业背景；评估是判断信息对企业的战略意义。

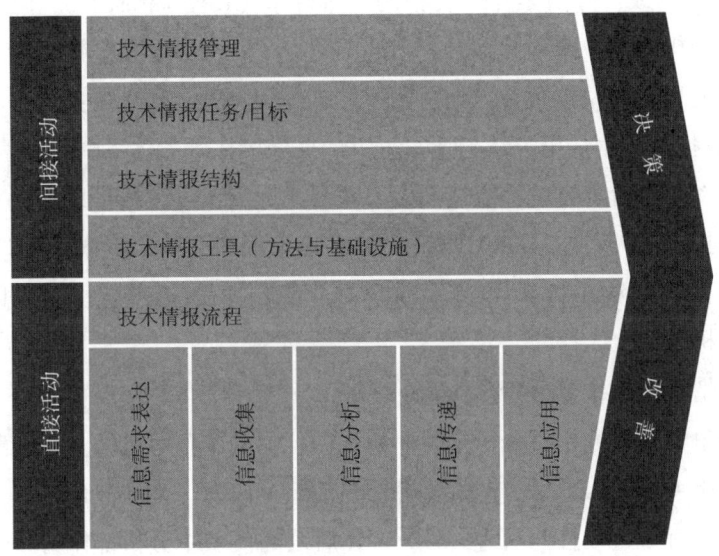

图3-4 基于价值链的技术竞争情报系统框架

对于信息分析来说最重要的就是分析工具，在框架下将其定义为方法与支持性技术设施。对于分析方法来说，目前关于中小企业的方法应用研究相对较少，但大部分学者认为适于或面向大型企业提出的方法不一定适用于中小企业。因此，一部分学者开始关注如何将特定分析方法进行改进以适用于中小企业，而另外学者则建议依托国家机构进行收集，利用外部专家进行分析。但这种方式会严重损害到中小企业通过技术竞争情报而实现的组织学习功能。

对于信息分析来说，支撑性基础设施的主要作用是：①为分析人员提供二手信息；②识别并分配一手信息；③进行信息组织以支撑回溯性检索；④促进情报分析过程及情报产品的传递。随着信息技术的发展，目前中小企业对信息技术的利用正在由记录存储转向了决策。

3.1.3 技术竞争情报分析

无论是从三层概念模型，还是从基于价值链的技术竞争情报系统框架来看，分析都是技术竞争情报流程中的重要一环。这与分析在企业竞争情报研究中的定位是一致：分析是竞争情报的关键环节（Key Thrust）[1]。但从2个概念体系对分析的定位来说，又具有不同的特点：三层概念模型体系将分析视为具体操作流程上的一个环节，而基于价值链框架将其定位于业务流程。从这种区别来说，技术竞争情报方法与技术竞争情报分析在概念体系中是显著不同的。这种差别在基于价值链的概念体系中表现得尤为突出：分析可以利用不同的技术竞争情报方法。而在本研究中关注的是在三层概念框架下操作流程上的分析，即一种证析学（Analytics）意义上的分析，而非应用流程上的分析，即流程意义上的分析。

（1）情报循环中的分析

在竞争情报研究中，分析是整个情报循环的基本环节之一。在经典情报循环中，分析（Analysis）是与生产（Production）作为一个环节存在的，其目标是使情报具有可行动性与可理解性[2]，在后续的模型中分析都作为一个独立环节存在了。在整个情报循环中，分析环节也有自己的子任务，以便形成有效的产出与影响。分析与数据分类与综合的子过程不断交互才能最终形成一种情报产品，如图表、摘要、可视化或其他适于传播的交流形式[3]。

尽管分析一词被大家广泛应用，但对其内涵的界定与理解来说仍是存在差异。在竞争情报领域，它更多地是指"对科学与非科学方法与流程的技巧性应用，研究人员以此来解释信息并为决策者提供具有洞察力的情报发现与行动建议"[3]。

（2）证析学中的分析

证析（Analytics）在韦氏字典中被定义为"逻辑分析的方法"，但这个词

---

[1] MILLER S H. Competitive intelligence an overview[J].Competitive intelligence magazine，2001，1（11）：1-14.

[2] JAN P HERRING.Key intelligence topics: a process to identify and define intelligence needs[J]. Competitive intelligence，1999，10（2）：4-14.

[3] CRAIG S FLEISHER, BABETTE E BENSOUSSAN.Business and competitive analysis[M]. New York：Pearson FT Press，2015.

最早是以"Business Analytics"形式出现的。在商业证析领域,证析被描述为对商业问题进行定量或统计分析的模式[1][2],因此它是基于证据尤其是数字化证据进行决策的实践[3]。商业证析关注的是数据与报道,即过去商业绩效的分析与未来绩效的预测;而商业分析(Business Analysis)则关注功能与流程,即识别商业需求并推荐解决方案[4]。这2种观点的核心是对数据的利用方式不同。商业证析是完全基于数据与统计方式进行绩效描述与预测,它通过统计方法(包括解释性与预测性模型)及基于事实管理(Fact-Based Management)的方法为企业决策提供支撑[5]。商业分析与商业证析的区别在一定程度上也反映了三层概念框架与基于价值链的技术竞争情报系统框架间对分析这一环节定位的不同。

从逻辑方法角度来看,分析是与综合相对应的一种逻辑方法,强调的是将整体分解为部分进行逻辑推理。而在实际应用中,分析一词更多地被用于描述一个基于某种视角对特定对象进行剖析研究的整个过程。而传统意义上的技术竞争情报分析,就是这种观点。但从方法论的角度来说,本书所关注的内容与此不同,更加关注的是作为一种逻辑技巧存在的分析,但与逻辑上与综合对应的分析不同,本书关注的是证析学意义上的技术竞争情报分析,即一种基于事实管理或循证决策思路,在数据型输入的基础上,利用各类模型形成情报产出的过程。

3.2 中小企业技术竞争情报分析的特点

本研究之所以采用一种基于证析思路的分析方法研究,一方面是方法论研究的需要,更重要的是科技型中小企业目前技术竞争情报活动的现实需要。

---

[1] THOMAS H DAVENPORT,DON COHEN,AL JACOBSON.Competing on analytics[R/OL].(2005-05-01)[2018-03-03].http://www.babsonknowledge.org/analytics.pdf.
[2] RITU AGARWAL,VASANT DHAR. Big data,data science,and analytics: the opportunity and challenge for IS research[J].Information system research,2014,25(3):443-448.
[3] 郑毅.证析:大数据与基于证据的决策[M].北京:华夏出版社,2012.
[4] CAPELLA UNIVERSITY.How are business analytics(also known as data analytics)and business analysis different?(The terms often used interchangeably.)[EB/OL].(2016-12-12)[2018-3-05].https://www.capella.edu/blogs/cublog/the-differences-between-business-analytics-and-business-analysis/.
[5] WIKI.Business analytics[EB/OL].(2018-01-01)[2018-3-05]. https://en.wikipedia.org/wiki/Business_analytics.

3.2.1 中小企业的技术竞争情报工作的特点

技术竞争情报缺乏已经成为影响企业创新的关键因素[①]，此类情报对中小企业的意义更为突出，但技术竞争情报在中小企业的应用仍存在诸多问题。一方面中小企业对技术竞争情报具有强烈的需求；另一方面则是限于资源局限或方法适应性问题而无法有效地开展相关活动。因此，在关于中小企业技术竞争情报分析方法研究中，更多地是通过一种协作或外包的形式从流程上解决问题。但这种解决路径是存在一定问题的，如会牺牲中小企业自身的组织学习能力。此外，这些结论大都是基于若干年前国外的调查或案例研究的基础上得到的。

然而，本研究关于科技型中小企业技术竞争情报活动调研却发现科技型中小企业技术竞争情报分析约束条件的一些变化：①越来越多的科技型中小企业以一种正式的、结构化的形式开展技术竞争情报活动；②越来越多的科技型中小企业依赖于二手情报源（即文献型），而非一手情报源（人际情报）；③科技型中小企业的技术竞争情报分析可能由一个团队完成，也可能是由一个人完成。这些变化趋势是与全球企业竞争情报活动的一些发展趋势是一致的，如关于二手情报源的利用。

3.2.2 竞争情报分析的发展趋势

战略与竞争情报从业者协会（Strategic and Competitive Intelligence Professionals Association）主席在2016年发表的文章认为目前正在由传统竞争情报转向集成竞争情报（Integrated Intelligence）。促进这种转变的是全球范围内所呈现的4种趋势，它们迫使企业需要更加严谨而精巧的决策支撑框架与方法论以完成竞争情报工作。①全球化的市场需求不断变化，而且会受到不同经济与政治条件的影响；②数据无处不存，而且非常容易以极低的成本获得；③创新周期越来越短，企业越来越需要自动化的方法以理解顾客需求；④决策者已经意识到从垂直孤岛收集的知识并不足以支撑决策[②]。

---

① ECKHARD LICHTENTHALER. Managing technology intelligence processes in situations of radical technological change[J].Technological forecasting & social change，2007，74:1109-1136.
② NANETTE J BULGER. The evolving role of intelligence: migrating from traditional competitive intelligence to integrated intelligence[J].International journal of intelligence，security，and public affairs，2016，18（1）：57-84.

数据可获得性的提高及获取成本的下降，正在影响着企业的竞争情报分析行为，而集成情报的需求则进一步强化对数据来源多样化的要求。与此同时，对分析方法时效性要求的提高，迫切需要一种更为标准化、规范化、智能化的操作规程。

3.2.3 科技型中小企业技术竞争情报分析中存在的问题

尽管本项目所调研的科技型中小企业在竞争情报活动强度与数据源上，与全球企业竞争情报的发展趋势具有一致性。但从分析方法的角度来看，仍然存在以下问题需要解决。

（1）哪些数据源可以更加有效地支撑创新链分析

证析学意义下的分析研究思路决定了本研究首先关注的是作为分析环节输入的定量数据。但对于技术竞争情报分析来说，这种分析并不是真空的，它是与企业竞争背景密切相关的。因此，技术竞争情报需要关注企业当前的关键情报需求，并识别出可以作为分析输入的典型数据源。具体来说，就是回答科技型中小企业在开放式创新中关键问题课题所必需的数据源。

（2）如何将数据源与开放式创新中的情报需求结合到一起

在解决数据可获性问题的基础上，对于技术竞争情报分析来说解决的第二个核心问题是，对数据的解释与情景化，即从数据源提炼出与开放式创新相关的洞见与发现。而这个过程核心是根据情报需求确立数据中所关注的实体或关系。从科学研究的视角来看，这是一个概念操作化定义的过程。

（3）如何提高分析的时效性以应对决策需求

在明确数据来源与分析单元的基础上，需要解决的核心问题是如何提高效率：一方面是缩短分析时间；另一方面是提高结果的效度。而解决此问题的主要途径就是要利用集成竞争情报分析的思路，从多个知识来源进行集成与综合，这种思路也是元分析的核心思想。

（4）如何解决方法面向中小企业的适配性问题

尽管解决了上述3个问题，从操作流程上来说基本可以实现技术竞争情报分析，但对于中小企业来说，这种分析流程在应用层面也会遇到限制，如分析团队的规模。鉴于中小企业技术竞争情报分析团队规模的弹性，所提出的解决方案需要既可以通过标准化与平台化实现自动化与智能化分析以支撑团队规模的技术竞争情报研究，同时也可以在开源数据与分析工具的支撑下，由一个人独立完成。从基于价值链的技术竞争情报系统概念模型来看，既需要考虑方法层的问题，同时也需要考虑基础设施问题，即借助于什么样的分析工具可以实现上述分析过程。而在这方面，传统的科技情报分析会提供更好的分析方法与工具平台的借鉴。

3.3 科技情报分析方法的发展趋势

本小节的主要目的是通过对科技情报领域的分析方法调研，为解决上述问题提供参考借鉴，同时给出支撑标准分析流程的可能工具。

3.3.1 科技情报分析方法研究的趋势

基于文献计量与内容分析的科技情报分析方法调研结果表明，目前科技情报分析方法研究与应用呈现数据多源化、分析方法工具化等特点。

（1）基于引文的情报分析方法仍是情报研究方法领域的重点

2010—2012年，情报研究方法领域的重点仍然关注以引文为基础的各类情报研究方法，以及网络计量方法和数据挖掘方法。除主要研究主题外，2010—2012年，情报研究方法领域的前沿主题还包括：专利分析与计量、基于书目数据的主题分析、科学图谱、主题图、知识图谱、网络数据挖掘、基于Google Scholar的评价研究、H指数改进研究、信息可视化、聚类方法研究、结构方程模型、文献挖掘等。在上述前沿内容中，信息与地理信息可视化的结合、基于热力学的评价指标、基于行动者网络理论的技术情报分析方法、基于网络引用数据的科研评价值得进一步关注。

（2）在数据源与分析方法呈现多源化与集成化的特点

2010—2012年，情报研究方法领域所采用的主要数据源为文献数据、问卷调查数据、实验数据、网络数据、专利数据、访谈数据、调查数据及事实数据。在这些数据中，广告及公司年报作为新型信息来源正在受到关注。此外，目前主要的情报研究方法是描述性统计分析、推断性统计分析（相关性分析和方差分析等）、文献计量分析、内容分析、比较分析、社会网络分析、建模（结构方程）、案例分析、实证研究等。国内情报研究方法领域无论是在数据源还是在情报研究方法的类别和数量上都与国外存在一定差距，具体表现在情报研究数据来源相对单调、所采用的分析方法也较为单一，而且更多地也仅是方法应用研究。2010—2012年，情报研究方法领域的重点研究内容是方法改进研究、聚类方法研究、加权方法研究、可视化与图谱研究、技术或研究前沿及趋势识别方法研究等。

（3）实际应用中的情报研究方法趋于工具化、系统化和平台化特点

在实践中，不同科技政策或科技信息机构也都在集合自身的任务与发展愿景开发一系列的方法体系，形成了自己的情报研究特色。例如，美国兰德公司的情报发现与离散选择模型、加拿大科技信息研究所的战略技术信息分析与基于OCLC模型的专利分析平台、日本科技政策研究所的技术预见、韩国科技信息研究所的顾客定制研发预警系统与InSciTe系统、英国苏塞克斯大学科技政策机构的经验研究与案例分析方法体系。而且在未来数据可获得性极大提高的大数据时代，更是需要可以提供快速、准确情报服务的情报方法支撑平台，因此在情报研究方法的研究与开发中，其工程化与平台化的特点将日益突出。

（4）大数据环境下的情报分析范式与方法将成为新的研究前沿

基于内容分析的典型期刊分析结果表明，事实型数据已经成为各种情报分析与研究的重要数据来源。而国内外期刊文献数据来源在事实型数据上的分布差异，则在一定程度上说明目前国内对基于事实型数据的分析方法关注仍然不够，特别是对数据与方法的结合研究。科技情报工作除了科技文献资源与科学数据，目前也开始关注各类统计数据、金融数据等其他事实型数据，这在内容分析部分已经得到了体现。大数据的兴起与发展，在为我们带来更丰富的事实型数据的同时，也意味着数据的异质性更强。数据异质性会提高情报分析成本，但它却为我们探索新的分析方法与范式带来新的机遇，因为不同事实数据间不仅能相互补充而且还可以相互印证，特别是当我们拥有全样本数据时。如果能够通过方法研究充分挖掘这种异质数据源所带来的优势，这会进一步提高情报分析的全面性与综合性，而且它的可靠性与有效性不仅可以同样得到提升，更重要的是，为实现情报产品的定量评估提供一种可能。

3.3.2 面向分析流程的数据源与工具调研

在科技情报分析方法调研的基础上,本研究以情报研究的基本环节为视角,对相关的数据源与软件工具进行了调研,特别突出了科技情报分析中对可视化的关注(图3-5)。

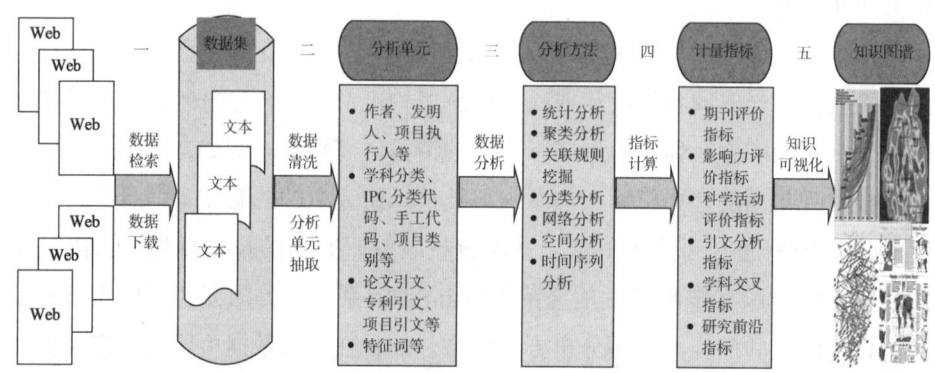

图3-5 科技情报研究流程(见书末彩图)

(1)科技情报研究流程

从情报形成的整个流程出发,技术竞争情报的研究流程大致可划分为数据集构建、清洗、分析单元抽取、关系构建(指标计算)及可视化等5个步骤。

1)数据检索和数据下载

针对一个研究对象,仅仅从一个数据库或者数据源去检索下载数据,是难以保证数据完备性的,即使研究方法再好,得到的结论也不一定可信。这就要求我们情报分析采用多源数据,如万方数据与中国知网数据的融合、WoS数据与CSTPCD数据的融合、CSTPCD数据与中国国家知识产权局数据的融合等。数据下载后的格式有文本格式、数据库格式、xls格式等,这就要求我们对下载的数据进行汇总和标准化。

2)数据清洗和分析单元的抽取

如何把繁杂的大数据变成我们能够应付的、有效的"小"数据,即针对特定问题而构建一个干净、完备的数据库,这一过程非常重要。只有对数据进行清洗之后,才可以进行数据分析、挖掘,这就是情报分析首要的"去粗取精、去伪存真"的过程。针对研究目的的不同，从获得的数据集中抽取适合的分析单元（知识元）尤为重要。例如，在专利数据集中，抽取发明人这一分析单元，才能发现发明人间的合作关系、判断发明人的重要性等，同理，通过抽取专利数据集中的专利引文，就能详细跟踪技术的演化发展等。

3）数据分析

以抽取到的分析单元为基础，可以从显性和隐性2个角度对其进行计量分析。一方面显性计量分析指的是一般的统计分析，如TOP N统计、数量分布统计、年度增长统计等；另一方面则是深入的隐性挖掘，如关联规则分析、分类分析、聚类分析、网络分析、演化分析、空间分析等。

4）关系构建/指标计算

以上面的数据分析为基础，采用特定的指标挖掘信息中潜在的情报，如影响力指标可用于计算不同作者、不同机构的学术影响力；科学活动指标可用于衡量不同个人、不同机构的科学活动能力；研究前沿指标可用于判定某一学科、某一技术领域的研究前沿问题等。

5）知识可视化

知识图谱是以科学知识为对象，显示科学知识的发展进程与结构关系的一种图形。它具有"图"和"谱"的双重性质与特征，既是可视化的图形，又是序列化的知识谱系，显示知识元或知识群之间网络、结构、互动、交叉、演化或衍生等诸多复杂的关系。

（2）各流程环节中的支撑工具

1）数据集构建支撑工具

一般而言，具有数据检索和数据下载功能的是各种各样的数据库，如同方知网、万方数据库、中国国家知识产权局的SIPO数据库、美国汤森路透公司的Web of Science检索平台上的SCI、Derwent Innovation Index等数据库。不过，各类数据库的数据源并不兼容，使得用户在检索时必须要判断哪些数据库所收录的内容与自己的需求有关，然后分别登录到有关数据库按照特有的检索方式进行操作，最后对多个数据库的检索结果进行遴选整合。为了解决这个问题，跨库检索系统应运而生。跨库检索是以多个分布式异构数据源为检索对象的检索系统，并提供统一检索接口，可进行并发检索，之后对检索结果进行整合,按统一标准排序输出。例如,集 SCI-E(科学引文索引)、SSCI(社会科学引文索引)、CPCI-S(会议论文引文索引:科学版)、CPCI-SSH(会议论文引文索引:人文社会科学版)等于一体的 Web of Science 平台,集学术期刊、学位论文、会议论文、专利技术、中外标准、科技成果等于一体的万方数据库等。此外,数据检索系统下载数据时,通常仅能单次限量下载数据,如 Web of Science 每次仅能下载 500 条记录、南京大学的 CSSCI 一次只能下载 50 条记录等。这对于情报分析人员而言,是耗时费力的一件事,而网络爬虫的出现,解决了这一问题,其中具有代表性的网络爬虫工具有 Nutch、Heritrix、Scrapy 等。

2)数据清洗与分析单元抽取工具

尽管数据清洗是情报分析中的重要一环,但是纯粹单一的数据清洗工具很少,其往往集成到分析方法、计量指标等工具中,如后文介绍的 CiteSpace 等。此外,分析单元诸如作者/发明人/项目执行人、学科分类/IPC 分类代码/Derwent 手工分类代码、论文引文/专利引文等信息,是属于期刊论文、技术专利、科技报告信息中的结构化部分,易于提取存储到数据库中。其中,特征词这一分析单元,以期刊论文为例,既在期刊论文的标题、摘要等部分存在,同时也在论文的正文中存在,故而特征词的抽取,涉及自然语言处理技术,这同时也是每年计算机领域 TREC 大赛的热点话题。中文特征词抽取由于语言的不同、汉语表达方式的差异,更是国内进行科技情报分析工具必不可缺的一环。西文处理有斯坦福自然语言处理工具,中文自然语言处理有 FudanNLP 等相关工具平台。FuudanNLP 是复旦大学计算机科学技术学院为中文自然语言处理研发的一个开源平台,它不单单是一个简单的中文自然语言处理工具包,也包含实现这些任务的机器学习算法和数据集。针对网络上的各类信息,尤其是中文信息,通过前面章节提到的数据检索与数据下载工具,可以将这些信息批量爬取到本地硬盘,包括网页、论文、专利、科技报告等各类信息载体,从而形成表征某一科技领域的分析对象。在此基础上,将网页、论文、专利、科技报告等信息载体进行分解,将其中的时间(网页发布时间、论文出版时间、专利申请时间、专利授权时间、科技报告撰写时间等),链接,信息主体(网页发布人、论文作者、专利发明人、专利权人、专利代理人、科技报告完成人等),信息内容(网页内容、论文内容、专利内容、科技报告内容)等分门别类地存储到数据库中。

3）数据分析支撑工具

数据分析是各类情报分析工具的核心，而这也是本研究的主要关注之处。根据分析维度的侧重点不同，本部分将主流的数据分析工具划分为统计分析、网络分析与空间分析3类。统计分析工具方面以Stata为例，在网络分析方面以Pajek为例，空间分析则以ArcGIS为例分别介绍。

Stata最初由美国计算机资源中心（Computer Resource Center）研制，现在为Stata公司的产品。它操作简单、灵活、易学易用，是一个非常有特色的统计分析软件，现在已越来越受到人们的重视和欢迎，并且和SAS、SPSS一起，被称为新的三大权威统计软件。其广泛应用于经济、管理、教育、人口、政治学、社会学、医学、药学、工矿、农林等学科领域，同时具有数据管理、统计分析、绘图、矩阵计算和程序语言的特点，几乎可以完成全部复杂的统计分析工作。Stata将统计功能与计量分析较完整地结合起来，不仅可以实现诸多的统计分析方法，如描述统计、假设检验、方差分析、多元方差分析、主成分分析、因子分析、典型相关分析等，而且还包括了许多计量模型，如经典单方程回归模型、系统方程模型、特殊因变量模型、时间序列模型、面板数据分析等。除了强大的统计和计量分析功能之外，Stata还可以进行强大而方便的矩阵运算。它可以通过Mata实现大量的矩阵运算功能，如面板数据的处理等。

在斯洛文尼亚语中Pajek是蜘蛛的意思，众所周知，蜘蛛是生物中的织网高手，它编织网络的能力令人叹为观止，而Pajek这个软件不仅为用户提供了一整套快速有效的用来分析复杂网络的算法，而且还提供了一个让用户可以从视觉的角度更加直观地了解复杂网络的结构的可视化界面。Pajek主要用于以下目的：①支持将大型网络分解成几个较小的网络，以便进一步处理；②向用户提供一些强大的可视化操作工具；③提供分析大型网络的有效的算法。通过Pajek可完成以下工作：在一个网络中搜索类（组成、重要结点的邻居、核等）；析取属于同一类的结点，并分别地显示出来，或者反映出结点的连接关系（更具体的局域视角）；在类内收缩结点，并显示类之间的关系（全局视角）。除普通网络（有向、无向、混合网络）外，Pajek还支持多关系网络、2-mode网络及动态网络。利用Pajek可实现分析复杂网络的基本性质和结构、生成和转换复杂网络及绘制复杂网络图（即可视化的实现）等功能。

ArcGIS 是 Esri 公司集 40 余年地理信息系统（GIS）咨询和研发经验，呈现给用户的一套完整的 GIS 平台产品，具有强大的地图制作、空间数据管理、空间分析、空间信息整合、发布与共享的能力。ArcGIS 主要具有空间分析、数据管理、制图和可视化、高级编辑、数据分享等功能。它简单、灵活，现在主要在地理空间数据展示、分析、挖掘等方面应用，但是由于其可视化展示方面的独特功能，同样可应用到科技管理、情报分析方面，将空间数据经过处理进行可视化展示或者将科技数据与地理空间数据结合起来用 ArcGIS 进行展示、分析等，在科技管理方面具有广泛的应用前景。

4）指标计算工具

在技术竞争情报分析中，从数据集构建可以发现，基于 Web of Science、万方、知网的论文数据在数据源类型中占有一定的比重，针对这类情报研究中特有的数据类型，在近 3 年的研究中涉及了很多计量指标，包括期刊评价指标、影响力（质量）评价指标、科学活动评价指标等方面。针对这一数据源，Publish or Perish（PoP）这一款文献检索及分析软件应运而生。Publish or Perish 使用的原始引文数据来自于 Google Scholar 和 Microsoft Academic Search，利用这些数据可对文献的引用情况、文献或期刊的影响因子进行查询、分析并转化为一系列的指标，这些分析结果可以复制或直接保存到 Word 或 Excel 表格中。Publish or Perish 软件除了对一些简单的统计指标（如总论文数、篇均被引量、总被引用次数、作者平均被引次数、论文发表时间及年均被引量等）进行计算统计，还对下面的一些指标进行计算：Hirsch's h-index（h 指数）、Egghe's g-index（g 指数）、Zhang's e-index（e 指数）、Contemporary h-index（同期 h 指数）、Individual h-index（个人 h 指数）、Multi-authored h-index（多个作者的 h 指数）、Age-weighted citation rate 等。PoP 主要有 author impact analysis、journal impact analysis、general citation search 和 multi-query center 4 种查询方式，分别对应 4 种查询结果和计量分析功能，如作者检索分析功能、期刊检索分析功能、一般引用检索功能、检索历史查询功能。无论是个人的评价，还是研究领域的分析，都离不开评价指标的选择。

Publish or Perish 以 Google Scholar 的检索结果为基础，从论文、引用、时

间等几个角度集成了当前国际主要的计量指标,如 h 指数、g 指数、篇均引文量等,并以直观便捷的方式对检索结果进行了展示,同时也可以从 h 指数、年均引用次数、排序、作者、标题、发表时间、来源等维度进行排序,方便用户简单明了地对某一研究对象形成一定的评价。

5）数据可视化工具

科学知识图谱是可视化显示知识资源及其关联的一种图形,可以绘制、挖掘、分析和显示知识间的相互关系,有助于以直观的方式了解和预测科学前沿和研究动态,挖掘预测热点研究主题和研究前沿。技术竞争情报中用到的可视化工具有 CiteSpace、Gephi、Echarts、D3、Tableau 等。

CiteSpace 软件是由美国德雷塞尔大学信息科学与技术学院开发的一款主要用于计量和分析科学文献数据的信息可视化软件,可以用来绘制科学和技术领域发展的知识图谱,直观地展现科学知识领域的信息全景,识别某一科学领域中的关键文献、热点研究和前沿方向。CiteSpace 的独到之处在于,利用分时动态的可视化图谱展示科学知识的宏观结构及其发展脉络,绘制的科学图谱上能够显示一个学科或知识领域在一定时期发展的趋势与动向,形成若干研究前沿领域的演进历程。

ECharts 是一款由百度前端技术部开发的、基于 Javascript 的数据可视化图表库,提供直观、生动、可交互、可个性化定制的数据可视化图表,底层依赖轻量级的矢量图形库 ZRender。ECharts 的特点包括丰富的可视化类型,ECharts 提供了常规的折线图、柱状图、散点图、饼图、K 线图,用于统计的盒形图,用于地理数据可视化的地图、热力图、线图,用于关系数据可视化的关系图、TreeMap、旭日图,多维数据可视化的平行坐标,还有用于 BI 的漏斗图、仪表盘,并且支持图与图之间的混搭；多种数据格式无须转换直接使用,ECharts 内置的 dataset 属性（4.0+）支持直接传入包括二维表、key-value 等多种格式的数据源,通过简单的设置 encode 属性就可以完成从数据到图形的映射,这种方式更符合可视化的直觉,省去了大部分场景下数据转换的步骤,而且多个组件能够共享一份数据而不用克隆；千万数据的前端展现,通过增量渲染技术（4.0+）,配合各种细致的优化,ECharts 能够展现千万级的数据量,并且在这个数据量级上依然能够进行流畅的缩放平移及交互等多个特性,在分析结果的可视化展示上具有很好的效果。

D3 也称作 d3.js，全称 Data-Driven Documents（数据驱动的文档），是一款基于数据文档操作的 JavaScript 工具，把数据和 HTML、SVG、CSS 等其他语言相结合，用于创建可交互的数据可视化图表。它不仅开源免费，且功能强大，可以绘制以下几种类型的图表：基本统计图表（如箱线图、条形图、饼状图、时间序列图等）、动态统计视图（如筛选器、动态树图）、关系图（表示数据间关系的图表，如聚类图、动态文件夹）、区域视图（如美国数据地图、区域气温图）、数据动画（根据需求定义网页动画，如俄罗斯方块、精子图、水滴图等）。总体而言，D3 能够把自定义的可视化元素与数据进行绑定并插入到网页之中，实现快捷而美观的数据可视化图表，改变了人们对数据可视化传统意义上的认识，为可视化提供了一个重要实现平台，丰富了可视化在现实生活中的意义。

Tableau 是新一代的商业 BI 软件工具，在 2013—2015 年 Gartner 商业智能和分析平台魔力象限报告中，Tableau 连续 3 次蝉联领先者殊荣。Tableau 的应用优势主要体现在以下 6 个方面：①Tableau 软件简单易学，普通商业用户而非专业的开发人员也可以使用这些应用程序，使用拖放式的用户界面就可以快速地创建图表；②极速高效，在 Tableau 中，用户访问数据只需要指向数据源，确定要用的数据表和它们之间的关系，然后单击 OK 按钮进行连接就可以了；③美观交互的视图与界面，Tableau 可以迅速地创建出美观、交互、恰当的视图或者仪表板；④轻松实现数据融合，Tableau 可以灵活地融合不同的数据源，不需要知道数据具体是如何存储的就可以来回答问题；⑤简便的管理；⑥灵活的配置等。

（3）科技信息分析平台

除了面向特定功能的专业化工具外，还有一种集成了各种功能的综合性科技情报分析平台，其集数据检索与数据下载、数据清洗与分析单元抽取、数据分析、指标计算、知识可视化分析等于一体。

1）Thomson Innovation

Thomson Innovation（TI）的前身是软件 Aureka，是集专利信息检索与分析及 IP 管理的信息平台。Thomson Innovation 是全球唯一一个把深加工专利数据及专利全文集成在一起进行检索的专利分析平台，整合了全球最大的专利数据库、高质量的科技文献和全面的商业信息，包括德温特世界专利索引数据库，WIPO/PCT 申请专利（WO）、美国申请与授权专利（US）、欧洲申请与授权专利（EP）、德国申请与授权专利（DE）、德国实用新型专利（DE）、英国申请专利（GB）、法国申请专利（FR）、中国发明/实用新型申请及授权专利（CN）（英文版）、日本申请与授权专利（JP）（英文版）、韩国申请与授权专利（KR）（英文版）、DocDB（INPADOC）、INPADOC 法律状态数据库、US 法律状态数据库、科技文献（Web of Science、CPCI、Inspec、Current Contents Connect 等）、商业信息（商业新闻、市场信息、公司信息、产品信息、研发信息等）等。Tomson Innovation 的主要功能包括检索功能、数据分析功能、数据指标计算功能、知识可视化功能等，常用于监控关键专利最新动态、建立行业科技文献数据库、自动翻译、批量下载专利全文、监控行业最新技术动态。Thomson Innovation 提供了一种整合情报分析工作流的解决方案。

2）InSciTe

InSciTe 全称为 Intelligence Science & Technology，是一个 R&D 战略决策支持系统，同时也是一种先进的推理服务信息发布范式。基于语义网技术和文本挖掘技术的 InSciTe 主要是为了帮助实现科研产出最大化及科研战略制定的决策支撑。InSciTe 提供的主要功能包括竞争趋势、对比、预测分析等。InSciTe 是一个技术竞争情报服务系统，它从多个角度分析"技术"、"科研主体"及"科研成果"三者之间的竞合关系。InSciTe 与传统方式不同的是，该系统能够为使用者提供的不仅是元数据，同时还有为用户提供元数据与隐含在文本中的隐性数据相结合而得到的新信息。InSciTe 的处理过程主要是，使用文本挖掘技术从"科研成果"中抽取信息，并将其转换成语义网数据上传到系统中，然后再从多种不同的角度进行各种各样的信息分析。使用文本挖掘技术抽取文本中不同技术之间的联系，并将这种联系应用到服务中。与此同时，该系统利用语义网与推理技术保证技术情报服务能从多角度进行。

3.3.3 科技情报分析支撑工具的发展趋势

（1）科技情报分析方法的发展，迫切需要新的分析工具支撑

对情报分析方法的调研结果表明，尽管科技情报分析仍然以文献为主要分析对象，但是正在融合更多的数据；在方法功能上尽管也仍然是以统计（包括描述统计与推断统计）、科学计量、网络分析为主要内容，但可视化分析正在兴起。从科技情报研究领域关注的内容来看，科技情报研究经历了迅猛发展阶段后，形成了相对稳定的研究视角，即理论研究（情报学）、工作实践（科技情报研究）、机构制度（科技情报事业）。尽管目前这些研究视角具有一定的发展，但仍需进一步的拓展。对分析工具研究来说，需要特别关注外部环境变化对工作实践带来新的机遇与挑战，如竞争情报、知识管理、创新管理等，这些内容将决定科技情报工具的发展。

（2）在功能层次，科技情报分析支撑工具呈现集成化的特点

对相关分析支撑工具的调研结果表明，除了数据集构建中的爬虫外，各类科技情报工具表现了较强的集成化、综合化的特点。通过对情报分析工具的调研，可以看出除了数据集构建及分析单元抽取此类具有鲜明技术特点的分析阶段外，后续的数据分析（即关系构建）及可视化阶段都难以从某一具体学术分析工具中抽取出以这一功能为核心目标的工具。这种现象说明就情报工具研发来说，从数据到情报的连续性决定了不可能仅关注科技情报分析的某一环节而忽略其他，而已有的科技情报分析工具也恰恰说明了这一点。

（3）在业务流层次，科技情报分析工具呈现综合化的趋势

综合化将是科技情报工具的重要发展趋势。在分析工具调研过程中，最引人注意的是各类情报分析平台。此类平台呈现的最大的特点是面向具体问题的方法与工具乃至数据的综合。综合化的集中体现是面向情报价值的实现，即解决用户的问题，而非提供处理结果。因此，情报分析工具的综合化发展趋势是科技情报特征所决定的必然目标。

3.4 基于多源数据与复合关系的技术竞争情报分析范式

科技型中小企业的技术竞争情报分析除了一般性约束外，还具有自身的特

点，而解决科技型中小企业这种需求与现实间矛盾的途径，除了通过协作外，还可以充分利用科技情报分析自身发展的一些特点，设计一种适于中小企业实践的分析范式。

3.4.1 分析范式

在《科学革命的结构》一文中，库恩将"范式"（Paradigm）视为科学内在结构的一种体现，即科学共同体成员所共享的信仰、价值、技术等的集合，指常规科学所赖以运作的理论基础和实践规范[①]。范式是研究问题、观察问题、分析问题、解决问题所使用的一套概念、方法及原则的总称。例如，在社会科学研究领域，将研究分为实证主义（Positivism）与非实证主义（Anti-positivism）2种范式，前者代表着客观、可测度、可预测、可控制，而后者则突出的是理解与解释[②]。范式本身也是一种实用主义的体现，因此，范式解决的问题必须是有解的，只有这样范式的应用才有效。

技术竞争情报分析范式是指通过情报分析满足技术竞争情报需求过程中所使用的一系列概念、方法及原则，是对特定研究共同体中技术竞争情报分析的方法论规范与界定。由于分析对象、所解决问题等不同，技术竞争情报分析工作中可能会存在不同的范式。换言之，技术竞争情报分析范式仅是对技术竞争情报工作中某类同质概念、方法及原则的抽象与概念化，因此并不排斥不同分析范式的同时存在。

3.4.2 竞争情报分析与元分析

从分析范式的角度来说，竞争情报分析中也是存在某种或某些范式的，如对数据及数据来源的利用。

（1）竞争情报分析中对数据及数据来源认识

在竞争情报领域，首先强调的是开源信息，当明确了竞争情报分析的对象或目标时，数据基本上都是可以获得的。但在这个获得过程中，应该尽可能找

---

① 托马斯·库恩. 科学革命的结构[M]. 北京：北京大学出版社，2003.
② NIROD K DASH.Selection of the research Paradigm and methodology[EB/OL]. （2005-06-01）[2018-03-22]. http://www.celt.mmu.ac.uk/researchmethods/Modules/Selection_of_methodology/.

到替代数据源以满足于情报分析的数据需求。寻找替代来源是非常重要的,因为一个数据源可能会提供不同类型的、非常重要的数据;而关于相同目标的数据可以通过多个数据源的相互验证而形成[1]。例如,利用网络进行检索时,应该利用不同的搜索引擎,而不是仅仅基于一个搜索引擎变换不同的检索词。在使用的优先级中,特别强调二手情报源,即在寻求一手情报源之前,应该先基于二手情报源进行分析。因为二手情报源会给出关于研究对象或研究主题更为全景式的描述,甚至于发现那些一手情报源的目标。这种对数据源利用的思路与元分析具有很强的相似性,即如何尽可能地利用已有研究或数据,获取更具效度或信度的结论。

(2)元分析中的数据分析整合思想

元分析(Meta Analysis)是指对至少 2 个初始数据集合的分析,任意初始数据集必须被发表或被讨论过[2],元分析的实质就是对初始数据集分析结果的再分析,目的是证实之前的研究发现或解决新的问题。在元分析的概念体系中,数据分析可以分为 3 个层次:初级分析(Primary Analysis)、中级分析(Secondary Analysis)与元分析[3]。初级分析是指应用统计学方法对研究结果中的原始数据进行分析;中级分析是在初级分析方法的基础上采用更优的统计技术对单项研究的成果进行再分析,目的是利用旧数据解决新的问题;而元分析是指对分析结果进行再分析,目的是整合单项研究成果的数据分析。元分析的概念一经提出,随即广泛地应用于医学、心理学及社会科学领域。

在应用研究过程中,不同学科领域的学者对该方法给予了不同的定义。例如,在医学领域将元分析定义为"利用统计学的方法将单个独立的临床试验结果进行整合"[4],但从研究结论的效度与信度来说,元分析方法相对于传统文献分析方法的优势得到了大家的共识。在分析过程中,元分析方法制定了严格

---

[1] JOHN J MCGONAGLE,CAROLYN M VELLA. Proactive intelligence the successful executive's guide to intelligence[M].London:Springer London Heidelberg New York Dordrecht,2012.

[2] JR J H N. Meta-analysis:methods,strengths,weaknesses,and political uses[J]. Journal of laboratory & clinical medicine,2006,147(1):7-20.

[3] GLASS G V. Primary,secondary,and meta-analysis of research[J]. Educational researcher,1976,5(10):3-8.

[4] AFFAIRS O O P. Cross design synthesis: a new strategy for medical effectiveness research[J]. Statistics in Medicine,1992(18):1-126.

的文献纳入标准和系统化的操作流程，利用统计学方法整合了大量单个研究的成果，避免了单个研究者的偏见问题。与传统文献分析方法相比，元分析方法的优势主要体现在分析对象的相关性、方法论等不同方面。

元分析这种从不同研究来源对研究结论进行整合的思想，与竞争情报分析中利用多种数据源提高情报产品质量的思路，具有很强的逻辑一致性。两者的区别，也仅仅是对数据类型需求的差异。如果从社会科学的研究范式来看，元分析属于实证范式，而竞争情报分析大多是属于非实证范式。而此类分析思路也已经体现在了科技情报分析方法中对来源于不同数据的关系整合研究（见3.3.1部分）。

3.4.3 基于多源数据与复合关系的分析范式

尽管竞争情报分析中对多种数据来源的关注、情报分析方法中对不同关系的整合，在元分析的概念体系中无法直接映射，但它们却在方法论上具有逻辑上的一致性，即如何基于存在，获取更具一般性的认知。基于这种思想，本研究提出了一种在数据层次体现元分析集成思想的分析范式，即基于多源数据与复合关系的技术竞争情报分析范式。

（1）分析范式概念框架

从数据流的角度对技术竞争情报流程进行描述的主要是 Alan L Porte 提出的技术挖掘流程。该流程由3个关键元素构成，分别是数据、软件与产品，数据以研发出版物与专利摘要数据库为主，辅以其他关于研发资助、项目、商业信息、营销、政策与媒体信息；软件则从查询检索、清洗分析至展现与可视化；技术情报产品则是面向目标用户信息需求的实证分析产出[①]。但该流程无法体现分析的特点，因此需要构建一种新的框架以描述这种分析范式（图3-6至图3-8）。

---

① ALAN L PORTER. Tech mining[J]. Competitive intelligence magazine，2005，8（1）：30-37.

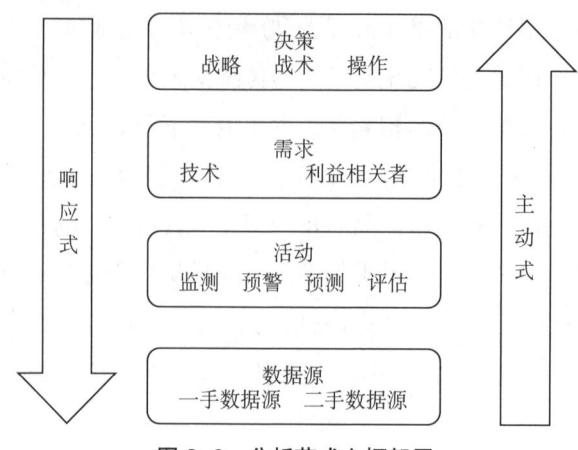

图 3-6　分析范式之框架层

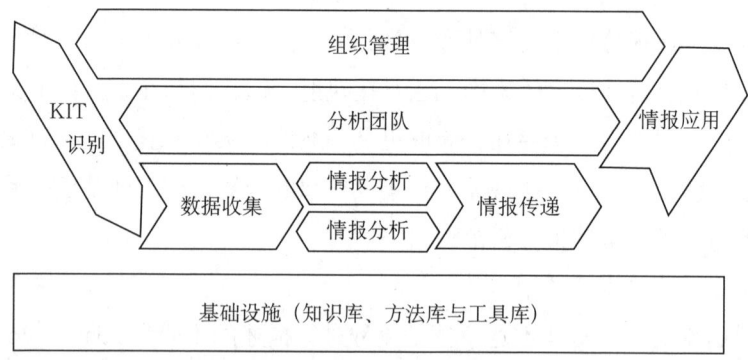

图 3-7　分析范式之业务层

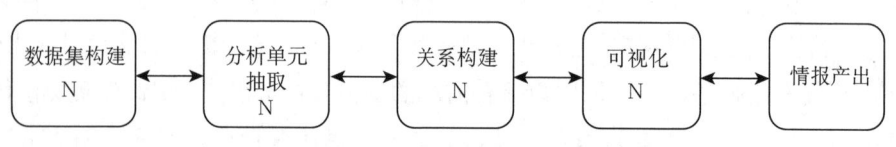

图 3-8　分析范式之操作层

在该概念框架之下，中小企业的技术竞争情报也分为 3 个层次：框架层、业务层与操作层。其中，框架层中确立了技术竞争情报活动的主线，面向创新决策中的技术情报需求，对技术领域本身及与特定技术相关的利益相关者进行监测、预警、预测和评估。其模式可以分为自上向下的响应式和自下向上的主动式服务。

业务层则是对技术竞争情报业务流的描述，同样也是从价值链视角进行描述，但与传统分析业务不同，在情报分析环节可能存在并行的情报分析，即利用相关数据源针对同一关键情报需求进行分析，以提高结果一致性与效度。同时鉴于中小企业技术竞争情报分析团队在组织形式与规模上的巨大差异，因此也在此概念模型中加以突出。此外与技术或技术分析相关的知识库、方法库与软件工具作为基础设施以提高技术竞争情报分析的时效性。与已有概念体系在操作层的描述不同，本概念框架更是突出了证析学意义上的分析，特别是借鉴了科技情报分析的特点。

在操作层，除了情报产出环节外，其余各个环节间都是一种交互式的关系，而且它们之间的对应也不是一对一的关系，而是存在多种对应关系，这也是基于多源数据进行定量化情报分析的特点所决定的。操作层中的关键环节可以分为2个维度，即流程与内容，前者主要是数据集构建与分析单元抽出（分析对象与主题）；后者则主要是关系构建、可视化及最终的情报产出。数据集构建是技术竞争情报分析的基础，关系构建是途径，可视化是展现形式，而情报产出则是结果。不同操作环节间的反馈与多种对应关系为基于不同来源数据进行复合式关系挖掘提供了框架。

（2）分析范式中的多源数据

多源数据是指公开来源数据，因为在开展技术竞争情报工作时，需要遵守法律法规和伦理道德规范，需要采用符合法律法规和伦理道德规范的方式获取信息。公开来源数据是情报分析的重要信息来源。多源数据不仅包括二手数据，如文献数据库、商业报告，也包括一手数据，如专家咨询、实地调查；不仅包括企业信息，而且也包括来自政府机构、行业协会等相关机构的数据。此外，多源数据最重要的一个作用是对不同来源数据有效性的相互验证，从而可提高技术竞争情报分析的准确性、有效性。

（3）分析范式中的复合关系

复合关系可以反映在业务和操作2个层次，在业务层（即传统意义上的方法层）复合关系包括2个方面的含义，一是对于多源数据，需要采用不同的方法展开分析，得到更加全景式的技术竞争情报；二是在分析过程中，利用不同分析方法对同一具体问题展开分析，结论的一致性也将会进一步提高情报产品的准确性。

在操作层上的复合关系更多地表现为数据所包含分析单元之间关系的整合与融合，以获取新知识。①同源异质关系的挖掘：深入挖掘同一数据源内所包含的目标对象间不同层次、类型或属性的关系，以更加全面地揭示它们之间的关系；②异源同质关系的挖掘：对目标对象在不同数据源中所体现的具有相同性质的关系进行整合，以发现单一数据源中无法发现的内容；③异源异质关系的挖掘：对目标对象在不同数据源中不同性质的关系进行整合，以提供对分析对象更加全景式的描述。三者都具有规避分析人员偏见的重要作用。此外，从研究过程来看，这些关系的融合可以在语义层、指标层和概念层等不同层次。

信息全面与方法可靠只是技术竞争情报产品效用最大化的充分条件。要保证和提高情报产品的效用，还需要考虑情报产品的展现形式和传播方式，要针对用户的需求、情报问题的特性，以统计图表、图谱、快报、报告等不同的展现形式，快速、及时地展现、传递给用户。

在基于多源数据与复合关系的技术竞争情报分析范式中，数据、目标、内容及结果展现之间均是一种交叉对应关系。如面向同一内容维度，可以基于不同数据来源采用同一分析方法，也可以基于同一数据来源采用不同分析方法，而其分析结果的展现形式也是多种多样的。

此外，为支撑上述分析功能，中小企业需要合理描述和有效组织多源信息，建立多源信息描述指标体系。可以借鉴传统信息组织中的分面分类思想加以解决，即通过层级结构实现技术竞争情报内容与具体信息源之间的映射。最后形成的多源信息描述指标体系与竞争情报内容不是一一对应关系，而是通过不同层级指标的组合，可以有效地实现向不同类型竞争情报内容的汇聚与映射。该框架的核心目标是在数据收集与情报分析间建立起一种有效的关联，从而保证了技术竞争情报分析的科学性、可靠性和灵活性。"多源数据"与"复合关系"既可保证技术竞争情报分析的全面性，而且基于数据源及不同分析结果间的交叉验证，还可以进一步提高情报产品的有效性。

3.5 面向开放式创新的中小企业技术竞争情报方法体系

基于多源数据与复合关系的分析范式是基于中小企业技术竞争情报分析与科技情报分析方法研究的成果提出的，但这种分析范式的应用也需要面向特定场景进行进一步的描述。这也是本项目研究的核心所在，即这种分析范式如何应用于科技型中小企业的开放式创新中。

3.5.1 方法体系概述

这种应用过程在本研究中将其概念化为面向开放式创新的中小企业技术竞争情报方法体系（图3-9）。本研究将该方法体系命名为此的原因是：①本研究的直接研究对象为科技型中小企业，在对国内科技型中小企业理论研究与问卷调查的基础上，本研究认为面向此类中小企业技术竞争情报活动的首要应用场景应该是开放式创新。②针对技术竞争情报的活动主体来说，该名称中的"开放式创新"和"中小企业"足以说明本研究的应用对象为科技型中小企业，因此也不必再在方法体系的名称中限定"科技型中小企业"。

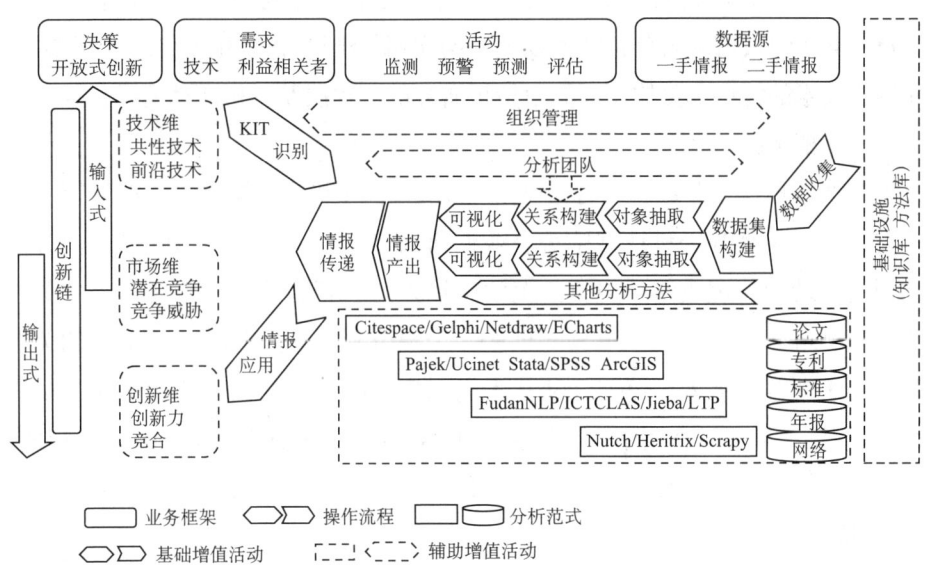

图3-9 面向开放式创新的中小企业技术竞争情报方法体系

面向开放式创新的中小企业技术竞争情报方法体系具有3个典型的特点：第一，在操作层突出了基于多源数据与复合关系的分析范式，在数据源层次突出了二手情报源，在分析环节中突出并行。第二，在业务层突出了开放式创新中的关键情报问题（技术与市场的结合、竞争与市场的结合），同时相应地在数据源层强化了数据源与创新链的对应（基础研究、应用研究、产业化）。第三，在框架层强调协同，①二手情报源与一手情报源的协同，即数据分析与技术专家智慧的协同。尽管该方法体系所依赖的分析范式强调基于定量数据的循证化分析，但在框架层还是特别强调分析团队对整个过程的重要作用，特别是技术专家与分析人员在关系构建中的作用。因为这部分工作是整个技术竞争情报研究的核心。②基于多源数据与复合关系分析与其他技术竞争情报分析方法间的协同。一方面该分析范式的核心思想就是尽可能从更多的结论中获取新的知识，因此本身就不排斥其他方法的应用；另一方面，在分析过程中也是为其他方法结论提出输入接口的，即情报产品的最终形成环节。

3.5.2 方法体系分解

面向开放式创新的中小企业技术竞争方法体系是科技型中小企业创新中的技术竞争情报需求与分析技术发展共同作用的结果。需求主要体现在框架层，而分析技术的特点主要体现在竞争情报研究的流程层及分析活动的操作层。

（1）框架层

框架层描述了科技型中小企业的技术竞争情报需求与相关活动的背景要素与特点，这是基于科技型中小企业调研而确立的。第一，尽管是面向开放式创新活动的管理决策，但重点关注于输入式创新。第二，需要解决的关键情报问题可以通过技术—市场—创新3个维度确立，目前对技术本身的关注要优先于利益相关者。第三，从技术竞争情报的活动类型（即调研时的功能类型）来看，目前科技型中小企业关注预测与预警、其次是评估与监测。第四，数据源层次对二手情报源的利用，即各类文献资源的利用要高于一手情报源（人际情报）。

（2）流程层

流程层描述了科技型中小企业技术竞争情报研究的相关流程与支撑，这是基于企业调研与分析方法研究而形成的。第一，中小企业的技术竞争情报研究包括不同的组织形式，而且具体分析工作的承担者可能是一个团队，也可能是一个人。这种弹性决定了科技型中小企业对分析工具的需求要远大于对大型分析平台的需要。第二，除了专门的技术/竞争情报团队外，大多数中小企业的技术竞争情报研究是由技术部门或市场部门人员承担的。这种团队构成与知识结构，也迫切需要数据分析及相关工具软件的支撑。第三，由于科技型中小企业对二手情报源的利用要高于一手情报源，因此在方法流程上需要以定量数据分析为主线与基于一手情报源的定性分析相结合。

（3）操作层

操作层描述了科技型中小企业技术竞争情报分析的各个环节，这是由企业技术竞争情报活动的特点所决定的。因为在流程层确立了以定量数据分析为主线，因此在操作层主要是在基于多源数据与复合关系的分析范式框架下对数据源及关系进行说明。第一，在数据源方面描述了与创新链密切相关的二手数据源，包括研究论文、专利、标准、企业报告等。第二，在分析过程中设计了关系构建环节，以实现基于同一数据源挖掘分析目标的不同关系；基于不同数据源挖掘分析目标的相同关系。关系构建环节与科技情报分析中的指标计算具有相类似的作用，也就是给数据（包括直接的统计数据及基于此类数据形成的衍生数据）赋予其情景意义。在中小企业的技术竞争情报分析这个环节主要是实现对分析主题的可定量化计算，因此需要相关技术专家或领域专家的参与。这也是方法应用过程中需要解决的核心问题。第三，在分析环节中增加可视化环节，以反映目前科技情报分析方法研究的主要趋势。第四，在操作层规定了不同方法、分析技术所得到的结论在情报产出层进行集成。

3.5.3 方法体系的应用

针对分析体系应用的可行性，本研究从关键情报需求入手，针对不同数据源、不同类型的复合关系进行了实证研究（表3-1）。

表 3-1　技术竞争情报方法体系的应用研究

开放式创新	关键情报课题	分析目标	功能定位	关系构建	数据来源	复合类型	分析行业
技术维	技术发展的前沿领域在哪里？	技术主题	预测	前沿技术	论文专利	多源关系融合	LED
技术维	影响产业的关键技术是什么？	技术主题	监测	共性技术	论文专利标准	多源关系融合	LED
市场维	我们潜在的竞争对手在哪里？	竞争对手	预测	潜在竞争	年报	同源关系挖掘	信息技术
市场维	我们的竞争威胁主要来自于哪里？	竞争对手	预警	竞争威胁	论文专利年报	多源关系融合	环保
创新维	技术是否真正形成竞争力？	利益相关者	评估	技术贡献度	专利年报	多源关系融合	LED
创新维	开放式创新是否形成竞争力？	利益相关者	评估	竞合	论文专利年报	多源关系融合	LED

根据我国科技型中小企业技术竞争情报需求的调研结果，结合后续方法实证研究的需要，本研究设计了方法体系应用的研究思路。方法体系的应用研究将分别面向科技型中小企业开放式创新3个维度下的6个关键问题。

（1）技术维度：技术机遇

企业所在行业的前沿技术领域在哪里？

企业所在行业的关键技术是什么？

（2）市场维度：市场竞争中的技术威胁

企业的潜在竞争对手在哪里？

企业面临的竞争威胁来自于哪里？

（3）创新维度：创新战略

企业的技术创新是否会形成竞争力？

开放式创新是否会影响企业竞争力？

在方法实证方面,基于对方法体系外在效度与信度的考虑,分别选择了LED、信息技术及环保领域作为实证研究的行业对象,同时分别对同一数据源不同关系的挖掘及多源数据不同关系的融合方法进行应用。在具体的实证企业对象上,鉴于数据的可获性、数据价值及更多关系融合的可能[①],本项目选择以上市公司为主要研究对象。在数据源方面基于科技型中小企业利用科技文献的特点,主要是将论文、专利作为主要数据源,同时结合反映市场信息的企业年报与行业标准等数据源类型。

3.6 小结

中小企业的技术竞争情报活动具有自身显著的特点,特别是由于资源与知识结构局限性所带来的方法应用局限。针对这种问题,学者给出了不同的解决思路:一种是基于共享理论,借助于产业集群或国家平台解决此类问题;另一种则是针对中小企业的特点进行方法的适用性改进。而本研究则从科技情报方法论的视角提出了解决的途径,即基于元分析的思想充分挖掘已有、可获得的科技文献数据。这种解决方案正是基于前期科技型中小企业调研中的发现提出的,即目前科技型中小企业对二手情报源的利用要高于一手情报源。本研究将这一解决方案的核心概念化为基于多源数据与复合关系的分析范式。

(1)科技情报分析方法与工具的发展为技术竞争情报提供良好的借鉴

尽管科技情报分析仍然以文献为主要分析对象,但是正在融合更多的数据;在方法功能上尽管仍然以统计、科学计量、网络分析为主要内容,但可视化分析正在兴起。在功能层次,科技情报分析支撑工具呈现集成化的特点。这种现象说明就情报工具研发来说,从数据到情报的连续性决定了不可能仅关注科技情报分析的某一环节而忽略其他,而已有科技情报分析工具也恰恰说明了这一点。在业务流层次,科技情报分析工具呈现综合化的趋势,综合化将是科技情报工具的重要发展趋势,在分析工具调研过程中,最引人注意的是各类情报分析平台。此类平台呈现的最大的特点是面向具体问题的方法与工具乃至数

---

① 刘志辉,赵筱媛.上市公司年报在产业竞争情报分析中的应用研究[J].图书情报工作,2013,57(3):65-68.

据的综合。综合化的集中体现是面向情报价值的实现，即解决用户的问题，而非提供处理结果。因此，情报分析工具的综合化发展趋势是科技情报特征所决定的必然目标。

（2）传统竞争情报分析与元分析具有相类似的逻辑基础

在竞争情报领域，首先强调的是开源信息，即当明确了竞争情报分析的对象或目标时，数据基本上都是可以获得的。但在这个获得过程中，应该尽可能找到替代数据源以满足于情报分析的数据需求。找替代来源是非常重要的，因为一个数据源可能会提供不同类型的、非常重要的数据；而关于相同目标的数据可以通过多个数据源的相互验证而形成。元分析从不同研究来源对研究结论进行整合的思想，与竞争情报分析中利用多种数据源提高情报产品质量的思路，具有很强的逻辑一致性。两者的区别，也仅仅是对数据类型需求的差异。如果从社会科学的研究范式来看，元分析属于实证范式，而竞争情报分析大多是属于非实证范式。而此类分析思路也已经体现在了科技情报分析方法中对来源于不同数据的关系整合研究。

（3）基于多源数据与复合关系的分析范式

在基于多源数据与复合关系的分析范式概念框架之下，中小企业的技术竞争情报分为3个层次：框架层、业务层与操作层。框架层中确立了技术竞争情报活动的主线，面向创新决策中的技术情报需求，对技术领域本身及与特定技术相关的利益相关者进行监测、预警、预测和评估。业务层则是从价值链视角进行描述，但与传统分析业务不同，在情报分析环节可能存在并行的情报分析，即利用相关数据源针对同一关键情报需求进行分析，以提高结果一致性与效度。在操作层，除了情报产出环节外，其余各个环节间都是一种交互式的关系，而且它们之间的对应也不是一对一的关系，而是存在多种对应关系，这也是基于多源数据进行定量化情报分析的特点所决定的。同时，操作环节间的反馈与多种对应关系为基于不同来源数据进行复合式关系挖掘提供了框架。

（4）面向开放式创新的技术竞争情报方法体系

面向开放式创新的中小企业技术竞争情报方法体系具有3个典型的特点：第一，在操作层突出了基于多源数据与复合关系的分析范式，在数据源层次突出了二手情报源，在分析环节中突出并行。第二，在业务层突出了开放式创新中的关键情报问题（技术与市场的结合、竞争与市场的结合），同时相应地在数据源层强化了数据源与创新链的对应（基础研究、应用研究、产业化）。第三，在框架层强调协同，包括二手情报源与一手情报源的协同、基于多源数据与复合关系分析与其他技术竞争情报分析方法间的协同。

第 4 章
产业共性技术识别方法应用研究

本部分属于方法应用研究，其目标是完成基于多源数据与复合关系分析在技术领域监测方面的实证。本研究中选择产业共性技术识别作为具体场景，通过集成论文、专利与标准的相关数据，在产业创新链层次构建了关系体系以表征产业共性技术监测指标；并在 LED 领域进行了应用研究。

4.1 关键情报课题：影响产业发展的关键技术

尽管在科技型中小企业调研中，调研对象对预警与预测功能表现了更多的需求，但对技术竞争情报分析方法的应用来说，监测仍是其基本功能，而且这对输入式的开放创新来说是尤为重要的，也是最为基础的。科技型中小企业对技术本身情报的关注则进一步表明，技术竞争情报分析首先面向的关键情报课题就是哪些是影响所在行业发展的关键技术，本研究中将其描述为产业共性技术。

产业共性技术作为连接基础研究和产业化的纽带，在整个技术创新链中处于基础性地位，能为一个或多个产业的发展提供技术支撑。优先组织和实施战略性产业共性技术研发，已成为美国、日本等发达经济体支撑其重大产业技术突破、提升自主创新能力及核心竞争力的重要技术经济政策[①]。我国发布的《国家中长期科学和技术发展规划纲要（2006—2020 年）》也明确指出科技的发展进步离不开产业共性技术的推动，政府应给予支持和重视。根据当前学者的

---

① 郭晓林. 产业共性技术创新体系及共享机制研究 [D]. 武汉：华中科技大学，2006.

主要观点[1][2][3]，产业共性技术是指在很多领域内已经或未来可能被普遍应用，其研发成果可共享并对整个产业或多个产业及其企业产生深度影响的一类技术，其最大的特点在于其应用范围的广度及其对产业影响的深度。

4.2 概念操作化定义：产业共性技术的监测指标

从技术竞争情报的角度来看，在产业共性技术识别中首要解决的问题是：如何将能体现产业共性技术应用范围广度及其影响范围深度的信息挖掘出来，以更准确地识别出相关产业的产业共性技术。为解决这一问题，本研究基于创新链的视角构建了一种监测指标体系。该体系不仅单独考虑技术在"学""研""产""用"4个环节应用范围的广度，还综合"学""研""产""用"4个环节分析技术影响范围的深度，为"多源数据与复合关系分析"中的关系构建提供参考框架。

4.2.1 产业共性技术的概念界定

"共性技术"最早被定义为一种可能被广泛用于工艺或产品中的概念[1]，后期因为研究视角的丰富，它的内涵和外延也在不断扩展。例如，从工程开发视角来看，共性技术视为可以应用于多个产业的产品或工艺的科学概念、技术组成或产品工艺等[4]，而从科技政策研究的视角则将共性技术归纳为与专有技术和基础技术一样的常见技术类型，是技术体系中不可或缺的元素[5]。而在产业研究中特别突出强调共性技术的产业属性[6]，共性技术被定义为那些在跨产

---

[1] BELANGER B C, URIANO G A, KAMMER R G. Program report: the advanced technology program: a new role for NIST in accelerating the development of commercially important technologies [J]. Journal of research of the national institute of standards and technology, 1991, 96（5）: 605-611.
[2] 李纪珍. 产业共性技术：概念、分类与制度供给[J]. 中国科技论坛, 2006（3）: 45-47, 55.
[3] 马名杰. 政府支持共性技术研究的一般规律与组织[J]. 中国制造业信息化, 2005（7）: 14-16.
[4] RBM B G S, BERGVELD P. Modification of ISFETs with a monolayer of latex beads for specific detection of proteins[J]. Biosensors & Bioelectronics, 2003, 18（9）: 1109-1114.
[5] TASSEY G. Policy issues for R&D investment in a knowledge-based economy[J]. Journal of technology transfer, 2004, 29（2）: 153-185.
[6] 陈玉瑞, 鲍健强, 项浙学. 整合科技资源构建浙江共性技术科技创新体系[J]. 今日科技, 2003（6）: 10-13.

业部门广泛应用的技术[1][2]，是不同层次的基础性研究，如测量层次、标准化层次、标准化技术层次[3]。从科技管理的视角，凡是能够带动社会经济发展，可在不同行业领域广泛共享应用的技术形态，都可被称之为共性技术[4]。

因为产业研究视角与技术竞争情报分析具有逻辑上的一致性，因此，本研究采用了产业研究领域关于共性技术的界定，即产业共性技术是指在很多领域内已经或未来可能被普遍应用，其研发成果可共享并对整个产业或多个产业及其企业产生深度影响的一类技术。

4.2.2 产业共性技术的基本特征

从产业分析与创新链的视角来看，产业共性技术具有基础性、外部性与关联性的显著特征，跨产业部分的影响是共性技术这些特征的综合体现。

基础性是产业共性技术最基本的技术特征。它是指产业共性技术的研发成果处于基础性地位，为后续技术开发提供技术支持，为后续技术的推广应用提供产业技术基础。一方面，产业共性技术在产业技术构成体系中处于重要的基础性地位，它能为一个或多个产业内企业提供技术基础支撑，具有共用性或通用性；另一方面，产业共性技术在整个产业技术创新链条中处于基础性地位，是其他相关产业技术进一步发展的前提，它既能够作为产业进步和升级的技术平台，也是产生规模经济效益的基础。

外部性是产业共性技术非排他性的一种体现。它是指研究开发产业共性技术的个体不能独占产业共性技术成果及其带来的全部收益，产业共性技术容易扩散或溢出到其他部门和领域成为社会所共有。产业共性技术的外部性可划分为垂直外部性和水平外部性2种。垂直外部性主要是后续的应用人员可在产业共性技术的基础之上对其进行研究和开发，节省了初期研究成本，这种外部性体现了产业共性技术的可共享性；水平外部性主要是指产业共性技术二次研发

---

[1] KEENAN M. Identifying emerging generic technologies at the national level: the UK experience[J]. Journal of forecasting, 2003, 22 (2-3): 129-160.

[2] MARTIN B. Research foresight and the exploitation of the science base[M]. London: HM Stationery Office, 1993.

[3] 李纪珍. 产业共性技术供给体系[M]. 北京: 中国金融出版社, 2004.

[4] 科技部. 国家科技支撑计划管理暂行办法: 国科发计字〔2006〕331号[A/OL]（2006-07-31）[2012-04-12]. http://www.most.gov.cn/fggw/zfwj/zfwj2006/200607/t20060731_54375.htm.

结果的可共享性，以及解决产业共性技术二次研发过程中所提问题的每个方案都会提供技术进步的机会，并交叉和融合形成新的产业共性技术，水平外部性主要体现在应用部门和应用部门之间。同时，产业共性技术的研发成果可在一定范围和领域内通用和共享，它不只适用于某个单一的企业或产品，而是一种能对整个产业的技术水平、产业质量和生产效率迅速发挥带动作用的技术。

关联性是指产业共性技术的成果经常会涉及多个学科的相关知识和多产业部门所包含的相关技术。产业共性技术的关联性不仅表现在产业共性技术与其他产业上下游技术之间的密切关联，还表现为产业共性技术内部组成技术和知识的密切关联。从产业创新链来看，这种关联性不仅表现为基础研究中的知识与应用研究中的技术之间相互关联，还表现为知识与知识、技术与技术之间的关联。

4.2.3 产业共性技术的识别指标

根据对产业共性技术概念及其关键特征描述，结合创新产出（研究论文、专利及标准），本研究提出了面向主要特征识别的产业共性技术的三大类监测指标（基础性指标、共性度指标及关联度指标）及相应可测度的定量化替代指标（表4-1）。

表4-1 产业共性技术三大类监测指标

监测指标	指标含义	替代指标	备注
基础性	对其他知识与技术的影响强度	技术主题的论文引用次数 技术主题的专利引用次数	以主题聚类表征技术主题
共性度	对其他知识与技术的影响范围	技术主题施引文献的主题范围	
关联度	与其他知识与技术的相关强度	技术主题间同被引关系强度 技术主题间的共词关系强度	

（1）基于引用强度的基础性测度指标

产业共性技术之所以被广泛应用于多种技术领域是因为其具有很强的基础性，能后续技术的研究与开发提供如方法、手段等方面的参考，是后续技术的基础。由此，我们可以推知与产业共性技术相关的论文或专利也同样会因具有较强的基础性而被广泛应用。而某一领域的论文或专利间的相互引证关系在很大程度上可以反映出专利或论文的应用范围，通过分析专利或论文间的引用关系可以揭示技术发展或知识流动的特殊路径。因此，本研究将通过分析某一领域相关的专利或论文的被引情况，以其被引用次数的多少来表征这些专利或论文所代表的技术的基础性强弱，即以对其他技术领域的影响力表征共性技术的基础性作用，而这种思路在产业共性技术的专利分析中已经得到了证实。因此，对于共性技术的监测与识别来说，特定领域的高被引论文与专利应该是首要关注的目标。此时，论文与专利的被引次数就成为特定技术基础性的直接表征指标。

（2）基于主题加权的共性度测度指数

产业共性技术的外部性表明该技术被广泛应用于多个技术领域。虽然与某一技术相关的专利或论文的被引次数在一定程度上也表明其被广泛应用的程度，但是被引次数却无法揭示被引专利或论文的施引文献所属类别的分布情况，即被引次数无法揭示技术分布的广度。因此，为了能进一步分析技术分布的广泛性，本研究采用了一种基于主题加权的共性度计算方法[①]。

$$G_i = 1 - \sum_j^{N_i} \left(C_{ij} / C_i \right)^2 \qquad （公式4-1）$$

其中，G_i：文献 i 的共性度指数；

N_i：文献 i 共被 N 类技术引用；

C_i：文献 i 的总被引频次；

C_{ij}：文献 i 被第 j 类技术引用的总频次。

共性度测度指标 G_i 的值介于 0～1 之间，技术的共性度越高，其共性度指数的值就越接近于 1。也就是说一篇被引文献的施引文献所属的技术类别分布越广泛，其共性度指数越高。通过这个过程，本研究将主题范围广度转换为对技术外部性的一种间接表达。

（3）基于知识与技术相似性的技术关联度测度指标

产业共性技术的关联性不仅表现在产业共性技术与其他产业上下游技术

---

① HALL B, JAFFE A, TRAJTENBERG M. The NBER patent citation data file: lessons, insights and methodological tools[EB/OL].（2001-10-01）[2012-04-12]. http://www.nber.org/papers/w8498.

之间的密切关联，还表现为产业共性技术内部组成技术和知识的密切关联，故对产业共性技术的相关性进行测度需要从知识与知识、技术与技术及知识与技术之间的密切关系3个方面来考虑。在产业创新链中，产业共性技术的关联性表现为基础研究中的知识与应用研究中的技术之间的相互关联，在本研究中映射为论文和专利的相似程度，即本研究中的技术相关度用相关技术领域的论文和专利的相似程度来表征，论文和专利的相似度越高，说明知识和技术的关联性越强。知识与知识、技术与技术之间的关联性在本研究中可通过分析论文文献和专利文献的共被引情况得到，可用文献关联强度这一指标来表征。共现分析是以共词理论和共引理论为基础，通过对在内容上有直接关联的文献进行聚类、比较和分析，进而从中识别和抽取有价值的信息。从分析单元上来说，这种相似性计算可以分为关键词和引用关系2种，其中"词共现强度"的计算需要考虑共现词汇之间的语义关系和词共现网络中词的点度中心度等因素，因此，研究中将"词共现强度"定义为某一关键词与其他关键词在不同文献中出现频次的累加和，如果2个关键词同时出现在一篇文章中，则计数一次。而基于引用关系的文献关联强度则通过以下形式计算。

$$TR_i = \sum_1^n S(i,j)(i \neq j), \quad S(i,j) = \frac{coo(i,j)}{occ(i) + occ(j) - coo(i,j)} \quad （公式4-2）$$

其中，TR_i 表示文献 i 的技术关联强度；$S(i,j)$ 表示文献 i 与文献 j 的共现强度；$coo(i,j)$ 表示文献 i 与文献 j 的同被引强度，即同时引用文献 i 和文献 j 的论文篇数；$occ(i)$ 与 $occ(j)$ 分别表示文献 i、j 的被引频次。从上述的文献关联强度的计算公式中不难看出，若某一论文（专利）文献与其他专利（论文）文献的被引强度越高，并且其与其他越多的论文（专利）文献共被引，那么该论文（专利）文献的技术关联度就越强。

4.3 产业共性技术识别的方法流程

本研究从产业创新链的视角出发，将科学产出与产业创新链的"学""研""产""用"4个环节科学产出相对应，在数据源选取上，选取公开来源的论文、专利、标准等数据，在复合关系方面集成了引用关系与词共现关系，通过对共性技术的3种特征识别，分析产业共性技术候选集。

4.3.1 多源数据与复合关系分析范式下的方法体系

从基于多源数据与复合关系的分析范式来看，共性技术识别在数据集层涵盖了基础研究、应用研究与产业应用中的3种核心文献类型（论文、专利与标准），在复合关系方面主要是在概念层对异源异质关系进行融合，主要情报产出是共性技术的候选技术主题（表4-2）。

表4-2 多源数据与复合关系分析范式下的共性技术识别

关键情报课题	数据集	分析单元	关系构建与计算			可视化	情报产出
			概念化	操作化	关系融合		
共性技术	论文	文献主题	基础性	引用频次	概念层异源异质关系	—	候选技术主题
	专利		共性度	施引范围			
	标准		关联度	主题相关性			
工具支撑	跨库检索	ICTCLAS	—			—	—

4.3.2 共性技术识别的分析操作流程

共性技术识别的分析操作流程如图4-1所示。

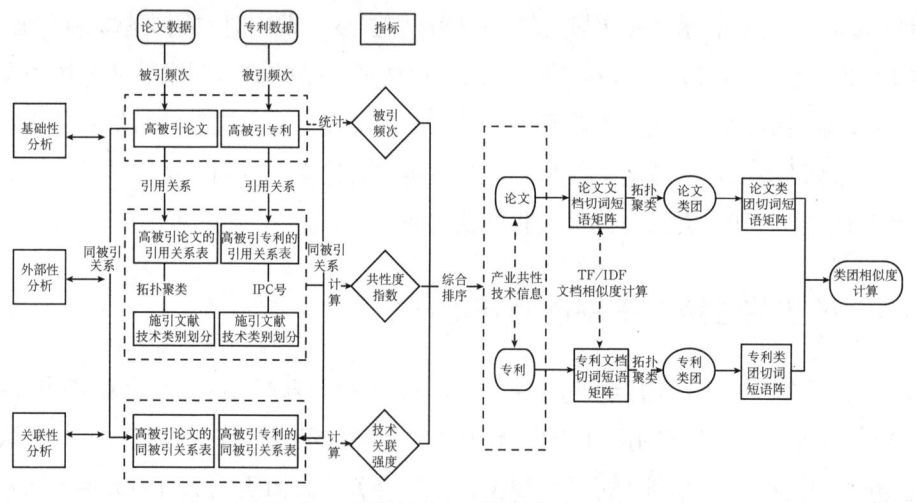

图4-1 共性技术识别的分析操作流程

第4章 产业共性技术识别方法应用研究

整个共性技术识别分析过程主要是依托产业创新链中的"学""研""产""用"来进行的,主要包括"学和研"环节的产业共性技术识别、"产和用"环节的产业共性技术识别及最终基于"论文类团"、"专利类团"和"标准类团"将前2个环节分析结果进行融合的3个过程。

(1)"学和研"环节的产业共性技术识别

"学和研"环节的产业共性技术识别主要是依据设计的产业共性技术识别指标,单独分析"学""研"环节技术应用范围的广度和影响范围的深度。"学和研"环节的产业共性技术识别包括3个方面:基础性分析、外部性分析及关联性分析。基础性分析、外部性分析及关联性分析是进行下一步选择产业共性技术备选技术的基础,即"学和研"环节的产业共性技术识别主要是识别出相应产业那些可能包含产业共性技术的论文和专利,构建论文和专利文档—切词短语矩阵,进行TF-IDF处理后,利用拓扑聚类的方法分别对论文和专利进行聚类,并依据聚类结果构建类团—切词短语矩阵并计算论文类团和专利类团之间的相似度。

为了能选出相关产业可能包含产业共性技术的专利和论文,本研究将计算出的共性度指数和技术关联强度按值的大小降序排列,并计算被引频次排序、共性度指数排序及技术关联强度排序的平均值,进而依据上述均值排序设定阈值选出基础性、外部性及技术关联度都比较强的专利和论文,即为可能包含产业共性技术的专利和论文。

(2)"产和用"环节的产业共性技术识别

"产和用"环节的产业共性技术识别主要是提取"产和用"阶段的技术信息,以为后期综合"学""研""产""用"4个阶段系统分析技术影响范围的深度做准备。"产和用"环节的产业共性技术识别主要是以相关产业的标准为分析对象,对标准文献的标题进行切词处理,构建标准的文档—切词短语矩阵,并采用拓扑聚类的方法对其进行聚类。然后,依据聚类结果构建标准类团—切词短语矩阵,以为后续的识别工作做准备。

(3)融合分析

本阶段以"学和研"环节识别出的高产业共性技术文献及标准数据为基础,利用"学和研"与"产和用"环节构建的论文、专利及标准的类团—切词短语矩阵计算这 3 种技术文献两两之间的相似度。最后，依据类团两两之间的相似度大小，选择出专利类团中那些同论文类团、标准类团的相似度都很高的专利类团，即为代表产业共性技术备选技术的技术类团。

4.4 共性技术识别方法的实证研究

根据面向开放式创新的中小企业技术竞争情报方法体系的应用研究设计，本部分以 LED 领域作为研究对象对共性技术识别方法进行了应用研究。

4.4.1 实证数据集构建

产业共性技术识别方法主要涉及论文、专利和标准 3 种主要的数据类型。尽管获取原文数据会提高分析结果的精度，但是，①对全文的处理会进一步提高对分析技术与工具的要求，而这一点对中小企业来说是不合适的；②对于文献来说，全文数据的可获取性要远低于题录数据；③对于研究目标来说，利用全文数据不一定能够提高共性技术分析结果的效度。因此，在对共性技术分析实证研究中是以题录数据为主的。

（1）论文数据

数据来源为科睿唯安［原汤姆森路透公司（Thomson Reuters）］科学引文索引（SCI）数据库，在咨询行业专家的基础上，利用题名与主题检索相结合的方法进行检索，检索日期为 2013 年 5 月 25 日，最后形成论文数据集包括题录信息 57 096 篇。

（2）专利数据

数据来源为德温特专利数据库（DII），同样在咨询行业专家的基础上，利用题名与主题检索相结合的方法进行检索，检索日期为 2013 年 5 月 25 日，最后形成专利题录信息 85 617 篇。

（3）标准数据

数据来源于网络，本研究通过网络检索的方式，获取到 LED 产业相关的标准号及其对应的标准题名共 545 条。

4.4.2 相关计算方法

在研究过程中,聚类、类团相似度计算等过程中主要涉及 TF-IDF 算法、拓扑聚类算法、余弦相似度算法。

(1) TF-IDF

TF-IDF(Term Frequency-Inverse Document Frequency)是一种用以评估一个字词对一个文件集或者一个语料库中的一份文件的重要程度的算法,就是说某个词或短语在一篇文章中出现的频率高,在其他文章中很少出现,则认为该词或短语具有很好区分能力,对该文档比较重要。TF-IDF 计算公式如下:

$$W_{i,s} = tf_{i,s} * idf_i = tf_{i,s} * \log\left(\frac{N}{df_s}\right) \quad （公式4-3）$$

其中,$tf_{i,s}$(Term Frequency)表示词 i 在文章 s 中出现的频率,N 表示所有文章总数,df_s 表示 N 篇文章中包含词 i 的文章数量。$W_{i,s}$ 就是词 i 在文章 s 中的 tf/idf 值。

(2) 拓扑聚类

本研究所使用的聚类算法为拓扑聚类。拓扑聚类的基本思想是,聚类后的结果与聚类前的差距越大,这种聚类效果越好。这种算法是基于模块度提出来的,它定义了一个模块度 Q。

$$Q = \sum_S \left(e_{ss} - e_{ts}^2\right) = Tr(e) - \|e\| \quad （公式4-4）$$

初始把网络图里每个点都当成一个类,计算两两类团的 ΔQ 值,将 ΔQ 值最大的 2 个类团合并(如果都是负数,则找负数绝对值最小的 2 个合并)。如果全为正数或者有正数也有负数,则找正数值最大的 2 个合并,并计算每一次聚类的 Q 值。当所有点聚成一类时停止迭代。比较每次迭代的 Q 值,Q 值最大的那次聚类就是我们要找的聚类结果。ΔQ 的计算公式如下:

$$\Delta Q = e_{st} + e_{ts} - 2a_s a_t = 2(e_{st} - a_s a_t) \quad （公式4-5）$$

其中,e_{st} 表示连接类团 s 和类团 t 之间的线数和总线数的比例,而 a_s 则表示有一个端点在类团 s 内的线数占总线数的比例。

(3) 余弦相似度

本研究中用不同数据类型的类团之间的相似度来计算在表征学、研、产、用之间的相关性,并采用余弦相似算法计算类团之间的相似度。余弦相似度(cosine similarity)是一种常用的相似度计算算法,可用来计算句子或文献之间的相似度,也可以用来计算句子与文献之间的相似度。若要计算文献之间的相似度,需将文献表达成向量的形式,也就是需要将文献中的重要词语都看作向量维度,以该词语的权重为该维度的值,组合成一个代表该文献的向量。若将文献 i 表达为文献向量 $D_i=(w_{i1},w_{i2},\cdots,w_{in})$,文献 $D_j=(w_{j1},w_{j2},\cdots,w_{jn})$,则这 2 篇文献的相似度计算公式为:

$$\cos(D_i,D_j)=\frac{D_i*D_j}{|D_i|*|D_j|}=\frac{\sum_{k=1}^{n}w_{ik}w_{ij}}{\sqrt{\sum_{k=1}^{n}w_{ik}^2}\sqrt{\sum_{k=1}^{n}w_{jk}^2}} \qquad (公式4-6)$$

4.4.3 结果分析

通过计算论文、专利及标准类团的相似度,研究中以专利类团与论文类团、标准类团的相似度之和作为本研究最终选出的代表产业共性技术类团,其中,文章、专利及标准类团的相似度之和如表 4-3 所示。

(1) LED 产业共性技术候选技术主题

表 4-3 单一映射后对应的类团相似度之和

综合排名	论文类团 ID	专利类团 ID	标准类团 ID	类团相似度之和
1	2	23	10	1.234 834
2	30	1	7	0.698 352
3	15	6	2	0.521 83
4	16	7	11	0.497 429
5	24	4	1	0.459 673
6	29	9	15	0.367 849
7	10	8	6	0.22 952
8	22	14	12	0.221 527
9	25	22	9	0.188 072
10	4	16	8	0.165 37

续表

综合排名	论文类团 ID	专利类团 ID	标准类团 ID	类团相似度之和
11	3	5	13	0.148 262
12	26	18	14	0.105 799
13	19	21	3	0.087 424
14	5	10	4	0.076 145
15	18	3	5	0.075 232

本研究将实证环节选择出与论文类团和标准类团的相似度之和在 0.2 以上的专利类团作为本研究初步选出的 LED 候选产业共性技术，即编号为 23、1、6、7、4、9、8、14 的专利类团，而编号为 7 的专利类团和编号为 9 的专利类团中仅分别包含 2 份和 3 份专利，为了保证结果解读的客观性，本文将包含专利较少的类团舍去，即剩下编号为 23、1、6、4、8、14 的专利类团作为最终选出的代表 LED 产业共性技术备选技术的专利类团。本研究采用技术还原和技术分类号统计相结合的方法最终确定每个技术类团所代表的具体技术名称。其中，技术还原是根据专利类团的专利公开号对应的专利名称进行解读；技术分类号统计是根据识别的技术类团中每份专利对应的国际专利分类号（IPC 号），然后记录并统计 IPC 号在其所处的类团中出现的频次，依据出现频次较高的技术分类号重新对技术类团进行解读。2 种方式的解读结果对比如表 4-4 所示。

表 4-4　2 种分析结果对比

类团编号	技术还原解读结果	IPC 号统计解读结果	备注
Group23	照明显示技术	照明显示技术	结果一致
Group 1	照明控制技术	照明控制技术	结果一致
Group 6	化合物半导体技术	化合物半导体技术	结果一致
Group 4	光转换技术	发光材料制备技术	结果相关，其中发光材料的制备是实现光转化不可或缺的环节
Group 8	电致发光技术	电致发光技术	结果一致
Group14	LED 灯具应用技术	LED 灯具应用技术	结果一致

从表4-4中不难看出，通过技术还原和国际专利分类号统计的方式解读出的结果基本一致，说明前述识别出的代表产业共性技术的编号为23、1、6、4、8和14的专利类团分别表征的具体技术是照明显示技术、照明控制技术、化合物半导体技术、发光材料制备技术、电致发光技术及LED灯具应用技术。

（2）候选技术主题概述

照明显示技术的发展与应用。随着LED发光效率与性能的持续提升与改善，LED利用其使用寿命长、环境适应能力强、性价比高、使用成本低等优势，与其相关的照明显示技术在短短的十来年中已从指示灯、手机背光显示屏、交通信号灯等成熟应用领域，逐步向中大尺寸LCD背光、汽车照明等新兴应用市场渗透应用。

照明控制技术的发展情况。照明控制技术是随着建筑和照明技术的发展而不断变化的，为了能使节能效果显著、光源寿命延长、工作环境得到改善及实现多种照明效果，照明控制技术已经从传统的照明控制技术、自动照明控制技术逐渐发展为智能照明控制技术。当前，智能照明控制技术已经成为当前的照明控制技术主流。

化合物半导体技术的发展与应用。化合物半导体是指由2种或2种以上的元素组成的、具有半导体特性的化合物。在光电子方面，所有的发光二极管LED（Light Emitting Diode）和激光二极管（LD）都是用化合物半导体制成的，如GaAs、GaN、GaP等已被广泛应用。化合物半导体技术的核心就是化合物半导体材料生长技术，如气相外延生长技术、液相外延生长技术及分子束外延生长技术等。当前，由化合物半导体技术所支撑的化合物半导体产业正带动着微波通信、移动通信、半导体照明、光通信、光存储、能量光电子、汽车及家电消费光电子等产业的蓬勃发展。

发光材料制备技术的发展与应用。发光材料又称荧光体或磷光体，由于发光材料发光特性的不同，发光材料制备技术可以分为以下几类：光致发光材料制备技术、阴极射线发光材料制备技术、电致发光材料制备技术、辐射发光材料制备技术、光释发光材料制备技术及热释发光材料制备技术。当前，不同的发光材料被广泛应用到不同的领域，如物理、化学及器件工艺等。

电致发光技术的发展及应用情况。电致发光（Electroluminescent，EL）是指半导体，主要是荧光体，在外加电场作用下的自发光现象。电致发光的特点是主动发光，面发光且亮度均匀、无光斑，功耗小，寿命长（大于 5000 h），适用温度宽（−40～70℃），超薄，可根据要求任意剪裁形状和尺寸，其抗冲击性、抗震动性好。EL 电致发光屏广泛用于 LCD 模块、手提电话、IC 卡电话机、磁卡电话、电池供电的显示屏、BP 机、手表、汽车仪表板、音响及电视遥控器、手持 GPS 接收器、便携式计算机等的主动显示或背光显示中。随着技术的发展，点阵式模块的出现，EL 大屏幕显示显像会迅速发展，在广告业、交通枢纽、会务显示等方面大显身手。

LED 灯具应用技术的发展及应用情况。LED 灯具是指灯具产品采用 LED（Light-Emitting Diode，发光二极管）技术作为主要的发光源。LED 照明灯具的使用性能是十分卓越的，它不仅拥有易于控光、可调光性强、耐震动、效率高、小巧轻薄等特点，而且节能环保、使用寿命长、安全可靠。LED 照明灯具外表看似普通，但是它却蕴含着很多的高科技原理在里面，如 LED 灯具的系统的二次光学设计、LED 照明灯具显色性的提高及 LED 照明灯具系统的热量管理等，都是研发人员需要考虑的问题。

4.5 小结

为解决技术环境监测中"产业共性技术"这一关键情报问题，本研究在多源数据与复合关系分析框架下，设计以融合论文、专利与标准数据的共性技术识别方法，实现了在语义层次的深度融合，以有效地识别出产业共性技术。从基于多源数据与复合有关系的分析范式来看，共性技术识别在数据集层涵盖了基础研究、应用研究与产业应用中的 3 种核心文献类型（论文、专利与标准），在复合关系方面主要是在概念层对异源同质关系进行融合，主要情报产出是共性技术的候选技术主题。

在共性技术识别过程中，本研究针对共性技术基础性、外部性及关联性的特点，设计了 3 类可定量化测度的替代指标：基于引用强度的基础性测度指标、基于主题加权的共性度测度指数和基于知识与技术相似性的技术关联度测度指标。这些定量化可计算替代指标为后续的关系构建与计算奠定了基础，从而为"学和研""产和用"阶段的共性技术识别和最终的融合分析提供数据支撑。LED领域的实证研究结果证实了这种分析方法的有效性。在实证过程中，不同阶段识别结果的差异进一步突出了基于多源数据与复合关系的分析范式在提供全景式描述及深度分析上的优势。

第 5 章
技术领域研究前沿识别方法应用研究

本部分属于方法应用研究,其目标是完成基于多源数据与复合关系分析在技术领域监测方面的实证,但与第 4 章关于监测本身不同,本部分在功能上强调预测。结合科技型中小企业技术竞争情报需求调研内容,本部分选择前沿技术识别作为应用场景,通过集成论文、专利的相关数据,在微观层次进行关系融合以实现对研究前沿核心特征的定量化,并通过演化分析进行预测。

5.1 关键情报课题:企业所在技术领域的技术前沿

对科技型中小企业的技术竞争情报调查结果表明,目前它们对技术本身变化所带来的机遇与威胁的关注是优先任务。对于技术密集型企业来说,除了在宏观层次需要关注影响所在产业发展的关键技术外(共性技术),还需要特别了解目前最新的前沿领域,即那些可能会给基础性共性技术带来颠覆性影响的技术。这可能带来新的机遇。对于输入式开放创新,无论是通过引入智力,还是通过研发合作都需要关注这种变化的趋势,明确技术路径及相应的合作对象。本研究中将这种技术研发的先兆性趋势变化,称为研究前沿。

当前,科学技术作为现代社会最活跃的因素和最强有力的支撑力量,在经济建设中发挥着重要作用,作为核心要素的自主创新也受到越来越多国家的关注。研究前沿是科技发展与社会需求相结合的产物,代表了科学技术中引起科学家高度关注的、最活跃的研究领域,正是科技创新的种子所在,同时也是科技型中小企业最为活动的领域。

5.2 概念操作化定义：研究前沿的监测指标

目前研究前沿的识别方法主要集中在基于"专家知识"的定性分析方法和基于单一数据源（论文）的定量分析方法2个方面。前者应用广泛但容易受到专家知识结构及认知偏见的影响，而后者则往往因为局限于单一数据源而无法实现对创新链的关联分析。特别是目前创新周期不断缩短，正是逐步消除基础研究与应用研究之间的界线。本部分的目标就是基于论文和专利数据的集成将基础研究与应用研究联系起来，将它们作为创新活动中的同一环节构建相关的监测指标，以为后续的关系融合提供计算基础，从而有效地发挥多源数据与复合分析的优势。

5.2.1 研究前沿的概念界定

在科技情报分析领域，与研究前沿相关的概念有许多，如新兴技术、新兴主题、新兴趋势、新兴研究领域、科学前沿等。从定量研究方法来看，不同学者也有不同的界定。最初，研究前沿是从文献引证关系的视角来进行界定的，即将研究前沿描述为给定领域的科学共同体积极引用的最新出版的文献集合，后期有学者将这部分"被引文献"的"施引文献"也加入文献集合之中。但这种基于引用关系方法很快被基于词的方法所取代，因为有学者认为被引文献往往代表的是"知识基础"，而不足以表征当前新兴的研究领域，而基于新兴的词形成的突出或热点主题才有可能成为研究前沿。

在本研究中，也是基于词的视角对研究前沿进行界定的，即研究前沿是科学技术研究中最近出现，正在兴起并引起科学家高度关注的研究主题。

5.2.2 研究前沿的基本特征

研究前沿作为科学技术研究领域最活跃的部分，对研究领域的发展具有重要的推动作用，它具有先进性、时效性及集中性3个基础的特点。

先进性是指研究前沿应该来源于新的科学进展或者发现，是一个研究领域最为领先的研究问题，是解决研究领域关键问题、突出矛盾的钥匙。在文献计量指标上应该体现为高质量的学术文献及新主题的出现。

时效性是指研究前沿应该是动态发展的，随着时间的变化，研究前沿可能发生变化。所以，当对研究前沿进行描述时应该给出其时间属性。

集中性是指研究前沿应该是短时间内引起研发人员高度关注的研究主题。在文献计量上应该表现为新关键词的爆发式增长出现、某些主题的文章发表数量的骤增及关注该主题作者数量的骤增。

5.2.3 研究前沿的识别指标

根据本研究中对研究前沿的定义，在基于词形成的主题类簇上，需要关注2个方面的属性：新颖性与规模。从这2个维度，本研究构建了主题年龄与研究人员比例2个指标，作为研究前沿的识别与监测指标。

（1）新颖性：主题年龄

基本假定：研究前沿的年龄往往趋于年轻化；基于词出现的时间可以测度代表研究前沿的"主题类团"的新颖性。

1）关键词年龄

研究主题年龄即"类团年龄"，是以关键词的时间分布为基础计算的，关键词年龄是基本单元。在定义关键词年龄时采用出现时间与研究关注度相结合的方法，做出如下假。

假设1：一个关键词出现的时间越早，则其年龄越老；假设2：一个关键词受到关注的时间越晚，则说明其年龄越年轻。第一个假设为基本假设，反映了关键词在时间维度上的一般性质，而第二个假设是针对研究活动，可以把那些时间上虽然出现早，但是直至最近才被关注的内容显现出来。

基于2个上述假设，因为TF-IDF值可以表达某关键词对某年度的重要程度，本研究也把上述抽取关键词时计算的TF-IDF值引入关键词年龄的计算中，来表达关键词与年度的关系，也就是说用TF-IDF值来表达不同关键词在不同年度被关注的情况。在此基础上本研究将关键词年龄公式定义为：

$$Y_{KW} = \sum_{i=1}^{n}(Year_{cur} - Year_i) * \frac{TFIDF_i}{\left(\sum_{j=1}^{n} TFIDF_j\right)} \quad （公式5-1）$$

Y_{KW}表示某关键词的年龄，$Year_{cur}$表示每个时间窗口截止年度，$Year_i$表示该关键词的测度年度，n 表示包含该关键词的年度数量，$\left(\dfrac{TFIDF_i}{\sum_{j=1}^{n} TFIDF_j}\right)$ 是对关键词 TF-IDF 值年度分布的归一化。这样计算的关键词年龄就可以看成是出现时间与关注情况共同影响的结果。

2）主题年龄

在关键词年龄的基础上，通过求和就可以计算主题年龄。但是不同关键词对不同的主题来说重要程度不一样，这就需要加权求和。因此，本研究将研究主题年龄的计算公式定义如下：

$$Y_{cluster} = \sum_{i=1}^{n} Y_{KW_i} * \frac{n_i}{N} \qquad （公式5-2）$$

$Y_{cluster}$ 为类团的年龄，n_i 表示主题内关键词 i 的总数量，N 表示主题内关键词的总数量，Y_{KW_i} 表示关键词 i 的年龄。

（2）规模：研究人员比例

这个指标是在规模方面测度研究前沿研究人员数量的变化趋势，研究前沿的研究人员数量往往是在某一时间段迅速增加。因为某时间段内研究人员数量的绝对值并不足以衡量这个时间段新增研究人员数量的多少，因此采用百分比（即研究主题研究人员数量的比例变化）测度其规模变化。研发人员比例的计算公式如下：

$$Au = \frac{n_i}{N} * 100\% \qquad （公式5-3）$$

其中，Au 表示作者（专利申请人）数量，n_i 表示时间段 i 某个类团所有作者（专利申请人）数量和，N 表示某个类团及相似类团各个时间段所有作者（专利申请人）总数量。

5.3 研究前沿识别的方法流程

针对创新周期不断缩短的企业技术创新特点，本研究通过论文与专利数据的集成将基础研究与应用研究置于同一分析视域之下，通过对词间共现关系的分析从新颖性与研究人员规模变化 2 个指标，分析了研究前沿的特征及其演化。

5.3.1 多源数据与复合关系分析范式下的方法体系应用

从基于多源数据与复合关系的分析范式来看,研究前沿识别在数据集层涵盖了基础研究、应用研究中的 2 种核心文献类型(论文、专利),在复合关系方面主要是在指标层对异源同质关系进行融合,主要情报产出是研究前沿及其演化(表 5-1)。

表 5-1 多源数据与复合关系分析范式下的研究前沿识别

关键情报课题	数据集	分析单元	关系构建与计算			可视化	情报产出
			概念化	操作化	关系融合		
前沿技术	论文	文献主题	新颖性	主题年龄	语义层异源同质关系	主题图	研究前沿演化
	专利		关注规模	研究人员占比			
工具支撑	跨库检索	ICTCLAS	Ucinet			Gephi	

5.3.2 研究前沿识别方法的分析操作流程

本研究中构建的研究前沿识别方法主要是将论文数据和专利数据纳入基于"共词"关系的研究前沿识别方法中,对构建的共现网络进行拓扑聚类分析,根据类团的相似度识别研究前沿,基本流程如图 5-1 所示。

(1)分析单元抽取与清洗

①字段抽取。抽取论文与专利题录中的分析单元,即标题、关键词、摘要、出版年、作者或发明人题录数据的作者关键词字段和专利题录数据的标题、摘要字段,以及来源、作者等字段。因为专利数据没有关键词字段,因此专利的关键词需要利用分词工具对专利标题及摘要进行处理。中文分词可以使用 NLPIR(ICTCLAS 2013)、FudanNLP 等。英文分词可以直接使用 NLPIR(ICTCLAS 2014)版、Stanford CoreNLP。

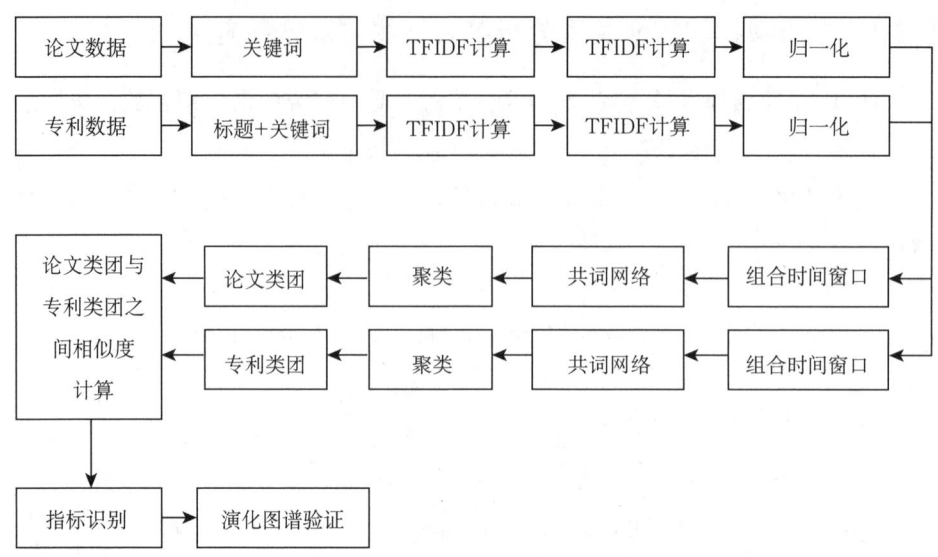

图 5-1 研究前沿识别的分析操作流程

②数据清洗。因为不是定制化的分词工具，因此抽取出的关键词或标题词可能会出现单复数、大小写、缩写与全称、英文时态等"脏数据"。因此，必须进行数据的清洗。

③核心关键词抽取。论文关键词和专利的标题词的数量都可能会达到几万，倘若使用全部关键词构建网络，不但词量大而且很多不相关的词都掺杂其中，结果不利于解读。本研究采用归一化的 TF-IDF（Term Frequency-Inverse Document Frequency）方法抽取整个数据集中的核心关键词。

（2）关系网络构建与分析

①设置时间窗口。通过时间窗口的滑块移动可以有效地追踪研究主题的产生、成长、衰退、消亡的整个过程。因此，可根据研究需要设定时间窗口的宽度（如 5 年）及其移动步长（如 1 年），在此基础上构建子数据集并抽取其核心关键词。

②构建"共词"网络。对论文和专利每个窗口里关键词构建关键词共现网络，并抽取网络的最大连接图。本方法是聚焦在词间关系上识别研究前沿，因此应该去掉那些与其他词没有联系的词，即孤立点。

③聚类分析。抽取关键词共现网络的最大连通图后，进行聚类分析。聚类

分析采用 Newman 社团结构探测算法（拓扑聚类）。

（3）类团关系计算与可视化分析

①类间关系计算。聚类分析得到论文和专利的类团后，采用 TF-IDF 余弦相似度分别计算论文各个类团的相似度、专利各个类团的相似度、论文与专利之间各类团的相似度。

②可视化分析。构建类团演化图谱并识别研究前沿。根据类团相似度的计算结果，分别构建论文和专利类团的演化图谱，然后计算论文和专利每个类团的"年龄"和"主题作者比例"2 个指标，并结合类团演化的可视化图形来识别并解读研究前沿。

5.4 前沿领域识别方法的实证研究

根据面向开放式创新的中小企业技术竞争情报方法体系的应用研究设计，本部分以 LED 领域作为研究对象，对研究前沿识别方法进行了应用研究。

5.4.1 实证数据集构建

（1）论文数据

数据来源为科睿唯安［原汤姆森路透公司（Thomson Reuters）］科学引文索引（SCI）数据库，在咨询行业专家的基础上，利用题名与主题检索相结合的方法进行检索，检索日期为 2013 年 5 月 25 日，最后形成论文数据集包括题录信息 57 096 篇。

（2）专利数据

数据来源为德温特专利数据库（DII），同样在咨询行业专家的基础上，利用题名与主题检索相结合的方法进行检索，检索日期为 2013 年 5 月 25 日，最后形成专利题录信息 85 617 篇。

需要说明的是，本研究中将时间窗口宽度设为 5 年，移动步长为 1 年，最终根据时间窗口设置形成了 6 个数据集：2001—2005 年，2002—2006 年，2003—2007 年，2004—2008 年，2005—2009 年，2006—2010 年。

5.4.2 相关计算方法

（1）归一化 TF-IDF

TF-IDF 的计算公式见 4.4.2 部分。本部分主要是用此算法抽取每年相对于其他年而言对该年来说比较重要的词。在本部分的计算中 $TF_{i,j}$ 表示词条 i 在第 j 年出现的频率。为了避免由于每年发文量不同造成某些词偏向发文量比较大的那一年，TF 要进行归一化，公式如下：

$$TF_{i,j}=Freq_i/Max_j \qquad (公式5-4)$$

$Freq_i$ 表示 i 词在第 j 年出现的频次，Max_j 表示第 j 年出现次数最多的词。

另外，研究前沿应该是具有在某一年突然出现并迅速增长，而其他年份出现很少或者没有出现的特性的词的研究主题。为充分发挥 TF-IDF 抽取对某一年比较重要的词的作用，可以把要计算的 TF-IDF 值的时间段尽可能拉长，再抽取所需年份的 IF-IDF 值进行下一步运算。在计算所有年份所有词的 IF-IDF 值后，对所得到的 TF-IDF 值进行归一化处理。归一化公式：

$$y=(x-MinValue)/(MaxValue-MinValue) \qquad (公式5-5)$$

其中，x 表示原 TF-IDF 值，$MinValue$ 表示所有 TF-IDF 值中的最小值，$MaxValue$ 表示所有 TF-IDF 值中的最大值，y 表示归一化后的 TF-IDF 值。最后，需要设置一个阈值，抽取每年中所有 IF-IDF 值大于该阈值的词。本研究把这些抽取的关键词或者标题词定义为"关键词"。

（2）拓扑聚类

见 4.4.2（2）拓扑聚类部分。

（3）相似度计算

见 4.4.2（3）余弦相似度部分。

5.4.3 结果分析

根据分析流程，本研究分别对 LED 领域论文、专利及其融合后数据进行了聚类分析，并计算各类团的主题年龄及特定时间段作者占比指标。在具体分析过程中将主题年龄指标的阈值设为 2.5 年，特定时间段主题作者比例指标阈值设为 5%，即当某时间段"某主题年龄"小于 2.5 年，并且该主题作者比例大于 5%，则该主题就是研究前沿。

(1) 基于论文数据的基础研究前沿技术分析

基于论文数据的聚类分析最终形成44个类团，根据上述阈值设置，有7个类团可以界定为研究前沿。这些类团可以分为4个研究方向：① LED 在 PCR 仪上的应用（"S1-5"/2001—2005年）；②白光 LED（"S3-1"/2003—2007年、"S4-4"/2004—2008年）；③异质结二极管（"S5-2"/2005—2009年、"S6-4"/2006—2010年）；④宽禁带半导体（"S5-3"/2005—2009年、"S6-3"/2006—2010年）（表5-2）。

对论文主题之间采用 TF-IDF 余弦相似度公式分别计算各主题之间的相似度，根据主题之间的相似度关系绘制论文主题的演化图谱（图5-2），其中实线表示主题之间相似度大于0.8，虚线表示主题之间相似度在 0.5～0.8。

表 5-2　LED 领域论文主题年龄与主题作者数量

单位：年

主题	主题年龄	主题作者数量	主题	主题年龄	主题作者数量
S1-1	2.6	32.64%	S4-1	2.8	33.84%
S1-2	2.8	35.41%	S4-2	2.7	8.87%
S1-3	2.9	10.31%	S4-3	3.0	5.53%
S1-4	3.4	9.42%	S4-4	2.5	15.18%
S1-5	2.4	5.08%	S4-5	3.0	23.23%
S1-6	2.8	7.33%	S4-6	2.3	3.31%
S2-1	3.0	32.63%	S4-7	3.3	8.96%
S2-2	2.7	10.28%	S4-8	1.6	1.08%
S2-3	2.6	32.22%	S5-1	2.7	21.74%
S2-4	3.0	7.35%	S5-2	1.4	5.41%
S2-5	1.7	1.66%	S5-3	1.4	12.12%
S2-6	3.4	1.51%	S5-4	3.0	28.58%
S2-7	2.5	2.04%	S5-5	2.8	5.73%
S2-8	3.5	6.70%	S5-6	3.0	22.60%
S2-9	2.6	5.61%	S5-7	3.0	3.83%
S3-1	2.3	16.16%	S6-1	2.6	23.10%

续表

主题	主题年龄	主题作者数量	主题	主题年龄	主题作者数量
S3-2	2.9	22.72%	S6-2	3.0	20.45%
S3-3	2.8	7.34%	S6-3	1.9	13.68%
S3-4	2.6	33.14%	S6-4	1.9	5.48%
S3-5	3.2	10.94%	S6-5	3.1	24.19%
S3-6	2.7	8.53%	S6-6	2.8	6.86%
S3-7	3.7	1.17%	S6-7	3.1	6.24%

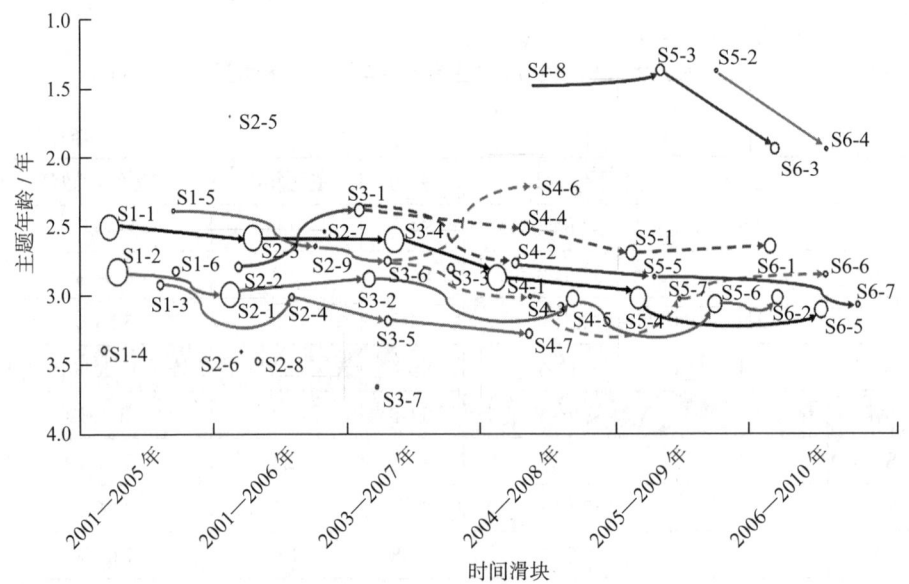

图 5-2　LED 领域论文主题演化（见书末彩图）

（2）基于专利数据的应用研究前沿技术分析

基于专利数据的聚类分析最终形成 42 个类团，根据上述阈值设置，有 9 个类团可以界定为研究前沿，整个领域的主题演化如图 5-3 所示。这些类团可以分为 5 个研究方向：①手机背光源（"T1-3"/2001—2005 年）；②LED 封装背光源（"T1-5"/2001—2005 年）；③LED 打火机（"T2-1"/2002—2006 年）；④OLED 背光源（"T3-4"/2003—2007 年、"T4-5"/2004—2008 年、

"T5-4"/2005—2009 年）；⑤大功率 LED 照明（"T4-7"/2004—2008 年、"T5-8" 2005—2009/ 年、"T6-5"/2006—2010 年）（表 5-3）。

表 5-3　LED 领域专利主题年龄和主题作者数量

单位：年

主题	主题年龄	主题作者数量	主题	主题年龄	主题作者数量
T1-1	2.7	11.21%	T4-4	3.0	10.07%
T1-2	3.0	14.61%	T4-5	1.9	8.67%
T1-3	2.5	8.10%	T4-6	3.1	8.65%
T1-4	4.2	16.32%	T4-7	2.0	6.74%
T1-5	2.4	9.73%	T5-1	3.2	28.65%
T1-6	2.7	40.03%	T5-2	3.3	10.77%
T2-1	2.3	19.74%	T5-3	3.2	7.23%
T2-2	2.9	15.67%	T5-4	2.2	7.03%
T2-3	2.6	11.88%	T5-5	2.9	3.02%
T2-4	3.0	12.24%	T5-6	3.3	29.84%
T2-5	2.3	4.14%	T5-7	2.0	2.85%
T2-6	2.9	36.33%	T5-8	2.1	10.60%
T3-1	3.1	38.88%	T6-1	3.1	26.40%
T3-2	2.6	28.00%	T6-2	2.8	6.04%
T3-3	2.6	10.12%	T6-3	3.1	7.20%
T3-4	1.4	9.96%	T6-4	3.3	5.70%
T3-5	2.9	9.42%	T6-5	2.3	10.38%
T3-6	2.0	3.63%	T6-6	3.3	28.08%
T4-1	3.3	32.34%	T6-7	2.2	1.41%
T4-2	2.9	29.31%	T6-8	2.7	11.70%
T4-3	3.1	4.22%	T6-9	2.3	3.10%

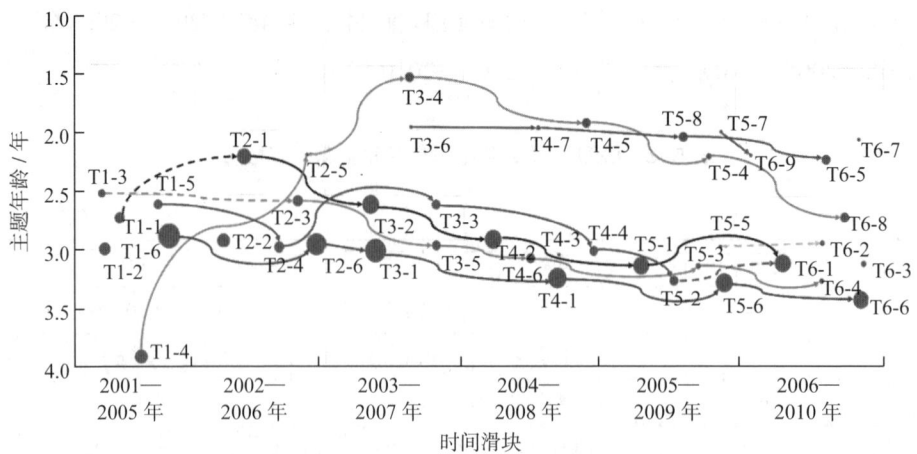

图 5-3　LED 领域专利主题演化（见书末彩图）

(3) 基于集成数据的研究前沿技术分析

本节对论文主题和专利主题进行结合分析，相似度比较大的论文和专利主题相当于同一主题。因此，需将相同时间段相似度大的论文与专利主题进行合并，合并的主题如表 5-4 所示，合并后最终的主题列表如表 5-5 所示，主题演化如图 5-4 所示。

表 5-4　论文与专利主题合并结果

单位：年

论文主题	专利主题	合并主题名	主题年龄	作者比例
S1-1	T1-6	ST1	2.7	37.80%
S2-3	T2-6	ST2	2.8	34.40%
S3-4	T3-1	ST3	2.9	37.03%
S4-1	T4-1	ST4	3.0	32.82%
S5-4	T5-6	ST5	3.1	29.42%
S6-5	T6-6	ST6	3.2	26.61%
S2-5	T2-3	ST7	2.2	8.53%
S6-1	T6-3	ST8	2.9	13.21%

表 5-5 论文与专利主题合并年龄和主题作者数量

单位：年

主题	主题年龄	主题作者数量	主题	主题年龄	主题作者数量
ST1	2.7	37.80%	S6-2	3.0	20.45%
ST2	2.8	34.40%	S6-3	1.9	13.68%
ST3	2.9	37.03%	S6-4	1.9	5.48%
ST4	3.0	32.82%	S6-6	2.8	6.86%
ST5	3.1	29.42%	S6-7	3.1	6.24%
ST6	3.2	26.61%	T1-1	2.7	11.21%
ST7	2.2	8.53%	T1-2	3.0	14.61%
ST8	2.9	13.21%	T1-3	2.5	8.10%
S1-2	2.8	35.41%	T1-4	4.2	16.32%
S1-3	2.9	10.31%	T1-5	2.4	9.73%
S1-4	3.4	9.42%	T2-1	2.3	19.74%
S1-5	2.4	5.08%	T2-2	2.9	15.67%
S1-6	2.8	7.33%	T2-4	3.0	12.24%
S2-1	3.0	32.63%	T2-5	2.3	4.14%
S2-2	2.7	10.28%	T3-2	2.6	28.00%
S2-4	3.0	7.35%	T3-3	2.6	10.12%
S2-6	3.4	1.51%	T3-4	1.4	9.96%
S2-7	2.5	2.04%	T3-5	2.9	9.42%
S2-8	3.5	6.70%	T3-6	2.0	3.63%
S2-9	2.6	5.61%	T4-2	2.9	29.31%
S3-1	2.3	16.16%	T4-3	3.1	4.22%
S3-2	2.9	22.72%	T4-4	3.0	10.07%
S3-3	2.8	7.34%	T4-5	1.9	8.67%
S3-5	3.2	10.94%	T4-6	3.1	8.65%
S3-6	2.7	8.53%	T4-7	2.0	6.74%
S3-7	3.7	1.17%	T5-1	3.2	28.65%
S4-2	2.7	8.87%	T5-2	3.3	10.77%
S4-3	3.0	5.53%	T5-3	3.2	7.23%

续表

主题	主题年龄	主题作者数量	主题	主题年龄	主题作者数量
S4-4	2.5	15.18%	T5-4	2.2	7.03%
S4-5	3.0	23.23%	T5-5	2.9	3.02%
S4-6	2.3	3.31%	T5-7	2.0	2.85%
S4-7	3.3	8.96%	T5-8	2.1	10.60%
S4-8	1.6	1.08%	T6-1	3.1	26.40%
S5-1	2.7	21.74%	T6-2	2.8	6.04%
S5-2	1.4	5.41%	T6-4	3.3	5.70%
S5-3	1.4	12.12%	T6-5	2.3	10.38%
S5-5	2.8	5.73%	T6-7	2.2	1.41%
S5-6	3.0	22.60%	T6-8	2.7	11.70%
S5-7	3.0	3.83%	T6-9	2.3	3.10%

根据阈值设置，本研究对合并后的主题进行了筛选：初步判断类团"S1-5""S3-1""S4-4""S5-2""S5-3""S6-3""S6-4""T1-3""T1-5""T2-1""T3-4""T4-5""T4-7""T5-4""T5-8""T6-5""ST7"为研究前沿。与单独基于论文或专利的分析结果相比，融合后的数据发现了一个新的研究前沿，即"ST7"。

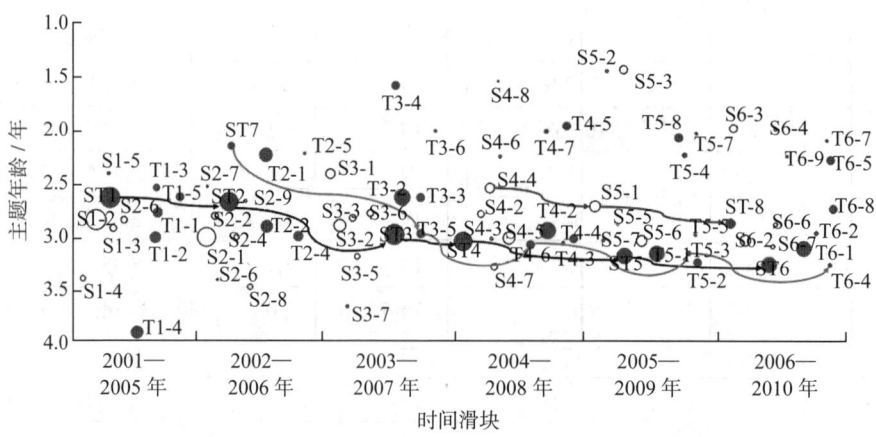

图5-4 LED领域数据融合后的主题演化（见书末彩图）

表 5-6　ST7 类团包含的关键词及所属主题

关键词	主题
背光（backlight）	S2-5
LED 背光（LED backlight）	S2-5
移动电话（mobile phone）	T2-3
背光（backlight）	T2-3
背光系统（backlight system）	T2-3
表面安装 LED（surface-mount type light emitting diode）	T2-3

根据 ST7 类团包含的关键词可以看出（表 5-6），ST7 主题为手机背光源相关研究，在 2002—2006 年时间窗口主题为研究前沿。与前一年度专利中的"T1-3"属于同一方向。此时该类团主题年龄变小，说明该方向的研究中出现新的关键词。此时主题年龄为 2.2，表现很年轻，主题作者比例达到 8%，随着时间推进，该主题变老，作者比例逐渐增大后又变小。这种演化符合一个主题成为研究前沿继而转变为研究热点，到最后慢慢消亡的过程。

基于 2006—2010 年数据的综合分析结果来看（图 5-5 和图 5-6），异质结二极管（"S5-2"/2005—2009 年、"S6-4"/2006—2010 年）、宽禁带半导体（"S5-3"/2005—2009 年、"S6-3"/2006—2010 年）、OLED 背光源（"T3-4"/2003—2007 年、"T4-5"/2004—2008 年、"T5-4"/2005—2009 年）和大功率 LED 照明（"T4-7"/2004—2008 年、"T5-8"2005—2009/ 年、"T6-5"/2006—2010 年）是 LED 领域需要关注的研究前沿领域。

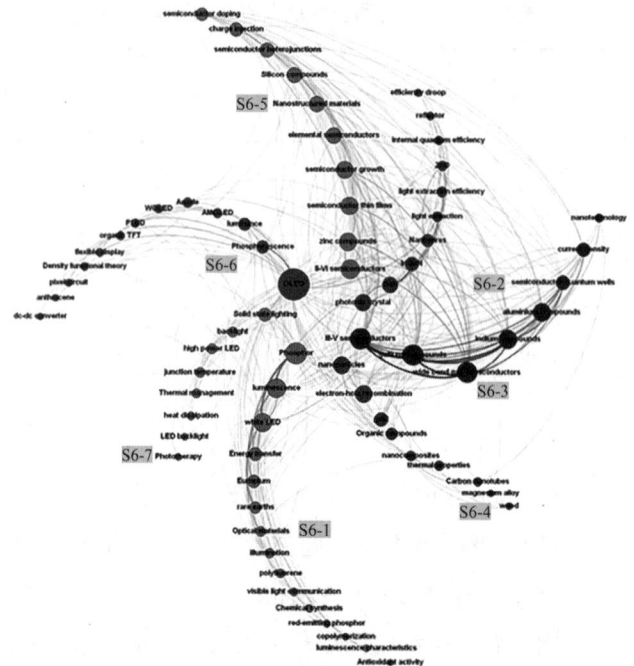

图 5-5　2006—2010 年论文数据类团（见书末彩图）

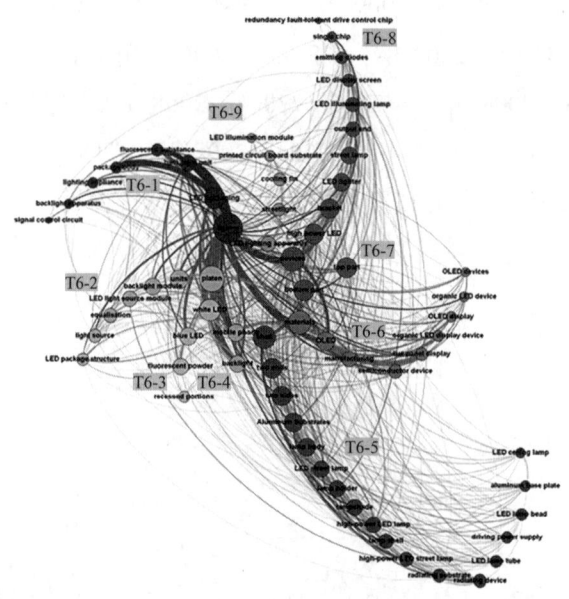

图 5-6　2006—2010 年专利数据类团（见书末彩图）

5.5 小结

为解决技术环境监测中前沿技术这一关键情报问题,本研究在多源数据与复合关系分析框架下,设计以融合论文、专利的研究前沿识别方法。从基于多源数据与复合关系的分析范式来看,研究前沿识别在数据集层涵盖了基础研究、应用研究中的 2 种核心文献类型(论文、专利),在复合关系方面主要是在语义层对异源同质关系进行融合,主要情报产出是研究前沿的演化过程。

在研究前沿识别过程中,本研究针对创新周期不断缩短的发展趋势提出了将基础研究与应用研究产出数据进行集成的思路,针对研究前沿的先进性、时效性和集中性,分别从时间与规模 2 个维度提出了测度指标,即主题年龄与新研究人员占比。LED 领域的实证研究结果证实了这种分析方法的有效性。在实证过程中基于不同数据源得到研究前沿的不同,在说明了进行数据集成必要性的同时,也进一步说明了对于科技型中小企业进行技术监测来说,扩展数据来源范围的重要性。

第6章
潜在竞争对手识别方法应用研究

本部分属于方法应用研究，其目标是完成基于多源数据与复合关系分析在竞争对手分析方面的实证。结合科技型中小企业技术竞争情报需求调研内容，本部分选择潜在竞争对手识别作为应用场景，基于上市公司年报中不同类型的数据，在微观层次进行关系融合以实现对特定竞争战略的定量化描述，并以信息技术领域的上市公司作为实证研究对象。

6.1 关键情报课题：企业的潜在竞争对手

科技型中小企业技术竞争情报的调研结果表明，当前竞争对手是一种重要的二手情报源，位列政府机构之后。机构在技术竞争情报分析中具有双重意义，一方面它们可以作为重要的情报源，另一方面作为一个利益相关者，它们也可以是技术竞争情报的研究对象。因此，科技型中小企业对竞争对手情报源的关注，也代表了对竞争情报这一重要利益相关者的关注。而在后期的访谈中也进一步证实了这一点。而从功能需求来看，预测是科技型中小企业关注的重要功能，而通过竞争对手分析，特别是潜在竞争对手识别能够很好地体现这种功能需求。

科技和经济的快速发展，促使现代企业不得不面临来自全球多样化的竞争压力，激烈的市场竞争也迫使各企业纷纷选择加强企业自身的管理、技术、资金实力，拓展企业的关系网络、实行多样化发展战略，以此来提高公司抵御外部竞争压力。企业在洞察市场需求的同时，还需要关注市场中的竞争对手。竞争对手分析是竞争情报研究的核心内容，竞争对手的识别作为其基础环节，则是重中之重。

6.2 概念操作化定义：竞争对手监测指标

目前，竞争对手分析主要是自上向下进行的，即由管理决策层确立分析对象，然后竞争情报团队再基于特定分析框架，如 SERVO 进行分析。现在还缺少一种自下向上的方法支撑，即如何从数据中发现那些竞争对手，特别是潜在竞争对手，而这正是本部分关注的重点内容。本部分的目标就是基于开源数据（上市公司年报），探索不同类型数据对企业竞争战略的表征意义，通过不同种关系的组成为定量化表征竞争强度提供支撑，从而实现基于定量结果的竞争对手分级。

6.2.1 竞争对手与竞争战略假说

竞争对手的界定与企业竞争战略具有直接相关性，不同竞争战略视域下企业竞争格局会有很大的差异。例如，在基于顾客的战略分析中就会认为能解决顾客相同问题、满足顾客相同需求或令顾客改变消费结构的企业之间都可相互界定为竞争对手[1]；而对于关注细分市场战略来说，生产相同产品的企业才是竞争对手[2]。因此，对竞争对手识别需要一个关于竞争战略的前提假说。本研究依据波特经典的竞争理论[3]与战略扩张理论构建了一种竞争对手识别理论基础。

在波特五力模型中，企业竞争环境不仅仅包括直接竞争对手带来的竞争压力、来自顾客与供应商讨价还价能力的压力，同时也包括来自潜在进入者的竞争威胁及替代产品的竞争。供应商、顾客、竞争对手、潜在进入者、替代品的供应商在开放式创新环境中，也是重要的创新来源。因此，在开放式创新视角下，这些利益相关者既可能成为竞争者，又可能转化为合作对象。但这种身份的转化主要取决于利益相关者是否采用扩张性的战略。企业战略扩张是企业发展到一定阶段的必然产物，包括横向一体化（价值链）、纵向一体化（供应链）和多样化战

---

[1] PQRAC JF, THOMAS H, BADEN C. Competitive groups as cognitive communities: the case of Scottish knitwear manufacturers[J]. Journal of management studies, 1989, 26（4）: 397-416.
[2] HONG ZHENG. The identification of enterprise dynamic competitor based on cluster analysis[C]. Int Conf on Information Management, Innovation Management and Industrial Engineering, Washington: IEEE, 2011（1）: 315-318.
[3] 迈克尔·波特. 竞争战略 [M]. 陈小悦, 译. 北京: 华夏出版社, 1997: 3-27.

略。在五力模型框架下，供应商和顾客（包括经营商）极有可能通过纵向一体化扩张战略而进入目标企业所在市场；同时与目标企业具有业务或关键技术相关性的企业（潜在进入者）通过横向一体化战略也进入目标企业所在市场；那些替代品供应商，甚至没有任何业务联系的企业也可能因为多样化战略而进入目标企业所在市场。通过多样化战略进入目标企业所在市场的企业，它们往往会具有更强的资源优势（有形资产、无形资产、人力资源及组织资源）。

在此理论假说之上，本研究认为任何一个通过扩张战略就可以对目标企业产生竞争威胁的企业都可以界定为"竞争对手"。

6.2.2 目标竞争对手范围的限定

根据上述界定，显然本研究采用了一种战略层次的竞争对手定位方式，但要实现基于定量数据、自下向上识别出目标企业利益相关者的战略及其变化，仍需进一步分析可以反映出战略及其结果的信号，即竞争对手的监测指标。需要特别说明的是，因为本研究所依赖的定量数据更多地是作为一种结果数据，无法有效地揭示战略意图。鉴于这种局限，本研究中将那些与目标企业尚未形成业务关系的企业排除在了研究范畴以外，因为无法测度其是否可能对目标企业产生威胁。换言之，本研究主要识别的是那些可能通过横向一体化战略与纵向一体化战略而对目标企业构成竞争威胁的企业对象。

6.2.3 竞争对手的监测指标

企业竞争行为是受多方因素影响的，如组织的形式（是否上市公司）、所在行业（保险行业）等，从竞争对手监测与分析来说，这些都是需要关注的内容。但限于方法的特点，本研究选择了具有可获得性的上市公司年报作为数据来源进行多源数据与复合关系分析的应用研究。这种数据来源的特殊性在一定程度上规避了组织形式的影响，同时加之限定特定行业，因此本研究重点考虑的是企业业务层次上的重点关注内容。根据前文关于竞争对手定义的限定，本部分提出了企业业务与资源实力2个方面的监测指标。

（1）业务维度指标

能够反映业务范围的信息可以分为2个层次：可能的业务范围与实际的业

务范围。理论上一个经济体可能的业务范围可以涵盖所有行业或产品，但是对于企业来说还是有明确的界定的，即经营范围。经营范围是企业申请并经过国家有关部门批准的准许经营的业务范围。

但由于资源局限性，企业并不会涉及所有的经营范围，即使涉及也会有战略重点。这种在实际中运营的业务会给企业带来收益，进而反映在主营业务上。为了实现产品级的分析，主营业务需要采用产品级数据（"主营业务—分产品"）。

主营业务是经营范围中的一部分，当企业扩展主营业务范围到经营范围中的其他业务时就是一种战略扩张。

（2）资源实力维度指标

企业竞争的资源基础理论认为，企业竞争优势的来源是企业自身所拥有的资源与能力[①]，企业资源是企业拥有或控制的可利用要素的存量，能力则是依靠资源完成任务的组织活动[②]。目前也有学者将能力视为企业资源（物力、人力、财务与组织资源）中的组织资源，即企业运用物力、人力和财务资源的能力[③]。而从企业竞争威胁的研究视角来看，竞争威胁程度是与目标企业的战略意图和资源实力密切相关的[④]。基于企业资源实力对竞争对手进行分级可以有效地识别出最需关注的竞争对手。具体的指标构成如表6-1所示。

需要特别说明的是，为了集成科技型中小企业的特点，在该指标体系中特别突出了研发能力的监测，即技术人员与高学历人员的占比情况。

表6-1 资源实力维度的指标

维度	类型	变量	指标	备注
资源实力	人力	规模	员工总数	研发能力
		技术型人才结构	技术人员比例	
		高水平人才结构	高学历人员比例	

① BARNEY J. Firm resources and sustained competitive advantage[J]. Journal of management, 1991, 17（1）: 99-120.
② AMIT R, SCHOEMAKER P. Strategic assets and organization rent[J]. Strategic management journal, 1993（14）: 33-46.
③ MAKADOK R. Toward a synthesis of the resource-based and dynamic-capability views of rent creation[J]. Strategic management journal, 2001, 22（5）: 387-401.
④ 曾忠禄. 基于注意力理论的竞争对手分析模型[J]. 情报理论与实践, 2013（12）: 219-228.

续表

维度	类型	变量	指标	备注
资源实力	物力	可量化资产	资产总额	市场竞争力
	组织（能力）	盈利能力	销售利润率	
			净资产收益率	
		营运能力	存货周转率	
			应收账款周转率	
			总资产周转率	
		发展能力	主营业务增长率	
		营运安全能力	资产负债率	
			速动比率	
			流动比率	

6.3 竞争对手识别的方法流程

无论是从传统竞争战略分析，还是从开放式创新分析，竞争对手识别都需要一种自下向上的方法以扩大监测视野。本研究基于波特五力模型与战略扩张理论提出了业务与资源实力2个维度的监测指标，通过对上市公司年报中财务类数据与非财务类文本信息的融合，以期实现对企业间竞争强度的分级测度，进而帮助企业识别出其潜在的竞争者。

6.3.1 多源数据与复合关系分析范式下的方法体系

从基于多源数据与复合关系的分析范式来看，竞争对手识别是从市场数据入手（公司年报），对财务数据和文本型数据进行了深度分析，在复合关系方面主要是在指标层对同源异质关系进行融合，主要情报产出是竞争对手分级（表6-2）。

表 6-2 多源数据与复合关系分析范式下的潜在竞争对手识别

关键情报课题	数据集	分析单元	关系构建与计算			可视化	情报产出
			概念化	操作化	关系融合		
潜在竞争对手	公司年报	竞争对手	业务范围	营业范围 主营业务	指标层同源异质关系	—	竞争对手分级
			资源实力	人力资源 物力资源 组织资源			
工具支撑	Nutch、Heritrix、Scrapy	Jieba	R			ECharts	

6.3.2 竞争对手识别方法的分析操作流程

在竞争对手识别的具体分析过程中,本研究采用了基于两阶段的分析流程。第一阶段为目标企业关联业务发现,包括业务知识库及关联业务挖掘 2 个环节;第二阶段为候选企业分级,包括资源实力量化与竞争关系分级 2 个环节。

(1) 构建目标企业业务范围知识库

①根据目标企业所在行业分类,形成目标行业的企业数据集(简称"行业数据集")。

②根据行业数据集构建目标企业所在行业的业务知识库,即经营范围与主营业务知识库。经营范围来自于企业经营范围部分信息,主营业务来自于主要产品和主营业务—分产品部分信息。此类文本信息均经分词处理后,采用 TF-IDF 方法遴选表征业务范围的关键词。

(2) 目标企业的关联业务挖掘

①确立目标企业的主营业务。

②确立目标企业的关联业务(在本研究中采用了基于关联规则的方法)。

(3) 确立竞争企业候选集

①根据目标企业主营业务,确立具有直接竞争关系的企业集。

②根据目标企业关联业务,确立具有潜在可能竞争关系的企业集。

(4) 候选竞争企业分类

①根据企业集构建资源指标计算。

②基于资源指标聚类并完成候选企业分级。直接竞争对手：与目标企业销售相同产品或服务，现在已经对目标企业形成威胁、损害目标企业利益的竞争对手。潜在竞争对手：目标企业有一定业务相关性，目前对目标企业不构成直接竞争但具有潜在威胁的竞争对手。根据资源与业务竞争假说又可以分为2类。第一类潜在竞争对手：市场跟随者，即与目标企业具有相同主营业务，但资源实力较弱；第二类潜在竞争对手：潜在市场进入者，即具有与目标企业主营业务相关联的业务，而且资源实力较强。

6.4 潜在竞争对手识别方法的实证研究

根据面向开放式创新的中小企业技术竞争情报方法体系的应用研究设计，本部分以信息技术领域作为实证对象，对潜在竞争对手识别方法进行了应用研究。

6.4.1 实证数据集构建

本实证研究中收集了信息技术行业2005—2013年的上市公司年报数据，共计1219条数据。在非财务类信息中，经营范围数据1219条、主营业务数据1025条、企业员工数据1219条，其余财务类信息来自万得数据。

就数据来源需要特别说明的是，企业的财务类数据在上市公司年报中已经披露，不用借助第三方分析人员即可实现数据提取。

6.4.2 相关计算方法

（1）TF-IDF

见4.4.2部分。

（2）关联规则

关联规则的目的是在一个数据集中找出项之间的关系，是类似于 a–>b 的规则表达式。其中，a 被称先导项，b 被称为后继项，在它们之间建立关联涉及一系列的概念，具体如下。

项集：如在购物篮数据中一个商品称之为一项，而若干项组成的集合则称之为项集，如 { 牛奶，饼干，苹果 } 则构成一个三元项集。支持度：如 { 牛奶，饼干}这个二元项集的支持度是牛奶和饼干在所有消费记录中同时出现的概率。置信度：如"牛奶→饼干"的置信度是指在所有牛奶出现的消费记录中饼干出现的概率。频繁项集：大于支持度阈值的项集称之为频繁项集。关联规则：同时满足支持度阈值和置信度阈值的规则。本研究在实证过程中采用了Apriori算法。

（3）K-means

K-means聚类法也称快速聚类法，是较常用的聚类算法之一，主要使用误差平方和准则函数来评价聚类性能。具体步骤如下。

①随机从样本集 X 选取 k 个聚类中心点，为初始聚类中心，分别记作 m_1，m_2，…，m_k。

②计算每个数据点 i 到离它最近的中心，从而构造出 k 个聚类子集 X_1，X_2，…，X_k，并利用误差平方和准则函数计算总体平均方差 E，具体计算公式如下：

$$E = \sum_{i=1}^{k} \sum_{p \in X_i} \| p - m_i \|^2 \qquad (公式6-1)$$

③计算所构造的 k 个聚类子集内部数据点坐标的平均值，并以该平均值作为新的聚类中心，再次重复步骤②，构造 k 个新的类团。

④反复重复步骤③的计算过程，经过多次迭代，直至这 k 个聚类中心的总体平均方差最终收敛为零并不再移动。

6.4.3 结果分析

为了突出竞争对手的动态变化，本研究需选择2005—2013年一直存在且涉及信息技术行业主流业务的样本作为分析对象，最终选择深圳市金证科技股份有限公司（股票代码：A600446，以下简称"金证股份"）作为目标企业分析其潜在竞争对手的变化。

（1）2013年金证股份的潜在竞争对手

根据指标计算结果，金证股份在2013年的现实竞争对手有4家，第一类潜在竞争对手有8家，第二类潜在竞争对手有7家，其股票代码和企业名称对应关系如表6-3所示。

表 6-3　2013 年金证股份竞争对手分类

直接竞争对手		第一类潜在竞争对手 市场跟随者		第二类潜在竞争对手 潜在市场进入者	
股票代码	股票简称	股票代码	股票简称	股票代码	股票简称
A600271	航天信息	A300096	易联众	A600487	亨通光电
A600850	华东电脑	A300287	飞利信	A000909	数源科技
A000948	南天信息	A300366	创意信息	A600105	永鼎股份
A002184	海得控制	A300085	银之杰	A600770	综艺股份
		A300264	佳创视讯	A000997	新大陆
		A300348	长亮科技	A002396	星网锐捷
		A002401	中海科技	A000851	高鸿股份
		A300277	海联讯		

根据各类竞争对手的特征，金证股份需要采取不同的措施对以上识别出来的竞争对手作详细的竞争对手分析或是进行潜在竞争对手监测，如金证股份需要监测易联众、飞利信、创意信息、银之杰、佳创视讯、长亮科技和海联讯的被投资和投资情况，这些企业和金证股份经营相同的主营业务——系统集成，只是资源实力较弱无法对其形成巨大的威胁，而被视为第一类潜在竞争对手。

而对于亨通光电、数源科技、永鼎股份、综艺股份、新大陆、星网锐捷和高鸿股份则需要重点关注其新品和研发倾向情况，如可以通过监测这些企业的招聘信息来监测其研发动向，如果其在某段时间内招聘大量的系统集成业务方向相关的人才，则其很有可能要将业务范围扩张到系统集成方向，在这种情况下，目标企业必须更加关注此企业并通过其他信息渠道了解其是否真的有向系统集成方向扩张的意图，并采取防范措施。对于已经对目标企业产生严重威胁并和目标企业有利益分割关系的现实竞争对手，即航天信息、华东电脑、南天信息和海得控制这 4 家企业则应实行具体的竞争对手分析，如产品范围、产品研发、人才招聘、战略方向、公司重要人员分析、投资和被投资情况等。

（2）各年度竞争对手分类结果的重合度分析

对 2007—2013 年的竞争对手识别的结果进行统计分析，得到第 n 年的现实竞争对手和第 $n-1$ 年现实竞争对手的重合度，以及第 n 年的潜在竞争对手

和第 $n-1$ 年或是 $n-2$ 年潜在竞争对手的重合度的统计结果如表 6-4 所示。

表 6-4　竞争对手分类结果的重合度

年份	现实竞争对手		潜在竞争对手（第一类）		潜在竞争对手（第二类）	
	重合数量	百分比	重合数量	百分比	重合数量	百分比
2008	—	—	—	—	2	25%
2009	3	75%	2	40%	3	37.5%
2010	4	66%	3	75%	2	25%
2011	4	66%	2	33%	2	33%
2012	5	100%	5	56%	2	29%
2013	2	50%	6	75%	3	43%

从统计结果可以看出，现实竞争对手和第一类潜在竞争对手的往年重合度较高，相比之下第二类潜在竞争对手的往年重合度则相对较低，也就是说变化性更大，更加难以预测和防范。现实竞争对手和第一类潜在竞争对手较高的往年重合度也在一定程度上说明了方法的有效性。

（3）竞争对手分类结果的年度变化

潜在竞争对手是由于资源实力较弱或是现在从事相关业务还没有和目标企业产生最直接、最有力的竞争关系的企业，而要验证识别出来的潜在竞争对手是否有效也是十分困难的，这其中存在一个追赶或是业务扩张的过程。方法识别出来的只是说其有可能对目标企业产生潜在的威胁，而这种可能是需要转化而且概率很小，另外也存在潜伏时间长短的问题。

就第一类潜在竞争对手转化为现实竞争对手的情况而言（表 6-5），A002232 企业在 2008 年为目标企业 A600446 的潜在竞争对手，在 2009 年转化为 A600446 的现实竞争对手；而 A002148 和 A600476 则是由 2009 年的潜在竞争对手转化为目标企业 A600446 的现实竞争对手。

表 6-5 竞争对手分类结果的年度变化

A600446	标签	2008 年	2009 年	2010 年	...	2013 年
现实竞争对手	D	A000948 A002065 A600410 A600570	A600570 A002065 A002232 A600410	A600476 A600570 A000948 A002184 A002232 A600410		A600271 A600850 A000948 A002184
潜在竞争对手	P1	A002261 A002063 A002153 A002232 A600476	A002184 A002231 A600476 A002261 A002280	A300085 A002231 A002261 A002280		A300096 A300287 A300366 A300085 A300264
	P2	A600588 A600770 A600804 A000070 A002089 A600522 A600764 A600105	A000063 A600198 A600850 A600498 A600288 A600640 A002027 A600601	A600536 A600588 A600770 A002313 A600680 A600764 A600776 A002115		A600487 A000909 A600105 A600770 A000997 A002396 A000851

第二类潜在竞争对手转化为现实竞争对手的情况也有，如 A600850。在 2009 年被识别出是目标企业 A600446 潜在竞争对手的 A600850 被识别为第二类潜在竞争对手，而 3 年后，即到 2013 年转化为目标企业的现实竞争对手。

显然作为市场跟随者，第一类潜在竞争对手更容易转化为目标企业的直接竞争对手，而且从定量分析来看也是较为容易识别的。但作为潜在进入者，第二类潜在竞争对手转化为目标企业直接竞争对手的情况要更为复杂，也最难识别。而且 A600850 的案例则进一步表明，这些潜在竞争对手可能会突然出现在目标企业面前。因为它们可能凭借资源实力直接进入目标市场竞争，而非从市场跟随者的身份开始。显然此类潜在竞争对手的识别与跟踪将更具战略意义。

6.5 小结

面向潜在竞争对手识别这一关键情报课题，本研究尝试在多源数据与复合关系分析范式指导下，以反映市场信息为主的上市公司年报数据为基础，从业务范围与资源实力2个维度设计了融合资源、财务、市场等不同指标的监测指标体系，建立了一个包括业务挖掘与企业分级2个阶段的分析操作流程，并以信息技术领域的上市公司为实证对象，对分析方法进行了应用研究。实证研究结果说明了基于多源数据与复合关系分析的潜在竞争对手识别方法的有效性。

从具体应用分析结果来看，该分析方法对第一类潜在竞争对手（市场跟随者）的识别情况要略优于第二类（潜在市场进入者）。尽管这可能是基于定量数据分析进行研究本身的局限性所导致的，但从企业竞争战略的视角来看，这也是由战略扩张本身的复杂性决定的。显然，如果想对潜在市场进入者进行更有效地分析，除了在数据层次增加更新频率更快的数据外（如引入季报数据），还需要借助一些定性分析方法的结果（如影子分析），这也是本项目在方法研究部分所强调的，即基于多源数据与复合关系的分析范式并不是要取代已有的分析方法，而是想更好地与这些方法形成互补。

第 7 章
竞争威胁测度方法应用研究

本部分属于方法应用研究，其目标是完成基于多源数据与复合关系分析在竞争对手分析方面的实证。但与第 6 章关注于潜在竞争不同，本章更加关注竞争的非对称性，即竞争威胁。本部分将以威胁来源分析作为应用场景，基于论文、专利与公司年报数据，在微观层次进行关系融合以实现对企业创新链的全面描述，并以环保领域的上市公司作为实证研究对象。

7.1 关键情报课题：企业竞争威胁

对于技术竞争情报分析来说，科技型中小企业对竞争对手的分析需要进一步细分。在第 6 章的潜在竞争对手识别中，特别突出了科技型中小企业在分析内容上对利益相关者、在分析功能上对预测功能的需求。而本部分重点解决的则是对预警功能的需求。如果说潜在竞争对手识别能帮助企业预测哪些企业可能会对企业构成竞争威胁，那么竞争威胁测度研究则是要帮助企业进一步确认这种威胁来自何处。如果说企业资源与能力是企业竞争优势的根本来源，那么对于科技型中小企业来说，它们就需要特别关注利益相关者的研发资源与研发能力。但对于技术竞争情报分析来说，仅关注技术研发是不够的，需要纳入与之相关的市场要素。只有将技术与市场因素结合到一起，才能为科技型中小企业的创新活动提供更好的决策支撑。

在如今竞争环境多变的情况下，企业若想在竞争中保持优势地位或主导整个行业发展，一要不断提升自身能力，二要明确自身在竞争环境中面临的威胁。当前研究大多从内部或外部的产业信息及市场信息来识别企业可能面临的威胁，但是在如今技术高速发展的时代，仅靠市场及产业信息会导致由于信息获取落后而失去市场的主导地位。因此，在竞争环境多变的情况下识别企业面临的竞争威胁要关注多个来源的信息，包括市场、资源及技术等。从竞争的非对称角度对企业间的竞争关系进行全面分析，对企业竞争行为分析具有重要意义。

7.2 概念操作化定义：竞争威胁

目前，关于竞争威胁的研究多数是从企业间竞争与企业竞争力的理论视角进行的，而且多数是分析框架类研究，没有实现对竞争威胁的定量化。本部分的目标是通过对竞争威胁概念框架的分析，提出竞争威胁测度的定量化指标，从而为面向威胁测度的关系融合提供计算基础。

7.2.1 竞争威胁的界定

目前，关于企业竞争威胁尚无统一界定。经典企业间竞争理论模型认为一家企业的发展与其竞争对手发展间是一种负相关关系，企业间竞争是零和博弈[1]。这种假定构成了企业威胁分析的基础，尽管后来竞合理论打破了这一基础，但从竞争威胁分析的视角来看，竞合理论也是企业间竞争分析网络视角的拓展。除基于竞争的理论外，企业行为理论研究发现企业竞争行为会受企业间多市场接触及反击所带来威胁的影响[2]。企业资源配置、管理层对不同战略的认知及管理层创新与胆识对企业竞争/威胁也具有重要影响。

从企业间竞争理论出发，本研究将企业间竞争分为攻击与反击2个方向，企业竞争威胁则是目标企业作为受攻击方所面临的竞争压力。这种竞争压力一方面源于其他企业的竞争力；另一方面也源于竞争对手管理层的竞争行为。本研究关注的是前者，即其他企业竞争力给目标企业所带来的已有或潜在威胁。

---

[1] CRANE A. In the company of spies: when competitive intelligence gathering becomes industrial espionage[J]. Business Horizon，2005，48（3）：233-240.
[2] ALEX COAD, MERCEDES TERUE. Inter-firm rivalry and firm growth: is there any evidence of direct competition between firms[J]. Industrial and corporate change，2012，22（2）：397-425.

7.2.2 竞争威胁的分析维度

目前，关于企业竞争威胁的分析主要是从企业竞争力的视角进行研究的，企业竞争力的相关理论构成企业竞争威胁的主要基础理论，包括市场[①]、资源[②]与能力[③] 3 个理论流派。根据上述理论视角，本研究将竞争威胁测度分为 3 个维度。

（1）资源威胁

企业竞争的基础包括有形资源及无形资源，正是这些资源为其竞争提供了物质的保障。企业的资源基础论认为企业是各种资源的集合体。企业与企业间拥有的资源各不相同，具有异质性，正是这种异质性决定了企业竞争力的差异，企业资源竞争力是指其资源具备价值性、稀缺性、不可仿制性及不可替代性。在本研究中，企业资源竞争力是指企业合理利用其资源应对多变市场环境，做出正确战略决策，为企业带来收益的能力。企业本身的资源将决定企业的战略决策及市场布局，资源的种类及数量将决定企业在竞争中的成败，因此，定量测度企业的资源竞争力可使管理者对企业自身的情况更了解，利于其进行下一步的战略规划。综上所述，企业的资源威胁即竞争对手与目标企业资源实力的异质性。

（2）市场威胁

市场表征的是一个企业的价值链，目前主要有 2 种企业市场竞争力的定义及分析方法，自上而下视角的市场竞争力反映的是企业管理层为在竞争中取胜，合理利用资源确保持久竞争优势的能力，分析主要依据企业竞争实力和资源转化能力；自下而上视角的市场竞争力反映的是市场营销及项目规划管理者为在竞争中取胜，通过产品、广告、价格等策略获取竞争优势的能力，分析主要依据顾客需求或市场应用模式[④]。本研究所指的市场竞争力是综合自上而下及自

[①] 迈克尔·波特.竞争优势[M].陈小悦，译.北京：华夏出版社，1997：36-60.
[②] BARNEY J. Firm resources and sustained competitive advantage[J]. Journal of management, 1991, 17（1）：99-120.
[③] PAPALIA R B, CALIA P, FILIPPUCCI C. Information theoretic competitiveness composite indicator at micro level[J]. Social indicators research, 2014, 123：1-22.
[④] DAY G S. Strategic market analysis and definition: an integrated approach[J]. Strategic management journal, 1981, 2（3）：281-299.

下而上 2 种视角的市场竞争力，是企业上层管理者整体规划布局的能力及市场营销人员寻求市场需求生产合适产品为企业创造收益的能力的整合。因此，竞争对手的市场威胁即指其所占市场份额侵占目标企业市场的力度。

（3）技术威胁

技术表征的是一个企业的创新能力，技术变革能够使一家鲜为人知的企业快速占据一个行业主导地位，因此对技术的威胁进行测度是必不可少的一部分内容。企业创新能力可使其快速适应外界多变的市场环境，采用最新的视角及技术生产新产品，保持长久的竞争优势[①]。资源为企业竞争提供了基础的物质保障，市场收益反映了其战略规划的成果，但若基于两者持续不变完全无法适应当前多变的市场环境，因此，企业需不断探索寻求新技术以更新产品，使其在竞争中持续保持优势地位。在本研究中，技术威胁即竞争对手与目标企业技术实力的异质性。

7.2.3 竞争威胁的测度体系

基于上述的资源基础论、融合的市场竞争理论及企业创新能力，为了准确测度企业间威胁大小，就需要提出具体的资源、技术指标来表征企业的资源竞争力及技术竞争力，以及市场指标来测度企业市场重叠度。

（1）资源竞争力

①物质资源。物质资源包括企业的厂房及设备，原材料的可获得性。物质资源是企业的有形资产，是企业竞争优势的基础和来源，企业的市场竞争力及技术竞争力都是基于企业的资源来发展提升的。因此，当其他条件相同时，拥有较少物质资源的企业会在竞争中处于劣势，面临更大的竞争压力与威胁。

②人力资源。人力资源包括员工经验、员工培训及员工人数。现有研究表明，企业规模和管理者的教育水平与管理能力都会对企业竞争力产生影响。当其他条件相同时，拥有人力资源较少而且主要管理者教育水平又相对较低的企业会在竞争中处于劣势，面临更大的竞争压力与威胁。

---

① SANTOS VIJANDE M L，ÁLVAREZ GONZÁLEZ L I. Innovativeness and organizational innovation in total quality oriented firms: the moderating role of market turbulence[J]. Technovation，2007，27（9）：514-532.

③组织资源。组织资源指正式或非正式的企业规划及与子公司、母公司之间的关系。正是因为隐藏在企业内部关系中的资源促进了企业间贸易，进而带来了企业经济上的增长。因此，当其他条件相同时，拥有组织资源较少的企业会在竞争中处于劣势，面临更大的竞争压力与威胁。

（2）市场竞争力

①产品。产品的核心在于功能，不同的功能可满足不同顾客群的需求，企业在产业链中可占据原材料、中间产物、组件及最终产品的任意位置或其组合，占据原材料和组件的企业可选择扩展其业务范围来生产中间产物，将其服务范围扩大。因此，当其他条件相同时，仅有一种产品，特别是原材料产品的企业会在竞争中处于劣势，面临更大的竞争压力与威胁。

②服务区域。指企业的市场范围。对企业的服务区域分析主要分2个方面：按照服务区域对企业顾客群进行划分，不同区域的客户受出行时间及交通费用的影响，会选择其最容易获取的产品；按照市场份额划分，同行业某企业市场份额的增加，意味着该企业将被视为新的竞争对手。因此，其他条件相同时，（某区域或产品）市场份额越低的企业处于竞争劣势，面临更大的竞争压力与威胁。

③产业链位置。产业链位置也是企业竞争力的重要评估维度。在很多市场中，企业可以选择在产业链的某个特定位置运营，如原材料、中间产物、组件、成品等，或者选择某几个位置综合运营。企业在产业链中的位置是相互联系的，还是独立的，在一定程度上也是该企业市场竞争力的一种表现。因此，当其他条件相同时，仅在产业链某一环节运营的企业会处于竞争劣势，面临更大的竞争压力与威胁。

（3）技术竞争力

①投入。企业投入表征的是企业的经济实力，主要有2种方法来测度，一是平均研究和开发费用，表征企业技术活动的规模；二是研究与开发强度，表征企业在竞争战略中研究与开发等技术活动所占的比例。因此，当其他条件相同时，研发投入较少的企业会处于竞争劣势，面临更大的竞争压力与威胁。

②产出。就测度研究而言，技术创新产出的主要形式是论文和专利。一般将论文视为基础研究产出，专利是应用研究产出，它们构成了评估企业技术竞

争力的常用指标。因此,当其他条件相同时,拥有创新产出较少的企业会处于竞争劣势,面临更大的竞争压力与威胁。

③质量。创新产出的量仅是一种数值累积,对创新绩效的深层解释还存在不足,因此许多学者开始采用相关质量指标进一步细分创新产出,如技术强度、即时影响指数、科学连结等。即时影响指数衡量的是特定企业的专利被引用频率,相对于整个专利集合的平均表现;科学连结则表征应用研究(专利)与基础科学之间的关系,通过科学连结能够找出技术能力较高的企业;技术周期时间衡量的是企业技术从早期发展至目前程度所花费的时间。此外,测度企业技术竞争力最好的方法就是看企业引入新产品或更新现有产品的能力。因此,当其他条件相同时,创新产出质量较低的企业会处于竞争劣势,面临更大的竞争压力与威胁。

(4)竞争力/竞争威胁测度指标体系

综合以上3个维度的指标,本研究提出了企业竞争对手威胁测度指标体系(表7-1)。该体系将企业威胁来源划分为资源竞争力、市场重叠度及技术竞争力三部分。

表7-1 企业威胁测度指标体系

维度	变量	指标	指标描述
资源	物质资源	固定资产	固定资产期末余额
	人力资源	员工人数	员工总数
		员工教育水平	不同教育水平的员工人数
	组织资源	与其他公司链接数	与子公司、母公司、供应商、销售商等链接数目
市场	市场份额	产品	各产品的营业收入
		服务区域	各服务区域的营业收入
	产业资本	产业链位置	上、中、下游的营业收入
技术	研发投入	研究与开发费用	研发费用
	研发产出	专利数量	专利总数
		论文数量	论文总数

续表

维度	变量	指标	指标描述
技术	研发质量	即时影响指数	$CII_n = \dfrac{\sum_{i=n-6}^{n-1}\left(\dfrac{CR_i^n}{TCR_i^n} \times P_i\right)}{\sum_{i=n-6}^{n-1} P_i}$
		技术强度	即时影响指数（CII）× 专利数（P）
		技术周期时间	$TCT = \dfrac{\sum_{i=1}^{n}\left(t_i - \hat{t}_i\right)}{n}$
		科学连结	专利引用非专利文献总数 / 专利总数

基于企业资源基础论构建了资源竞争力的指标体系，将企业资源分为物质资源、人力资源及组织资源三部分，物质与人力资源表征企业自身所具备的竞争力，组织资源表征企业利用社会网络从外部获取资源能力。基于自上而下与自下而上2种视角下市场竞争力的定义及分析方法构建了市场重叠度的指标体系，将市场重叠度分为产品、服务区域及产业链位置三部分，产品的核心在于其功能，不同的产品满足不同顾客群的需求，服务区域表征企业所服务的市场范围，企业在产业链的位置表征企业可控的资本，所占的市场份额，在上游的企业可通过资源整合将其范围扩展至下游，直接为消费者提供产品。基于当前公认的技术竞争力测度方法构建了技术评估指标体系，将技术竞争力分为投入、产出及产出质量三部分，避免仅通过专利数量及研发费用来测度技术竞争力存在的局限，并将产出质量引入综合评估企业的创新能力。

7.3 竞争威胁测度的方法流程

本研究基于企业间竞争的理论视角，构建了企业间竞争威胁的测度指标体系，通过对反映企业竞争力的数据中不同关系进行整合，以期实现对企业间竞争威胁的定量测度，进而帮助企业判断竞争威胁的主要来源及维度。

7.3.1 多源数据与复合关系分析范式下的方法体系

从多源数据与复合关系的分析范式来看,竞争威胁测度是从企业创新体系的整个视角,对反映不同维度竞争力的市场数据(上市公司年报)、论文数据及专利数据进行挖掘,在复合关系方面主要是在指标层对异源异质关系进行融合,主要情报产出是竞争威胁分级(表7-2)。

表 7-2 多源数据与复合关系分析范式下的竞争威胁测度

关键情报课题	数据集	分析单元	关系构建与计算			可视化	情报产出
			概念化	操作化	关系融合		
竞争威胁	论文	竞争对手	资源竞争力	物质资源 人力资源 组织资源	指标层异源异质关系	网络关系图 热力图	竞争威胁分级
	专利		市场竞争力	市场份额 产业资本			
	年报		技术竞争力	研发投入 研发产出 研发质量			
工具支撑	—	—	—	—	—	Ucinet Gephi Vosviewer	—

7.3.2 竞争威胁测度的分析操作流程

竞争威胁测度与已有分析方法略有不同,更多的工作是集中在方法研究过程中的竞争威胁测度指标体系构建。因此,方法流程相对比较标准。

(1)构建行业背景

因为涉及企业间的数据对比,企业集合的确立对数据分析具有重要影响,因此,需要首先根据关键情报课题所关注的行业构建行业级的数据集。

(2)指标计算

根据竞争力指标建立行业数据集后,需进一步计算企业间的市场共通性、资源类似性及技术类似性，上述企业竞争力测度指标可分为 2 类：一类是单值指标，如固定资产，即一家企业对应一个固定资产净值；另一类是多值指标，如产品，即一家企业对应多个产品种类。

①单值指标类似度的测度公式：

$$M_{ab} \neq p_b/(p_a+p_b)\ ;\ M_{ab} \neq M_{ba} \qquad (公式\ 7-1)$$

以固定资产指标为例对公式含义进行解释，其中，M_{ab} 为 B 企业相对于 A 企业的固定资产相似度，p_b 为 B 企业的固定资产期末余额，p_a 为 A 企业的固定资产期末余额。

②多值指标类似度的测度公式：

$$M_{ab} = \sum_i \left[(p_{ai} \div p_a) \times (p_{bi} \div p_i)\right]\ ;\ M_{ab} \neq M_{ba} \qquad (公式\ 7-2)$$

以"产品"指标为例对公式含义进行解释，其中，M_{ab} 为 B 企业相对于 A 企业的产品相似度，i 为 B 企业与 A 企业都参与生产经营的"产品"，P_{ai} 为 A 企业在 i 类产品上的产值，p_a 为 A 企业的总产值，p_{bi} 为 B 企业在 i 类产品上的营业额，p_i 为所有企业在 i 类产品上的营业额。其他指标计算方法与此相同，字母所代表的含义依测度的具体内容而定。

③企业技术竞争力相关指标计算。企业技术竞争力相关指标主要基于专利数据进行计算，包括即时影响指数、技术强度、技术周期时间及科学连结等。

即时影响指数衡量的是特定企业的专利被引用频率，相对于整个专利库的平均表现，企业拥有越多高被引专利，则认为该企业拥有越强的技术地位，该指标可用于比较不同企业专利的品质相对于该技术领域的平均数，计算公式如下：

$$CII_n = \frac{\sum_{i=n-6}^{n-1}\left(\dfrac{CR_i^n}{TCR_i^n} \times P_i\right)}{\sum_{i=n-6}^{n-1} P_i} \qquad (公式\ 7-3)$$

其中，CII_n 为某个企业 n 年度的即时影响指数，P_i 为某个企业第 i 年的专利数，CR_i^n 为某个企业第 i 年的专利在第 n 年的平均被引用率，TCR_i^n 为该行业所有企业第 i 年的专利在第 n 年的平均被引用率。

即时影响指数仅从被引用数量上测度了企业的技术影响力，技术强度在兼顾专利质量的同时也关注了专利数量，表征企业专利组合的强度，计算公式如下：

$$TS = 即时影响指数（CII）\times 专利数（P）\quad（公式7-4）$$

技术周期时间表示企业技术从早期发展至目前程度所花费的时间，技术周期时间越短表示该企业是基于较新的技术在进行技术创新，计算公式如下：

$$TCT = \frac{\sum_{i=1}^{n}\left(t_i - \hat{t}_l\right)}{n} \quad（公式7-5）$$

其中，t_i 为专利 i 的核准年，$\hat{t}_l$ 为专利 i 所引用的前案专利核准年的中位数，n 为企业拥有的专利数。

科学连结表示专利与基础科学之间的联系，即引用非专利文献的情况，通过科学连结可找出技术能力较强的企业，计算公式如下：

$$科学连结 = \frac{专利引用非专利文献的总数}{专利总数} \quad（公式7-6）$$

（3）指标加权

根据本项目对熵权法、标准离差法及CRITIC加权方法的比较研究，CRITIC方法比较适合这种多指标分析。

在CRITIC加权方法中各个评价指标的客观权重确定是以指标内的变异性和冲突性来综合衡量的。一是评价指标内的变异性，以标准差 σ_j 的形式来表现。它表示了同一指标各个评价对象之间取值差距的大小，即 σ_j 的大小表明了在同一指标各个评价对象取值差距的大小，σ_j 越大各对象之间取值差距越大。二是评价指标的冲突性，以 $R_j = \sum_{j=1}^{n}\left(1-r_{ij}\right)$ 表示。指标之间的冲突性是以指标之间的相关性为基础，其中 r_{ij} 为评价指标 i 和 j 之间的相关系数，如2个指标之间具有较强的正相关，说明2个指标冲突性较低。CRITIC可明显地区别出市场类指标、资源类指标与技术类指标的差别，在进行决策分析过程中，技术类数据表征的信息量＞资源类数据表征的信息量＞市场类数据表征的信息量。

（4）竞争威胁分级

根据企业间竞争的假说，竞争威胁由强到弱可以分为8级（表7-3）。

表 7-3　企业间竞争威胁分级

威胁级别	市场威胁	资源威胁	技术威胁
1 级	高市场威胁	高资源威胁	高技术威胁
2 级	高市场威胁	低资源威胁	高技术威胁
3 级	高市场威胁	高资源威胁	低技术威胁
4 级	高市场威胁	低资源威胁	低技术威胁
5 级	低市场威胁	高资源威胁	高技术威胁
6 级	低市场威胁	低资源威胁	高技术威胁
7 级	低市场威胁	高资源威胁	低技术威胁
8 级	低市场威胁	低资源威胁	低技术威胁

（5）可视化分析

通过竞争威胁指标对企业间威胁程度进行定量测度后，采用不同形式的可视化图来描述行业层次、企业层次间的竞争威胁。采用网络结构图可以直观展现企业间的竞争关系，而热力图则可以帮助用户直接发现威胁产生的热点区域。

7.4　竞争威胁测度方法的实证研究

根据面向开放式创新的中小企业技术竞争情报方法体系的应用研究设计，本部分以环保领域作为实证对象对竞争威胁测度方法进行了应用研究。

7.4.1　实证数据集构建

（1）年报数据

本部分通过中国科学技术信息研究所开发的"上市公司年报数据库"，抽取其中行业分类为环保行业的上市公司，确定其中环保产业上市公司为76家，提取其中分产品字段、分地区字段、公司研发投入字段、关联交易字段及重大项目字段，时间限定为2011—2015年，共获得年报350份。

（2）论文数据

本部分采用中国知网的数据库作为数据来源，将环保产业上市公司名称作为检索词进行作者单位检索，检索时间限定为2011—2015年，共获得数据

511条（检索日期为2017年3月22日）。

（3）专利数据

本部分采用中国知识产权局的数据库作为数据来源，将环保产业上市公司名称作为检索词进行专利申请人检索，检索时间为2011—2015年，共获得专利数据4840条，专利引证数据2775条（检索日期为2017年3月22日）。

7.4.2 结果分析

（1）环保行业的竞争威胁态势

环保行业各企业在资源、市场与技术3个维度所受威胁的来源与大小如图7-1至图7-6所示。图7-1与图7-2分别为环保行业市场威胁的网络图与密度图，由图可直观地看到在市场维度，众合科技、首创股份、龙净环保、碧水源与亿利洁能等受行业内其他企业的威胁较大，可见这几家企业占据了环保行业的绝大多数市场。图7-1将环保行业的76家上市企业划分出了4个大类，同类别企业间关联性较大，企业间距离代表企业间威胁来源的相似度，可见，三聚环保、首创股份、置信电气与碧水源企业所受的威胁多来自清新环境、津膜科技等企业，亿利洁能、龙净环保与盾安环境的威胁多来自东方园林、聚光科技等企业。图7-2为环保行业市场威胁密度，越接近于红色表征企业市场威胁较大，其次是绿色，越接近于蓝色代表企业仅受针对性的几个企业的市场威胁。以格林美企业为例，市场威胁来自龙净环保、泰豪科技等企业，但对于红宇新材而言其威胁主要来自格林美企业。

图7-3与图7-4为2015年环保行业资源威胁的网络图与密度图，在资源维度，启迪桑德、格林美、三聚环保等受行业内其他企业的市场威胁较大。由图7-3可知，市场威胁主要分为两大类别，启迪桑德、三聚环保的威胁主要来自中国天楹、科融环境，龙净环保的威胁主要来自首创股份与盾安环境，东江环保与铁汉生态主要威胁来自启迪桑德等企业，但同时也会受中材节能等企业的影响。由图7-4可直观地看到目前环保行业资源威胁的态势，竞争最激烈的是包括启迪桑德、三聚环保等在内的企业，市场威胁较大，且威胁来源较为集中，其次是首创股份、盛运环保等企业，市场威胁较小，但威胁来源较为分散。

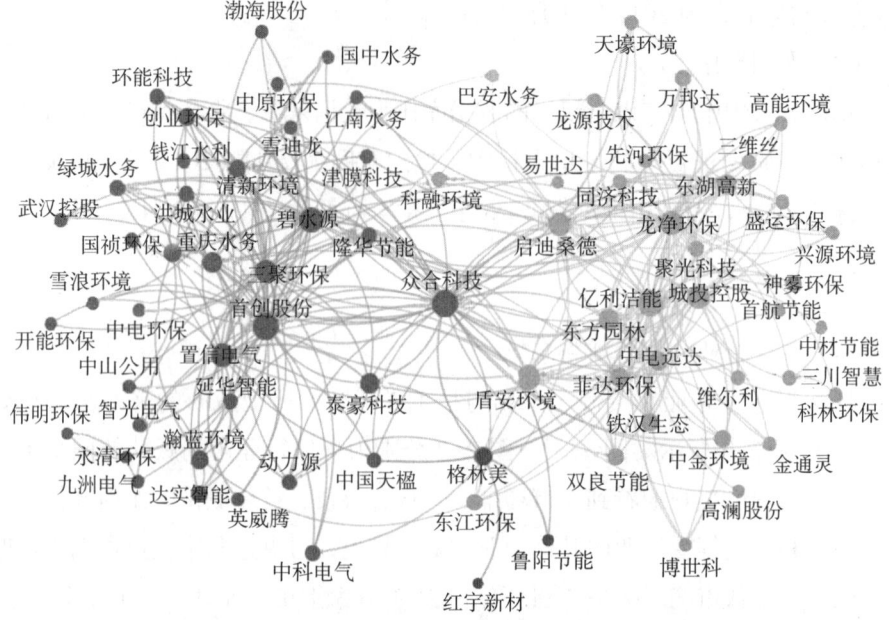

图 7-1 2015 年环保行业市场威胁网络（见书末彩图）

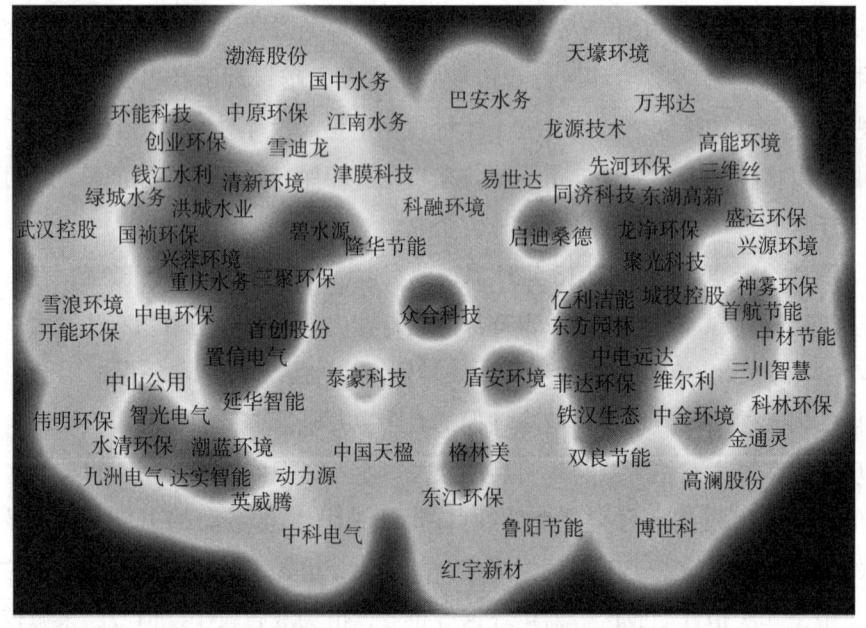

图 7-2 2015 年环保行业市场威胁密度（见书末彩图）

第7章 竞争威胁测度方法应用研究

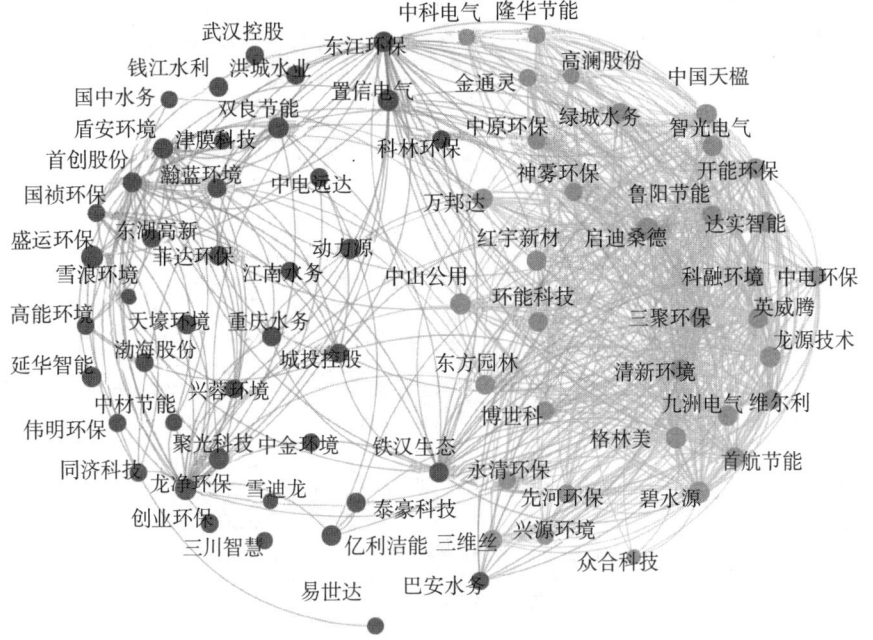

图 7-3 2015 年环保行业资源威胁网络（见书末彩图）

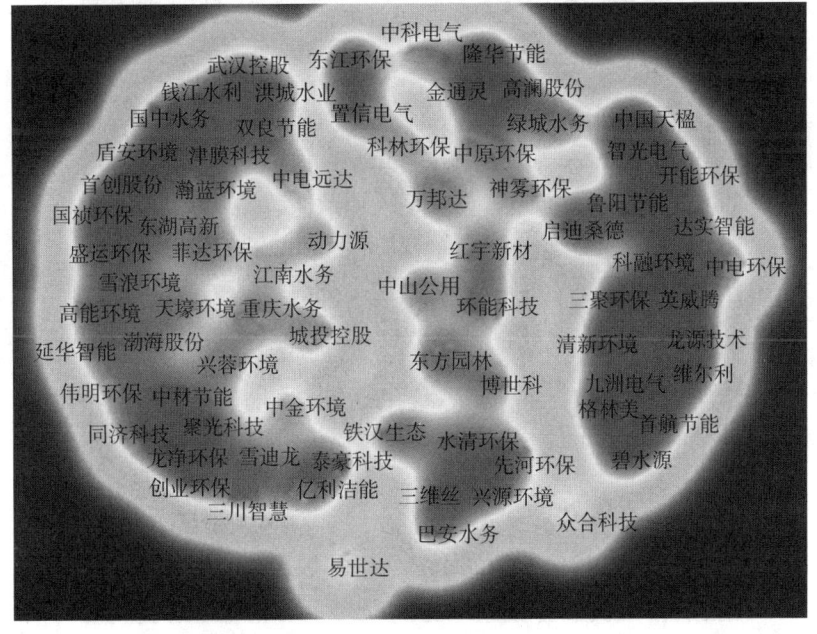

图 7-4 2015 年环保行业资源威胁密度（见书末彩图）

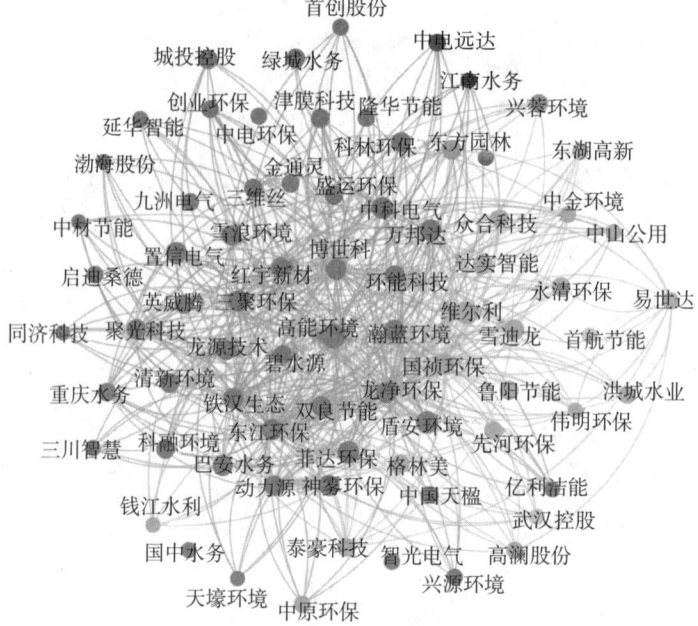

图 7-5　2015 年环保行业技术威胁网络（见书末彩图）

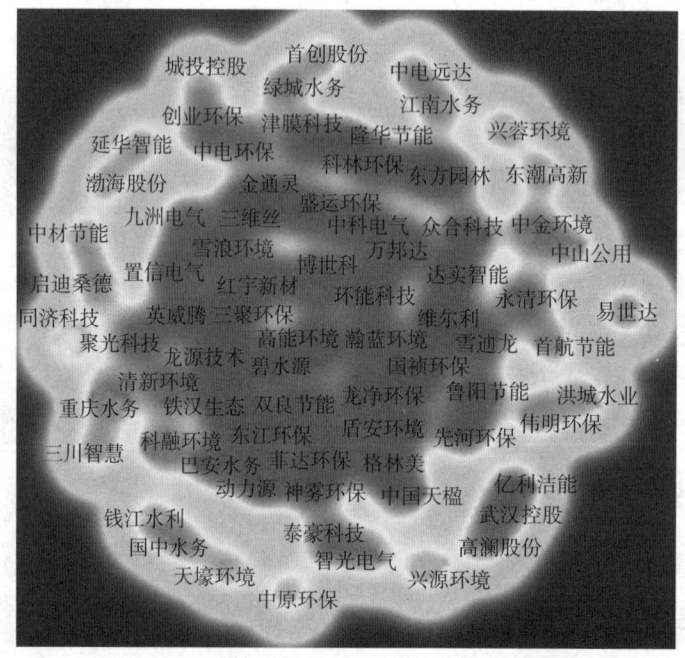

图 7-6　2015 年环保行业技术威胁密度（见书末彩图）

图 7-5、图 7-6 分别为环保行业技术威胁的网络图、密度图，在技术维度，高能环境、国祯环保、东江环保与龙净环保等受环保行业其他企业的技术威胁较大。不同于市场威胁与资源威胁，技术威胁分布较为集中，三聚环保与龙源技术等企业威胁大小与来源相似，维尔利与国祯环保等企业威胁大小与来源相似。由图 7-6 可直观地看到 2015 年环保行业技术威胁的态势，可见目前环保行业的技术竞争较为激烈。

（2）目标企业的威胁动态变化分析

综合环保行业各上市企业的历史进展与 2015 年环保行业威胁态势，本研究选取福建龙净环保股份有限公司（以下简称"龙净环保"）作为代表企业分析了其竞争对手威胁大小的动态演化情况。龙净环保创建于 1971 年，于 2000 年 12 月在上海证券交易所成功上市，是中国环保产业的领军企业，同时也是全球最大的大气环保装备制造企业。此外，由 2015 年环保行业威胁态势可发现，龙净环保在市场、资源与技术 3 个维度的威胁都较强，可见其竞争对手的威胁具有一定的代表性，因此，本研究选取龙净环保作为代表企业分析其竞争对手威胁的动态演化。

根据龙净环保 2011—2015 年在市场、资源、技术 3 个维度的威胁测度的计算结果，对威胁大小进行了分级，结果如图 7-7 至图 7-11 所示，2011—2015 年间（除去 2013 年）图层共分为 4 层，第一层为威胁级别为 1、2 级的企业，第二层为威胁级别为 3、4 级的企业，第三层为威胁级别为 5、6 级的企业，第四层为威胁级别为 7、8 级的企业。2013 年共分为 3 层，该年度不存在威胁级别为 1、2 级的企业，因此第一层为威胁级别为 3、4 级的企业，之后依此类推。

由图 7-7 可发现，2011 年对龙净环保威胁最大的企业为泰豪科技，泰豪科技是一家节能企业，其主营业务是军工机电与军工光电，理论上与龙净环保市场相距较远，但龙净环保的前身是龙岩无线电厂，其所生产的产品也涵盖机电设备，服务涉及发电业务。而且 2011 年龙净环保的服务范围仅涉及全国华南、华北、西北、西南与东北，但泰豪科技的服务范围涉及国内外，因此泰豪科技在市场上与龙净环保高度融合，但在电机业务上，泰豪科技的竞争实力要远远大于龙净环保。在资源与技术方面，泰豪科技是一家省校合作推动下的高科技公司，因此其有人才与基础理论的支撑。

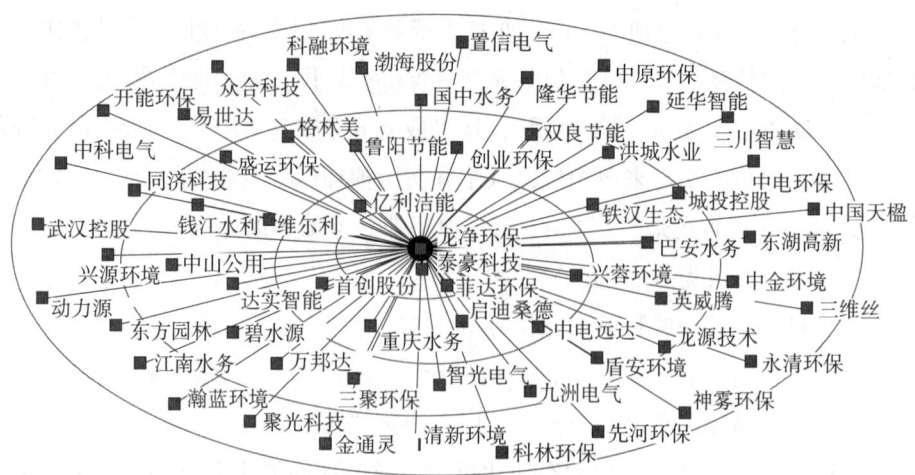

图 7-7 龙净环保 2011 年竞争对手威胁情况

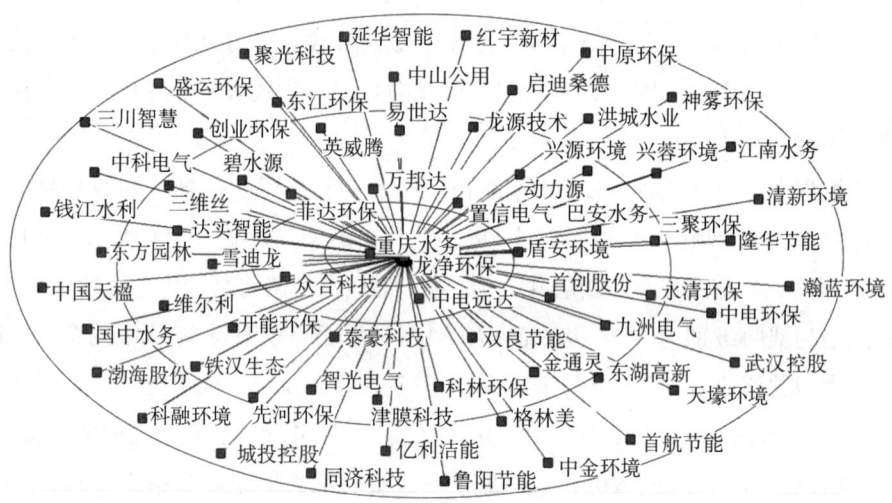

图 7-8 龙净环保 2012 年竞争对手威胁情况

第 7 章
竞争威胁测度方法应用研究

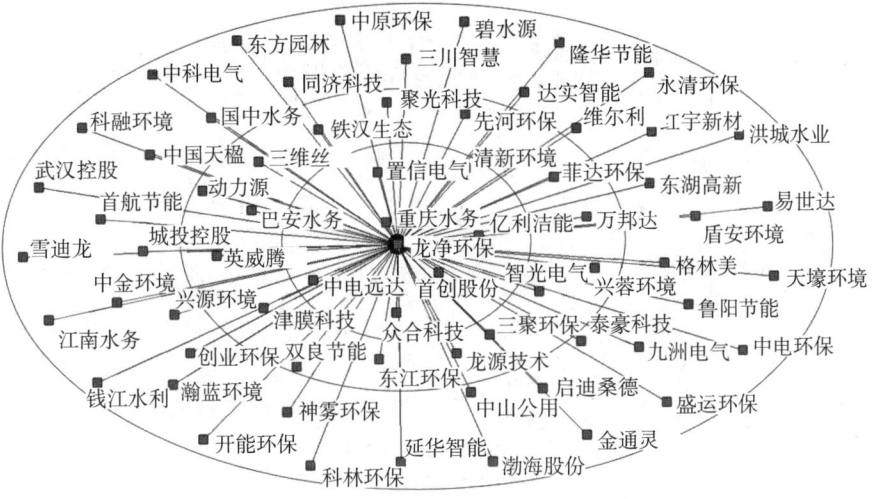

图 7-9　龙净环保 2013 年竞争对手威胁情况

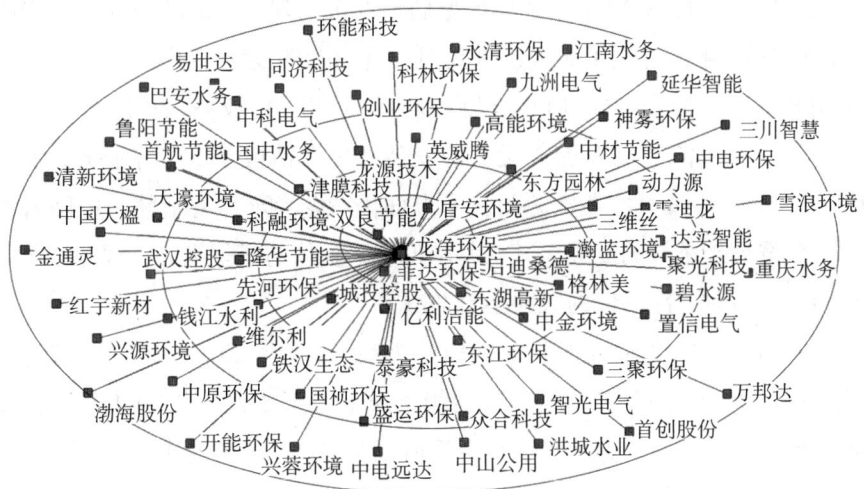

图 7-10　龙净环保 2014 年竞争对手威胁情况

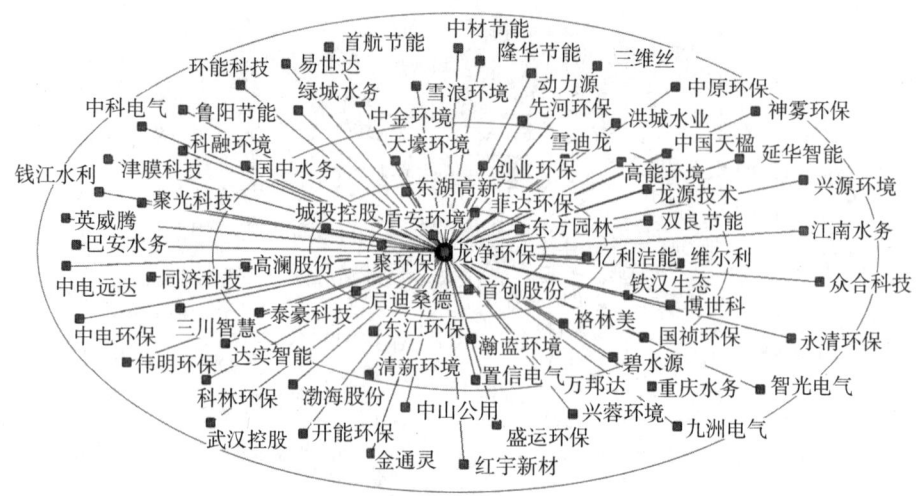

图 7-11 龙净环保 2015 年竞争对手威胁情况

但观察龙净环保 2011 年之后的威胁情况可发现,其威胁级别由 1 级降为 5 级,到 2015 年已降至了 8 级,这是因为自 2011 年之后龙净环保虽然仍从事电力电机业务,但企业规划重点已慢慢转向烟气处理业务,2015 年其主营业务已全面集中于除尘器及配套设备的安装和房产销售及出租等业务,2012—2014 年,泰豪科技虽然在资源与技术方面仍对龙净环保有威胁,但随着龙净环保在烟气处理领域的发展,其已基本形成了独特的竞争优势,因此,可预测泰豪科技之后对龙净环保的威胁会日益减少。

2011 年菲达环保对龙净环保的威胁级别为 2 级,2012—2013 年威胁级别降为 6 级,但 2014 年与 2015 年威胁级别又重归于 2 级。自 2011 年起,菲达环保在资源上对龙净环保几乎不产生任何威胁,这是因为龙净环保的基础资产实力远高于菲达环保,但两者的市场重合度很高,核心市场同为大气污染治理,且菲达环保自创立以来的企业宗旨就是通过持续的技术创新来提升企业的核心竞争力,以其在技术上对龙净环保的威胁大小即可看到实际的成果。在未来几年内,龙净环保应时刻关注菲达环保的资源情况,这是因为虽然两者在资源上水平相差较大,但随着菲达环保订单量的增加,其企业基础实力在不断增强。2011—2015 年,菲达环保对龙净环保的资源威胁大小分别为 0.08、0.08、0.09、0.11、0.13,可见菲达环保的资源实力有一步步增强的趋势,因此未来几年内其对龙净环保的威胁会不断增大。

由以上分析可知，本研究提出的竞争对手威胁分析框架与测度方法的结果基本与企业的实际情况相符。

7.5 小结

本研究在多源数据与复合分析框架下，以上市公司年报数据、论文、专利为数据来源，设计了融合资源、市场与技术等不同指标的复合关系分析方法，提出竞争威胁识别指标，以有效区分目标企业的威胁来源。环保领域上市公司的实证研究结果则证实了本研究所提出竞争威胁测度方法的有效性。

环保领域的实证分析结果表明，从竞争威胁的视角来看，整个行业层次在资源与市场方面所受到的威胁并不大且分类明显，但技术领域的竞争却较为激烈，说明在行业层次上技术竞争带来的威胁与压力更为突出。这种现象也表明对于环保这种技术密集型行业来说，大家都已经意识到了只有将技术与市场因素融合到一起，才能在市场中取得竞争优势。这种结论进一步突出了从市场、资源与技术3个维度审视企业间关系的必要性，但这种多视角的融合必然带来其他问题，如由于指标数据和复合型指标计算所带来的计算压力。

第 8 章
企业技术创新能力评估方法应用研究

本部分属于方法应用研究,其目标是完成基于多源数据与复合关系分析在企业创新监测方面的实证。结合科技型中小企业技术竞争情报需求调研内容,本部分选择技术创新能力评估作为应用场景,基于年报与专利数据在微观层次进行关系融合,以实现对技术对企业绩效贡献度的定量分析,并以 LED 领域的上市公司作为实证研究对象。

8.1 关键情报课题:企业的技术创新能力

科技型中小企业的技术竞争情报需求调研结果表明,中小企业在机构方面的情报需求中,技术实力是其关注的重点内容之一。同时,关于科技型中小企业创新现状的调查结果也表明,我国科技型中小企业对开放式创新的认识已经更进一步,由最初关注共享意愿开始转向关注具体的实质性内容,如对方的技术研发能力与技术转移能力等。因此,对于科技型中小企业来说,无论是应对企业竞争压力还是选择开放创新的合作伙伴,都需要将该机构的技术创新能力作为优先关注议题。

随着知识竞争时代的来临,技术更新日新月异,在欧美日等成熟的市场,知识资产已是企业生存发展的关键资本,成为企业发展的基础战略资源和技术创新能力的重要组成部分,直接影响到企业的核心竞争力。《国务院办公厅关于强化企业技术创新主体地位 全面提升企业创新能力的意见》中指出,目前以企业为主体、市场为导向、产学研相结合的技术创新体系建设取得了积极进展,企业研发投入的积极性不断提高,研发能力得到增强。但是,目前我国企业创新能力依然薄弱,许多领域缺乏具有自主知识产权的核心技术,企业尚未真正成为创新决策、研发投入、科研组织和成果应用的主体[①]。因此，无论是对于宏观的国家创新体系评估，还是对于微观层次上的科技型中小企业开放式创新，都需要关注企业技术创新能力这一关键问题。

8.2 概念操作化定义：技术贡献度

目前，关于企业的创新能力评估主要是从创新过程出发，通过不同指标体系进行某个环节或整个过程的绩效分析。在此过程中，作为创新产出的科研论文、专利及技术标准等数据被应用于其中。但是，目前的绩效评估主要集中于产出层次（以上述创新产出的数据或质量指标表征技术，以财务数据表征收益），尚未从微观创新链的视角，深入技术内容与收益主要来源——产品之间的关系。本部分的目标是通过技术与产品在知识层次上的相关性，以判断企业技术对绩效的驱动效果。

8.2.1 企业技术创新能力的界定

在以知识经济为主导的时代，知识已成为企业生存的关键要素和获取持续核心竞争优势的主要来源，企业也可看作是一个知识的集合体。企业技术创新活动本质上也是一个通过一系列知识转化活动，将企业自身的知识积累转化为实际价值的过程，包括知识的创造（Creation）、转化（Conversion）和商业化（Commercialization）3个部分[②]。企业技术创新的关键是解决从知识创新到技术进步，再到企业经济增长这3个阶段的问题，这也使得企业技术创新活动本身表现出3个主要特性——过程性、应用性和经济性。过程性是企业技术创新活动的外在表现，而应用性与经济性是其本质要求。从知识转化的角度而言，技术创新是对技术知识的商业化，其中不仅包含技术知识的创新，更重要的是将技术成果引入企业的生产过程，实现对生产要素的重新组合，这种组合过程其实是企业知识物化的过程[③]。面向应用和市场的企业知识产品是企业技术创

---

① 国务院办公厅. 国务院办公厅关于强化企业技术创新主体地位 全面提升企业创新能力的意见：国办发〔2013〕8号 [A/OL].（2013-02-04）[2015-09-13].http://www.gov.cn/zwgk/2013-02/04/content_2326419.htm.

② 戴布拉·艾米顿. 知识经济的创新战略：智慧的觉醒 [M]. 北京：新华出版社，1998.

③ 李友良. 论知识物化及其中的知识流 [J]. 合肥工业大学学报（社会科学版），2007，21（5）：99-102.

新活动得以实体化和成果化的产物。经济增长是企业开展一切生产经营活动的原动力和最终目的，这同样也适用于企业技术创新活动。技术创新活动就是企业将自有的知识要素转化为经济资本（如营业利润等），实现经济学意义上的价值增值，是具有强烈经济性的企业生产活动。

企业技术创新活动以技术知识为主要驱动力量，以一系列研发和生产活动为依托，通过知识物化将知识资本转化为经济资本，实现经济增长。针对以上特征，本研究将企业技术创新能力定义为企业获取和利用技术知识，通过知识的物化对生产要素进行重新组合，实现产品和工艺创新，并将其转化为市场化的产品或服务，最终能为企业带来利润的能力。

8.2.2 企业技术贡献度的界定

基于企业技术创新能力的内涵界定，本研究拟通过对企业技术创新活动中知识向价值的转化机制进行深入分析，并提出"企业技术贡献度"概念，以技术知识对企业实际生产活动的推动作用大小表征企业技术创新能力的大小。企业技术贡献度主要是基于知识经济视角下的企业技术创新理论而提出，用于描述企业技术创新活动中知识资源通过与生产要素相结合，实现物化并最终为实体经济价值的增长做出贡献的程度。

企业技术创新的目标是将包括知识、资本在内的各种生产要素最终转变为实际的价值输出，因此企业生产要素的核心价值体现在最终的价值输出层面。在这个过程中，知识要素越贴近于生产要素的核心，则其对技术进步和经济增长的推动作用越大。因此，企业知识要素与价值要素的贴近程度可表征知识对企业经济增长的推动作用。换言之，通过量化企业知识要素与价值要素的贴近程度，可以分析企业技术贡献程度，进而评估企业技术创新能力，一种可以将技术知识最终转化为产品收益的能力（图8-1）。

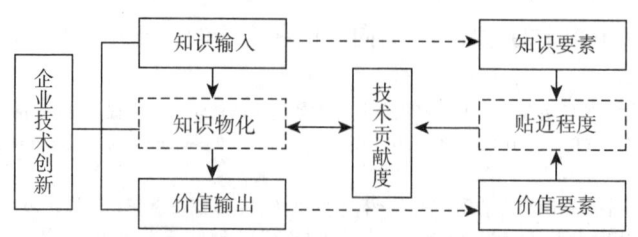

图 8-1　知识物化理论视角下的企业技术贡献度

8.2.3 技术贡献度的操作化定义

因为本研究是基于知识物化理论的视角对企业技术贡献度进行界定的，因此对技术贡献度的操作化定义也是在该理论框架下进行的，即知识要素、价值要素及两者之间的关系。

（1）企业知识要素

作为企业的一种无形资产，知识的表现形式多种多样。从静态来说，知识表现为有一定结构的知识产品；从动态来说，知识是在不断流动中产生、传递和使用的。不管任何来源，无论是能显性化表示成文档、视频等形式的知识，还是存在于员工、专家等头脑中的隐性化的经验和见解，并能够被企业获取和使用的，都是一个知识点，这些知识共同构成了企业知识链中复杂交错的知识节点。其中，隐性知识不以客观形式存在，可编码性较差，难以进行准确测度；相比之下，显性知识更加客观且大多经过结构化或半结构化的编码，更加利于客观准确的定量测度。具体而言，企业显性技术知识包括论文、专利、软件著作权、研发项目、内部会议纪要、秘密技术文件等。其中，企业内部会议纪要、秘密技术文件等内部资料通常不对外公开，难以获取。通过对企业知识物化流程的解构可以发现，在企业知识转化为实际价值的过程中，主要涉及普适性的科学知识、定向的原理知识及面向应用的技术知识，这些知识同样以隐性和显性的形式存在于专家的头脑、内部资料、论文、专利等阶段性研发成果中。

基于数据可获取性和可测度性，本研究主要选取企业专利表征企业知识物化过程中的代表性知识。无论是普适性的科学知识，还是面向基础科学研究的定向原理知识，都并非直接面向实际生产环节，具有较强的基础性。相比之下，技术知识本身由普适性的科学知识和定向原理知识转化而来，表征了企业知识资源中直接面向实际生产的关键知识，更能体现生产要素的核心价值，更加贴近生产要素的核心，更能代表企业技术创新活动的核心驱动力，因此，本研究仅选取企业技术知识表征企业知识要素。

（2）企业价值要素表示

价值要素是企业技术创新活动中生产要素的最终输出形态，与企业知识要素的形态类似，其表现形式也多种多样，以有形和无形2种形式存在。其中，有形的价值要素主要表现为具有实际形态的产品，无形的价值要素主要表现为技术服务、技术交易等。一般而言，从公开渠道获取的企业技术服务和技术交易数据都未披露具体的技术服务或技术交易内容，难以进行定量化测度。因此，本研究拟选取产品表征企业价值要素。

一方面，企业产品的详细信息通常可以从企业官方网站、年报等公开渠道获取，在数据可获取性和可靠性上具有明显优势；另一方面，企业产品是各种生产要素综合作用的结果，也是企业技术创新活动获取实体价值的主要途径。因此，具有技术价值和实体经济价值的企业产品可作为企业生产要素和价值输出的重要桥梁，也是企业核心生产要素的外在表现。综上所述，选取企业产品表征企业价值要素，不仅符合以价值输出表征生产要素核心价值的初衷，更在操作层面上有利于进行定量测度和分析。

（3）企业知识与价值的映射

本研究的目的是通过对知识要素和价值要素贴近程度的量化测度企业技术创新能力大小，因此，需要在代表知识资源要素的专利和代表价值增值要素的产品间构建映射关系，并对二者间的关联强度进行量化。

企业知识要素是通过一系列生产活动，融合到生产要素中并以产品、技术服务等形式的价值输出。从本质上说，企业产品是具有实体形态的知识集合，因此，可以对产品知识集合进行分解，建立与产品核心功能相关的产品技术知识集，同时对企业专利文本进行分解，提取出企业自有的技术知识集，以"技术—技术"的形式建立起二者的关联关系（图8-2）。

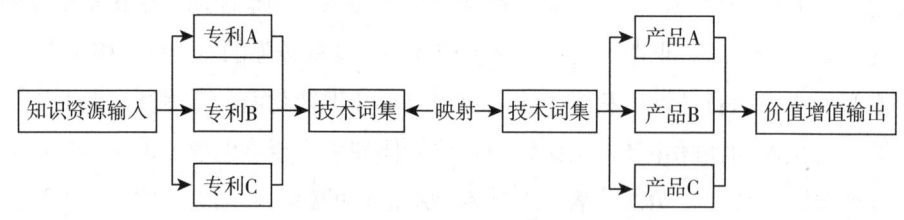

图 8-2　企业知识与资源要素的映射

企业知识，尤其是技术知识，通常是借助特殊的设备和工艺，在原材料环节、材料加工环节或产品装配环节，采用特定的技术，用于改进产品主要性能指标，提高生产效率，或降低产品生产成本等，最终目的都是提高产品市场竞争力和市场占有率。因此，此处用于建立产品与专利映射关系的技术知识并不仅限于狭义的技术名词，还包括技术所作用的对象，如产品名称、部件、原材料，借助的设备，如工具，产生的效果，如产品性能指标，包括成本、使用寿命等。

8.3 企业技术创新能力评估方法流程

本研究基于知识物化理论，提出了基于技术贡献度评估企业技术创新能力的一种方法，将表征企业知识资源的专利及表征价值资源的产品数据进行知识层次的相关性分析，以实现对企业技术创新能力的定量描述，从而支撑企业的创新战略或竞争战略决策。

8.3.1 多源数据与复合关系分析范式下的方法体系

从基于多源数据与复合关系的分析范式来看，企业创新能力评估在数据集层涵盖了应用研究与产业应用中的2种文献类型（专利、企业年报），在复合关系方面主要是在语义层对异源同质关系进行融合，主要情报产出是技术贡献度评估指标（表8-1）。

表 8-1　多源数据与复合关系分析范式下的创新能力评估

关键情报课题	数据集	分析单元	关系构建与计算			可视化	情报产出
			概念化	操作化	关系融合		
企业技术创新能力	专利	利益相关者	技术贡献度	知识资源	语义层异源同质关系	—	评估指标
	年报			价值资源			
工具支撑	跨库检索	ICTCLAS	—	—	—	—	

8.3.2 企业技术创新能力评估的分析操作流程

本研究提出了以技术贡献度测度为核心的企业技术创新能力评估流程，其核心环节是技术与产品的知识表达（图8-3）。

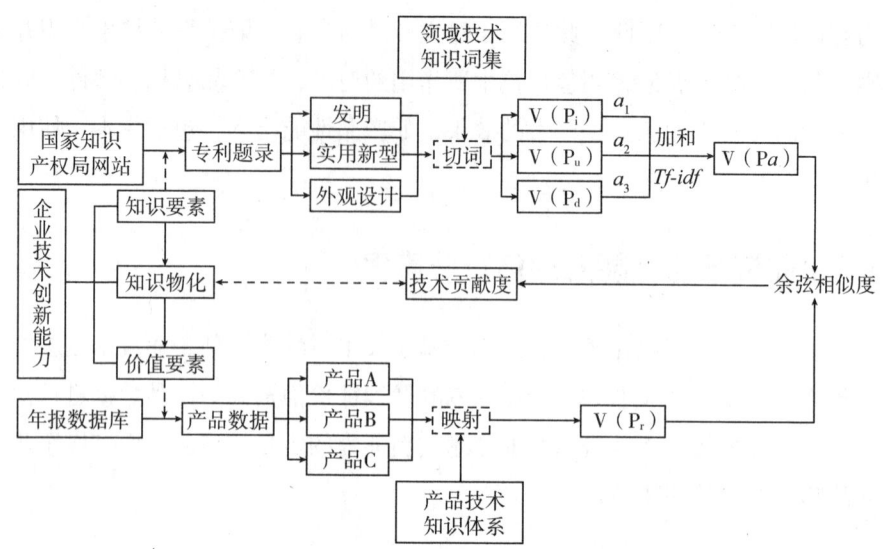

图 8-3　企业技术创新能力评估操作流程

（1）行业知识术语集的构建

本研究中构建产品技术知识体系的目的是为构建企业产品知识特征向量和技术知识特征向量服务，因此，该体系的构建也应以企业产品为基础。为了更好地对行业产品进行规范，形成具有差异化的分类体系，拟借助产业链结构对产品进行类别划分，并以此为基础对每个产业链环节所属产品的产品名称、部件、关键技术、工艺和特殊结构进行描述。

1）产业链解构

对行业的产业链结构进行完整的划分。一般而言，产业链可大致划分为上、中、下游 3 个主要环节，上游、中游通常是技术含量较高的原材料和核心部件生产环节，下游则是以劳动密集型和资本密集型为主的应用环节，技术密集程度相对较低。在每一个环节中，又包含了不同类型的产品、主要部件及其所需材料、设备等，这些具有从属、辅助等多种关联关系的实体共同构成了行业的产品体系。

2）产业链词集构建

领域专业词表的构建主要是在借助专业资料的基础上，咨询领域专家，确定词表构建原则并筛选出核心的产品技术特征入选词。在确定各个产业链环节的关键技术词集时，除了与产品生产直接相关的从属产品、辅助设备等词，还应纳入表征相应的技术、工艺、结构和性能指标的词。

（2）企业产品知识特征词识别

本环节主要是基于行业知识库（产业链术语集）对企业的产品知识特征进行识别与表达（图8-4），包括映射和加权两部分。

1）产品—产业链映射

对照已构建好的产业链，将规范化的企业产品名称映射到产业链各个节点。对于主要产品集中于单一节点的企业，可直接以对应节点的知识词集作为该企业产品知识词集；若企业主要产品分布在产业链上、中、下游中的多个节点，则以该企业产品所映射的各个节点所包含的产品知识词集的并集为该企业的产品知识词集。

2）企业产品知识术语加权

根据不同企业产品描述粒度不同进行加权。若企业产品描述较为宽泛，根据产品名称仅能判断其在产业链中对应的节点位置，则以对应节点词集的全集为对应产品知识词集。同时，在以该词集为基础构建该企业的产品知识特征向量时，对每个维度都赋予同样的权重，即 $W_n=(1,1,\cdots,1)$。相反，若从现有的企业信息中能判定该企业产品具体所属的小类，仍以该产品对应节点词集的全集为产品知识词集，但在构造特征向量时，则需对与企业产品直接相关的子集统一赋予较高的权重，以突出企业产品及其技术特征。

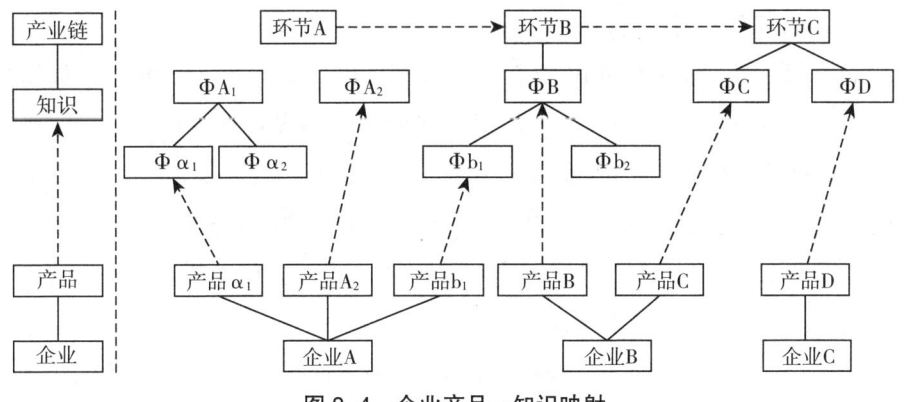

图8-4　企业产品—知识映射

(3) 企业技术知识特征识别

1) 专利技术知识特征识别

本研究用于表征企业知识资源的专利文献作为一种科技成果载体，其摘要和正文用语详细描述了发明创造的对象名称、原理、组成、流程等内容，且所用词语都反映所描述的物体、组件、元素等对象本身的概念。因此，直接采用已构建的行业产品知识体系中的规范术语对专利文献进行分词，即可有效提取出与产品技术直接相关的技术知识特征词集。

2) 专利技术知识特征加权

由于专利本身具有技术性、法律性、经济性等多种外部特征，尤其技术性外部特征，往往使得同样的知识特征词对企业技术创新活动中所作用的产品功能区和作用方式有所差异。因此，在以专利文本为企业技术知识集的基础语料时，应对具有不同技术特征的专利赋予差异化的权重。根据技术特征的不同，可将专利划分为发明、实用新型和外观设计 3 类，其技术含量和创新性依次降低。因此，可以基于专利类型，分别对以上 3 种专利中的同一知识特征词赋予差异化的权重。

(4) 技术与产品知识关联度计算

在将企业知识储备与产品知识特征向量进行关联时，考虑到企业早期知识储备对企业产品研发和销售的持续作用，因而在计算企业单一年度的技术贡献度时，通常以企业当年的产品相关知识表征产品特征，以该企业截至该年度结束前的知识总累积量表征知识特征。

1) 知识原始向量构建

设企业 i 截至第 y 年共申请了 m 项专利，以这 m 项专利的摘要合集作为该企业第 y 年的原始知识储备，依据构建的领域词表对其进行切分，形成以关键词词频构建的企业知识储备原始向量 $(k_1, n_1; k_2, n_2; k_3, n_3; \cdots; k_j, n_j)$。其中，$k_j$ 为关键词，n_j 为词 k_j 在企业 i 的知识词集中对应的词频数。

假设词 k_j 在企业 i 的发明、实用新型和外观设计 3 种专利文本集中的原始词频分别为 n_i，n_u 和 n_d，则词 k_j 相应的词频表示为：

$$n_j = a_1 \times n_i + a_2 \times n_u + a_3 \times n_d \quad \text{（公式 8-1）}$$

其中，a_1，a_2 和 a_3 分别为发明、实用新型和外观设计 3 种类型专利相应的权重。

2）知识特征向量加权

本研究中的专利特征向量中各维度的权重拟利用 TF-IDF 方法计算，最终得到的权重向量（$\omega_1, \omega_2, \omega_3, \cdots, \omega_j$）与原始知识向量相乘即得到企业第 y 年的知识特征向量（$k_1, \lambda_1; k_2, \lambda_2; k_3, \lambda_3; \cdots; k_j, \lambda_j$）。

3）知识和产品关联强度计算

本研究用知识特征与产品技术特征的相似度来表征二者的相关性，并采用余弦相似算法计算二者间的相似度。

8.4 技术创新能力测度的实证研究

根据面向开放式创新的中小企业技术竞争情报方法体系的应用研究设计，本部分以 LED 领域作为实证对象对企业技术创新能力评估方法进行了应用研究。

8.4.1 实证数据集构建

（1）年报数据集

本研究在参考 LED 领域相关行业研究报告及专业书籍的基础上，将经营范围中涉及上游外延片、中游芯片、下游封装及相关应用产品的上市公司均纳入 LED 领域。去除其中无专利申请行为的企业，共得到 102 家 LED 相关上市公司。

依托"上市公司年报数据库建设及服务系统研发"项目前期加工形成的年报数据库，从中抽取出上述企业的所有年报数据，共计 751 条。其中，由于早期年报保存不完整、公开获取渠道受限等原因，所获取的年报主要分布在 1999—2013 年。依据研究框架提取了年报中"发布年份""主营业务—分产品""主要产品""经营范围"4 个字段。

（2）专利数据集

本研究所用专利数据来源为国家知识产权局网站。将从年报中提取的企业名称统一规范化处理，并在国家知识产权局网站以"申请人"字段检索，并借助相关工具下载得到专利题录数据，包括专利号、申请号、专利名称、摘要、法律状态等字段。本研究中企业专利数据仅取截至 2013 年 12 月 31 日前企业所申请的专利。对获取到的专利数据进行去重、格式规范等预处理，共得到企业专利数据 31 780 条。

8.4.2 相关计算方法

（1）TF-IDF

见 4.4.2 部分。

（2）相似度计算

见 4.4.2 部分。

8.4.3 结果分析

（1）LED 领域企业技术创新能力排名

根据各企业 2013 年技术贡献度，LED 领域企业技术创新能力排名前十的企业如表 8-2 所示。因为技术贡献度的算法是根据上市企业主营业务收入中的产品来进行计算，因此这一排名更加突出的是将技术知识已经物化到其产品并取得较好财务绩效的那些企业。

表 8-2 2013 年环保领域企业技术创新能力排名 TOP10

	企业名称	技术贡献度	产业链
1	浙江新嘉联电子股份有限公司	0.312	芯片
2	山东共达电声股份有限公司	0.245	芯片、封装
3	深圳拓邦股份有限公司	0.237	照明、驱动
4	深圳顺络电子股份有限公司	0.231	芯片
5	中山达华智能科技股份有限公司	0.227	芯片
6	惠州中京电子科技股份有限公司	0.215	芯片
7	方大集团股份有限公司	0.213	外延、芯片、封装、照明
8	厦门乾照光电股份有限公司	0.206	外延、芯片
9	环旭电子股份有限公司	0.192	芯片
10	同方股份有限公司	0.182	芯片、照明

通过表 8-2 还可以进一步发现，这些技术贡献度较高的企业主要集中在 LED 产业的中上游。

（2）不同类型企业的技术贡献度变化

1）按产业链位置划分

为表现不同产业链环节的企业技术贡献度随企业不断成长的演化趋势，反映出处于不同产业链位置的企业技术创新活动特征的差异，分别选取了位于 LED 产业链中游的 3 家企业和下游的 5 家企业作为对比样本（注：由于上游企业上市时间较短，不适合进行纵向演化分析，故未纳入分析样本）。各类企业的技术贡献度演化趋势分别如图 8-5 和图 8-6 所示。

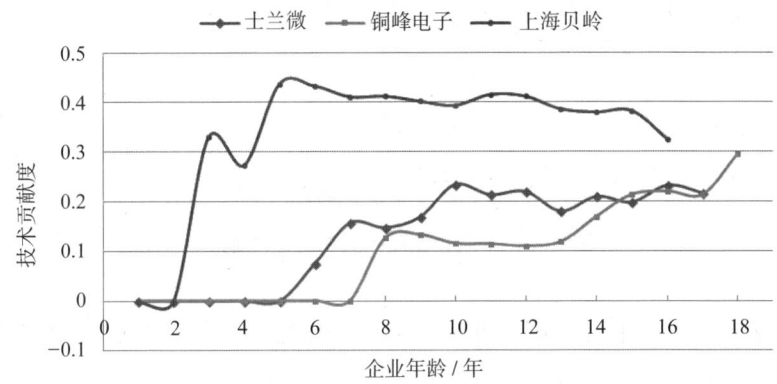

图 8-5　中游企业技术贡献度演化趋势

对于位于产业链中游的企业，随着其不断成长和发展，技术贡献度普遍呈现由快速增长阶段逐渐进入稳定不变阶段，同时各企业在技术贡献度水平上也存在一定差异。从技术贡献度水平上看，上海贝岭技术贡献度水平始终远远高于士兰微和铜峰电子，而士兰微和铜峰电子则基本处于同一水平。通过查询上海贝岭的发展历程发现，该企业自成立之初，便一直在技术创新上表现优异，在芯片行业方面，在上海市乃至国家层面的技术创新能力上具有明显优势，表明技术贡献度指标能在一定程度上有效区分出不同企业的技术创新水平。

同时，从以上 3 家企业技术贡献度首次突破 0 点的时间节点上看，铜峰电子和士兰微都经历了较长的资本积累时期，而上海贝岭则在成立不久便实现技术贡献度的突破性增长。进一步对比以上几家企业在成立之初和截至 2013 年的总资本量发现，在成立之初，上海贝岭资产规模便达到 13 亿元水平，相比于其他两家企业而言，具有明显的资本优势，这也在一定程度上反映出一定的资本积累是企业顺利开展技术创新活动的前提。

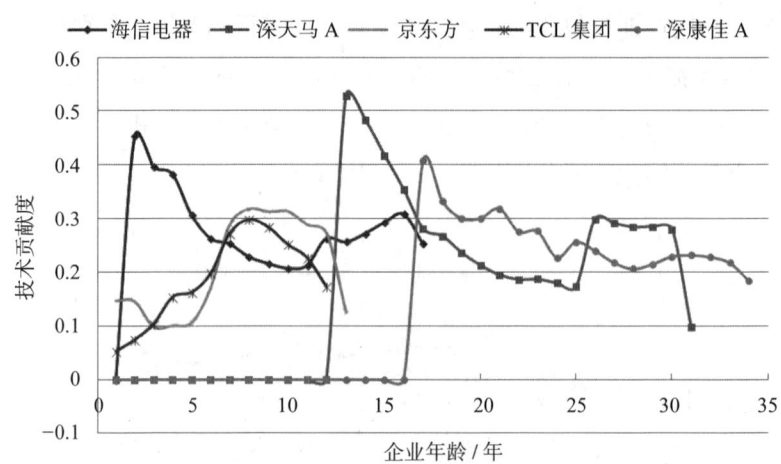

图 8-6　下游企业技术贡献度演化趋势

下游企业的技术贡献度主要呈现 2 种变化趋势：第一种是经过资本积累后，技术贡献度才形成突出态势，如海信电器、深天马 A、深康佳 A。第二种是成立初期就具有良好的技术积累与技术贡献度，如京东方和 TCL 集团。进一步对比 2 家企业成立之初的总资本量发现，TCL 集团在成立之初，其资本总量便达到 300 亿元水平，而京东方成立资本为 68 亿元，这也进一步反映出企业在不同资本条件下的技术创新强度有所差异。

比较来看，相比于下游企业而言，年龄较小的技术密集型中游企业技术贡献度整体上呈现逐年增长的态势，表明该类型企业更加依赖持续的技术创新得以生存和发展。这些企业技术贡献度水平与其规模大小并非呈绝对正相关关系，这反映出 LED 领域中游企业技术创新模式可能更多地与企业自身的创新战略相关。而对于下游规模较强的大型企业而言，企业规模则对其技术贡献度增长态势有明显影响，其中，具有明显资本优势的企业更容易实现技术贡献度的持续快速增长，这也反映出 LED 领域下游企业主要依赖资本积累推动技术创新的发展模式。

2）按业务范围划分

选取各产业链环节盈利状况较为稳定的企业，结合前文所提出的理论基础和企业实际经营情况，分别对其技术贡献度与企业盈利间的关系进行深入分析，进一步验证以技术贡献度表征企业技术创新能力的信度。为了更直观地表征企业技术贡献度与盈利指标间的内在演变规律，以企业年龄为横轴，以技术贡献度增量和营业利润增长率增量为纵轴，并选取4年为一个时间窗口，分别做出二者随企业年龄增长而变化的曲线图。

①产业单一型科技企业：铜峰电子。安徽铜峰电子股份有限公司归属于LED产业链的中游环节，是以电子元器件为主要产品的高新技术企业，也是全国同类产品企业中的首家上市公司[①]。在该企业发展过程中，其技术贡献度主要经历了3个阶段（图8-7）：快速增长期—平稳过渡期—快速增长期，相应地，其营业利润增长率也经历了3个阶段：低速增长期—快速下降期—逐步回暖期。可以发现，铜峰电子技术贡献度与营业利润增长率变化整体上呈现协同增长态势。

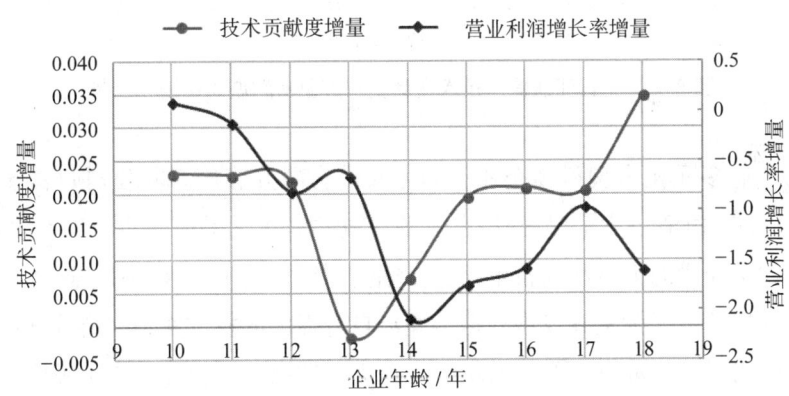

图8-7 "铜峰电子"技术贡献度与营业利润增长率演化趋势

②产业延伸型投资企业：长江通信。武汉长江通信产业股份有限公司归属于LED产业链的中下游，主要从事通信、电子、半导体照明等高科技产品的

---

① 安徽铜峰电子股份有限公司. 新高度　新跨越——欢迎访问铜峰电子网站！[EB/OL].（2016-08-18）[2018-03-25]. http://www.tong-feng.com/Aboutus.asp?Title=%B3%C9%B3%A4%C0%FA%B3%CC.

投资、研发、制造和销售，经过多年的发展，已由投资控股型企业逐渐转变为以产业发展与投资控股并重的投资控股型公司，一直致力于以资产为纽带组建大型通信产业集团[①]。投资控股型企业主要通过投资持有其他企业的股份进行资本营运，将分散的单个企业统一为一个集团，而企业本身一般不直接从事或从事少量的生产经营业务。在观测期内该企业技术贡献度与营业利润增长率均呈现持续增长态势，且营业利润增长速度的提升始终稍早于技术贡献度的增长（图8-8）。这在一定程度上反映出以资金为核心生产要素的企业，在技术创新上主要依赖于资产推动。

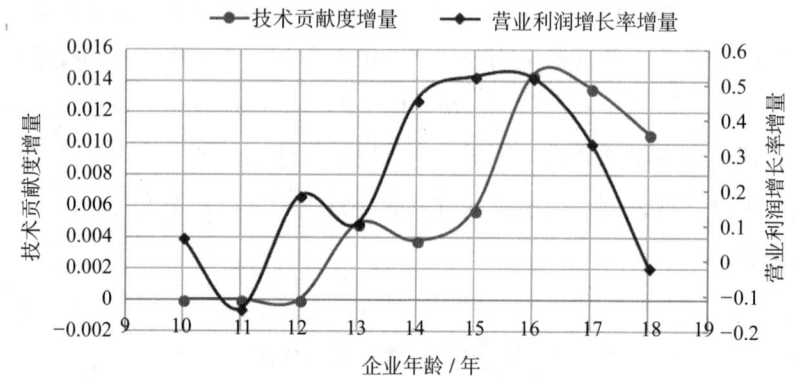

图8-8 "长江通信"技术贡献度与营业利润增长率演化趋势

③产业多元化大型科技企业：同方股份。同方股份有限公司归属于LED产业链中游，由清华大学出资成立，紧密依托清华大学的科研实力与人才平台，是清华大学控股的大型高新技术企业。该企业始终以"技术+实业、金融+资本"的产融互兴的发展为主导发展战略，凭借自身强大的资本实力，持续开展技术创新，形成了技术和资本的双重优势。在观测期内，该企业技术贡献度始终呈现负增长态势，而盈利能力却逐年提升（图8-9）。

为进一步分析该异常现象出现的原因，通过查询同方股份历年年报数据及其官方网站得知，其主营业务涵盖范围相当广泛，始终定位为"多元化综合性

---

① 武汉长江通信产业集团股份有限公司. 长江通信 [EB/OL]. （2016-07-20）[2018-03-25]. http://www.ycig.com/about/&FrontComContent_list01-1291971293531ContId=9&comContentId= 9&comp_stats=comp-FrontComContent_list01-1291971293531.html.

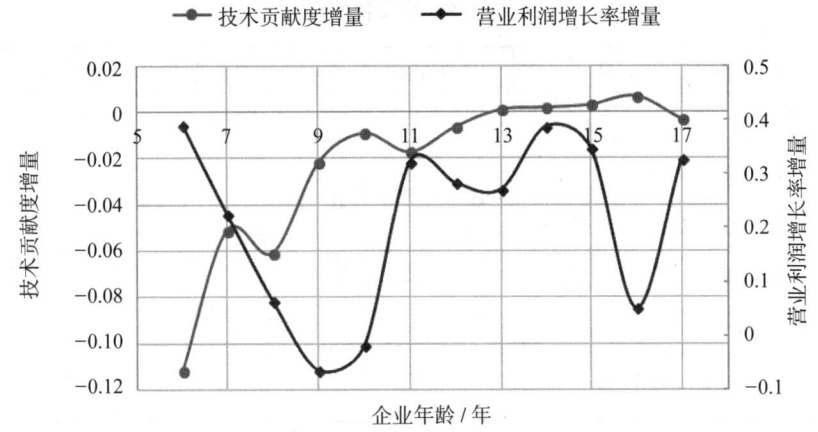

图 8-9 "同方股份"技术贡献度与营业利润增长率演化趋势

科技实业孵化器",涉及应用信息系统、计算机系统、数字电视系统和能源环境系统四大产业,拥有电子信息、大安全、知识网络、环保、照明、医疗等主干产业集群,呈现高度多元化的发展态势[①]。因此,本研究中仅从 LED 领域的角度对同方股份的技术创新能力进行测度,难以充分挖掘出该企业自有知识中与其产品相关的关键技术点,导致了用技术贡献度指标无法表征该企业技术创新能力的客观状况。因此,可以判定,以具体行业为分析视角时,技术贡献度指标并不适用于业务和产品链呈现高度多元化的大型企业。

(3) 技术贡献度指标适用性分析

基于 LED 企业产业链位置分布及业务类型对技术贡献度的影响,本研究提出了技术贡献度的应用性问题。从指标研究的角度来说,就是技术贡献度更适于识别出哪些类型的企业。

1) 基于线性回归的产业链影响分析

本部分通过企业所在产业链位置的编码,以转换后的企业产业链位置指标为单一自变量,对应技术贡献度为因变量,建立二者间的单一变量线性关系模型(表 8-3 至表 8-5)。

---

① 清华同方股份有限公司. 集团简介 [EB/OL]. (2016-07-20) [2018-03-30]. http://www.thtf.com.cn/.

表 8-3 模型摘要

模型	R	R 平方	调整后 R 平方	标准偏斜度误差
1	0.478	0.228	0.205	0.055 927 8

表 8-4 方差分析

模型	平方和	df	平均值平方	F	显著性
回归	0.091	3	0.030	9.658	0.000
残差	0.307	98	0.003		
总计	0.397	101			

表 8-5 回归系数

模型	非标准化系数		标准化系数	T	显著性
	B	标准误差	Beta		
常数	0.018	0.023		0.807	0.422
上游	0.041	0.025	0.187	1.677	0.097
中游	0.094	0.022	0.751	4.292	0.000
下游	0.045	0.022	0.361	2.020	0.046

从以上回归分析的结果可以看出，企业在产业链中的位置与其技术贡献度间能建立较好的一元线性回归模型，拟合度 R 为 0.478，对应回归方程（F 检验）和回归系数（T 检验）基本通过显著性检验（$Sig < 0.05$）。整体上而言，LED 企业技术贡献度与其在产业链中的位置呈现较为显著的相关关系。由表 8-5 可知，LED 上游企业相关性表现较差，主要有 2 个原因：首先，由于国内 LED 领域企业大多集中于中下游的芯片、封装和应用产品的生产环节，上游企业分布较稀疏，因而样本点较少，不足以支持统计分析；其次，由于产业链上游主要生产中、下游各个环节产品所需的基础材料、零部件和相关设备，产品类型较为分散，使得不同企业间业务差异性较大，不利于共性特征的提取。相比之下，中游和下游企业相关性表现明显较好，这一方面是因为中游和下游企业样本点数量足以支持统计分析；另一方面则是因为中游和下游企业产品类型相对集中，企业间业务性质具有较强的共性。

同时，从不同分变量的相关系数大小可以看出，处于产业链中游的企业（以芯片、集成电路、电子元件的生产为主）技术贡献度整体上高于下游企业（以封装、照明和显示应用产品的生产为主）和上游材料企业，而上游企业技术贡献度则表现较差。

2）基于因子分析的企业绩效影响分析

本部分通过因子分析和聚类分析，对企业绩效的相关影响因素（成立时间、产业位置、技术贡献度）进行分析，以有效识别出技术创新在其中的作用，分析结果如表 8-6 所示。

表 8-6　因子得分系数矩阵

指标	旋转前			旋转后		
	F_1	F_2	F_3	F_1	F_2	F_3
已成立时间	−0.330	0.496	0.829	0.067	−0.077	1.016
产业链编码	0.531	0.229	0.156	0.597	−0.040	0.025
技术贡献度	0.510	0.330	0.137	0.617	0.052	0.071
营业利润增长率	−0.176	0.718	−0.687	0.010	1.006	−0.077

根据各个指标旋转后的因子得分系数可知：产业链编码和技术贡献度 2 个变量在因子 1 上有高载荷，这 2 个指标反映了企业所属产业链环节的技术密集程度和技术知识转化程度，因此可将因子 1 命名为"技术因子"；营业利润增长率在因子 2 上有高载荷，该变量主要反映了企业报告期内盈利能力的增长速度，因此可将因子 2 命名为"盈利因子"；已成立时间在因子 3 上有高载荷，该指标可表示为企业年龄，因此可将因子 3 命名为"年龄因子"。基于因子系数的 K-means 聚类结果表明，样本企业可以分为 3 类。各聚类中心因子得分如表 8-7 所示，样本规模及各指标中位数如表 8-8 所示。

表 8-7　最终聚类中心

因子名称	聚类		
	1	2	3
年龄因子	−0.723 01	0.167 76	0.643 81

续表

因子名称	聚类		
	1	2	3
技术因子	0.149 61	-4.437 86	0.120 80
盈利因子	0.395 97	0.021 70	-0.359 15

表 8-8　各个类别原始指标还原特征 *

类别编号	企业数量	企业年龄	技术贡献度	产业链位置	营业利润增长率
1	52	13	0.107 61	中游	0.175 77
2	47	19	0.045 62	下游	0.161 41
3	3	12.5	0.073 82	中游	-27.623 22

* 除"企业数量"外，其他各指标值均为每个类别中样本值的中位数；同时，为方便描述和分析，"产业链位置编码"已还原为"产业链位置"指标。

类别 1 所包含企业集群中，企业年龄相对较短，主要集中在产业链上游和中游，技术知识转化为盈利产品的程度也较高，这种产品的技术含量和技术知识转化程度的技术优势在该类企业整体上较高的营业利润增长率上得到了明显的体现，主要指标特征符合科技型中小企业突破性的技术创新模式。该类型企业大多处于初创期或成长发展期，对技术创新的依赖程度较大，因而主要呈现技术贡献度与盈利指标"双高"的态势。

类别 2 包含的企业集群中，企业年龄普遍较长，主要集中在产业链下游，技术知识转化为盈利产品的程度相对较低，但该类企业的营业利润增长率与类别 1 中的企业几乎处于同一水平，换言之，成立时间较长的下游 LED 企业并无明显的技术优势，但盈利能力增长速度依旧较强，这可能与企业类型和成长周期有关。事实上，国内 LED 行业起步较晚，大多数企业都是从技术壁垒较低的产业链下游进入行业，因而年龄较长的企业大多分布在产业链下游。尽管该类企业并未表现出明显的技术优势，但由于企业长期的生产、管理和资源积累，已逐渐进入以渐进性创新为主的成熟期，其盈利能力的提高不再主要依赖于技术创新，而更多地来源于管理、制度和市场创新等。

值得注意的是，类别 3 中从因子载荷来看，具有明显因子特征的仅包含 2 家企业："上海贝岭"和"星星科技"。该类企业在年龄和技术特征方面比较贴近于第 1 类企业，但营业利润增长率远远低于其他 2 类企业，仅由以上几项定量指标难以解释。通过查询"上市公司年报数据库"中对应企业 2013 年度的"董事会讨论"数据，发现这 2 家企业在 2013 年经营状况均出现较大异常。以上海贝岭股份有限公司为例，该企业由于报告期内子公司发生火灾导致停产，使得母公司的产品停产或转产，销售业绩发生巨大下滑，营业利润下降达 33%。

这种聚类分析结果表明，技术贡献度更适用于识别出那些成立时间较短、技术密集程度较高的产业链中游企业。这些企业处于快速发展的初创期或成长发展期，主要依赖技术创新实现企业生存和发展，呈现技术贡献度与盈利能力都较高的模式。而成立时间较长、技术密集程度相对较低的产业链下游企业则借助自身强大的资本实力，在技术贡献度较低的情况下依旧能达到较高的盈利水平，这也在一定程度上说明了以企业技术贡献度表征技术创新能力的测度方法具有一定的信度。

8.5 小结

为解决技术创新能力评估这一关键情报问题，本研究在多源数据与复合分析框架下，以上市公司年报数据和专利数据作为数据来源，从知识物化理论视角提出了技术贡献度指标，从技术产业化视角评估企业的技术创新能力。围绕技术贡献度测度，本研究提出了一种语义层次上的技术与产品的相关性计算方法，并以 LED 领域上市公司为实证研究对象。实证结果验证了本研究所设计方法的效度和信度，证明本研究中所提出的基于技术贡献度的企业技术创新能力测度的思路和方法具有一定的可靠性。

从具体分析结果来看，本研究所提出的技术贡献度指标特别适用于科技型中小企业。因为这些企业处于快速发展的初创期或成长发展期，主要依赖技术创新实现企业生存和发展，呈现技术贡献度与盈利能力都较高的模式。而且科技型中小企业因为其知识结构与产业分工专业化而多位于产业链中上游的现状，也在技术贡献度的实证研究中得以验证。但正是这种技术创新能力测度的优势，而使本方法对于往往采用多元化战略的大型企业来说，存在局限。因此，本方法无法识别其他类型的创新，如管理创新、商业模式的创新等。

第 9 章
企业开放式创新战略分析方法应用研究

本部分属于方法应用研究，其目标是完成基于多源数据与复合关系分析在企业创新监测方面的实证。结合科技型中小企业技术竞争情报需求调研内容，本部分选择开放式创新战略识别作为应用场景，基于论文、专利与年报数据，在微观层次进行关系融合以实现对企业间竞争与合作关系的揭示，并以 LED 领域的上市公司作为实证研究对象。

9.1 关键情报课题：企业开放式创新战略

2013—2015 年，科技型中小企业的开放式创新现状调查结果表明，尽管与输出式创新相比，科技型中小企业对输入式创新更加青睐，但从整体来看，其开放式创新无论是广度还是深度上都呈现了强化的趋势。而对技术竞争情报的需求调查则进一步表明，技术战略是科技型中小企业优先关注的内容。以上 2 个方面的特点也进一步凸显了企业对开放式创新环境中利益相关者技术研发战略，特别是开放式创新战略的关注。分析利益相关者的开放式创新战略，不仅可以帮助企业寻求更容易建立关系的外部知识来源，而且也可以帮助它们找到外向式创新的合作伙伴，即使它可能是竞争对手。

对科技型中小型企业而言，其持续发展的源泉和动力在一定意义上来自于不断的技术创新，选择恰当的技术创新战略，以技术创新来实现企业发展是实现企业整体发展战略的有力工具。对企业开放式创新过程而言，制定合理的创新战略需要准确把握企业之间的竞合关系，无论是产业潜在进入者还是产业内企业，都可以帮助他们准确把握产业内竞合格局，认清企业间竞合关系及自身所处位置，寻找主要竞争对手及最佳合作伙伴，在企业博弈中争取优势地位，在经营中获取最大利润。

9.2 概念操作化定义：企业竞合

与经典的企业竞争分析或企业合作分析不同，本研究是将企业间的这 2 种关系置于同一视域下进行分析，将企业开放式创新过程中产生的企业间的竞争和合作联系起来，为企业的竞合态势及竞合态势演化为企业创新战略的制定提供参考。

9.2.1 企业竞合的概念界定

竞合（Co-opetition）这个词由竞争（competition）与合作（cooperation）组合而成，表示企业之间的关系可以是合作与竞争共存。在不同的研究视域下，竞合具有不同的表述形式与含义。在价值链视角下，企业间是会同时存在竞争与合作关系的[1]：合作关系存在于创造价值，创造价值的过程主要包括研发产品等行为；竞争关系存在于争夺价值，争夺价值的过程主要包括目标市场的争夺。而在经典的企业竞争战略理论中，企业可以与同行业企业合作以促进行业发展，而通过竞争争夺资源与市场存量[2]。企业间的竞争与合作关系甚至共存于竞争对手之间，因为这 2 种关系都可以给企业带来竞争优势[3]。竞争与合作并非相互对立的关系，他们之间此消彼长、一强一弱的关系并不符合实际情况，二者不能分开讨论，而应该有机统一[4]。而在开放式创新理论研究中，这种竞合关系则更具意义。

企业之间一方面通过创造价值进行合作，如研发产品、扩大现有市场或者开拓新市场的行为，共同参与创造价值的企业之间存在合作关系；另一方面，企业之间通过争夺价值进行竞争，如财务资源、基础资源、目标顾客等，共同参与争夺价值的企业之间存在竞争关系。在本研究中，将企业竞合关系定义为

---

[1] BRANDENBURGER M，NALEBUFF J.Co-opetition[M]. New York：Doubleday，1997.
[2] 项保华，李大元.企业竞合分析新范式：六力互动模型——内涵、思路与策略[J].科技进步与对策，2009，26（3）：52-54.
[3] BENGTSSON M，KOCK S. "Coopetition" in Business Networks：to Cooperate and Compete Simultaneously[J]. Industrial Marketing Management，2000，29（5）：411-426.
[4] 任新建.企业竞合行为选择与绩效的关系研究[D].上海：复旦大学，2006.

企业与供应商、顾客、竞争者和互补者任意一方同时存在竞争关系与合作关系的交互模式。因此，构建以下几种假说。

假说1：企业之间的合作关系主要存在于创造价值的过程中，企业可以通过研发新产品及合作投资新项目做大现有市场2个途径进行合作。

假说2：企业之间的竞争关系主要存在于争夺价值的过程中，企业可以通过争夺目标市场等途径进行竞争。

假说3：企业间的竞争关系可以通过顾客方面的相似程度进行反映，主要包括企业主要产品的相似程度及企业所拥有技术的相似程度。

9.2.2 竞合关系的监测指标

根据竞合关系的概念界定，可以从技术合作、市场合作、技术竞争、市场竞争4个变量对竞合关系进行测度。技术合作视角主要包括可以利用寻找共同研发相关技术的企业，共同拥有相关技术专利的企业等形式；市场合作视角主要包括企业间共同投资相关项目，通过战略合作等形式做大市场等行为；技术竞争视角主要体现在企业间拥有类似技术，且在该技术方面并没有利益的一致性；市场竞争视角主要体现在企业间目标顾客及产品的相似程度，且在目标顾客及产品方面不存在利益的一致性。

（1）技术合作

技术层面，企业在技术研发阶段合作创造价值并产生成果，这些成果大部分以专利或者论文的形式被记录下来，因此，以下通过分析专利、论文等数据，从基础研究与应用研究合作方面探索企业间的合作关系。

1) 企业论文合著次数（基础研究）

从文献计量学的角度，学者普遍认为，如果一篇文章由多个作者共同完成，那么这些作者存在合作关系，同时这些作者所在机构或者企业之间同样也存在着合作关系。因此，本研究通过论文中作者之间的合著关系来研究企业间的合作关系，即论文合著次数。

$CAR'=A'(i,j)$，其中 $A'(i,j)$ 表示企业 i 和企业 j 之间合著的次数。

2) 企业共专利权人次数（应用研究）

从专利计量学的角度，共专利权人关系被看成分析专利权人之间合作关系的主要手段。如果一个专利拥有1个以上专利权人，表明这个专利被多个专利权人所持有，持有该专利的专利权人之间存在合作关系。因此，本研究基于专利权人之间的关系来研究企业间的合作关系，即共专利权人次数。

$CPR'=P'(i,j)$，其中$P'(i,j)$表示企业i和企业j之间共专利权人的次数。

（2）市场合作

市场层面，企业为了扩大自身规模及本行业发展，需要不断进行相关项目的投资建设，但往往在一些大型的项目中，单个企业孤掌难鸣，与其他企业合作成为必然趋势。因此，本文通过寻找企业间合作项目探索企业间合作关系。通过查阅相关资料发现，对于一些大型的投资，已经上市的企业会将其项目合作情况写入上市公司年度披露的年报当中，因此，本文可通过分析上市公司年报中企业项目合作情况，探索企业间合作关系。

企业项目合作次数（产业活动）

在做大市场及行业发展的目标下，企业间需要合作。而企业间这种做大市场的行为可以通过上市公司年报中企业投资参与的重大项目找到。因此，本研究通过查找上市公司年报中企业投资的项目，寻找企业之间的合作关系。通过提取上市公司年报项目内容中出现的企业名称及该上市公司年报所涉及企业，将企业合作项目数作为监测指标。

$CIR'=I'(i,j)$，其中$I'(i,j)$表示企业i和企业j共同参与项目投资的次数。

（3）市场竞争

在争夺价值的过程中，由于科技型企业将已占有技术作为核心资源，其竞争不仅可以通过市场因素进行反映，还可以从技术层面表现，因此，科技型企业间的竞争关系可以表现在市场需求和技术资源供给2个方面。在市场需求方面，企业间的竞争可以通过目标用户的相似程度反映，因此本研究认为，如果企业在目标市场及销售产品上相似，且企业间不存在隶属关系，那么这些企业之间存在竞争关系。本研究通过分析上市公司年报中不同企业间市场和产品的相似性，探索企业间的竞争关系。

1）目标市场重合度（业务竞争—区域）

上市公司目标市场的信息可以在上市公司年报的主营业务分地区情况中确定，查找上市公司年报中主营业务的分地区情况，寻找主营业务分地区重合的企业，探索企业间的竞争关系，即目标市场的重合度。

CRR=R(i,j)，其中 R(i,j) 表示企业 i 和企业 j 目标市场的重合比例。

2）企业产品重合度（业务竞争——产品）

上市公司销售产品的信息可以在上市公司年报的分产品内容中确定，查找上市公司年报中核心业务——分产品的内容，寻找主营产品重合的企业，探索企业间的竞争关系，即企业产品重合度。

CBR=B(i,j)，其中 B(i,j) 表示企业 i 和企业 j 主营业务的重合比例。

（4）技术竞争

在技术资源供给方面，企业拥有的技术资源会以专利或者论文的形式表现出来，如果不同的企业拥有相似的技术，且他们之间并不是合作关系，那么这些企业间存在竞争关系。因此，通过分析专利可以有效地把握企业拥有的技术资源，利用文献分析方法，分析不同专利权人及论文作者之间的相似度，探索企业间的竞争关系。

1）专利主题相似度（应用研究）

从竞争情报的角度观察专利数据，专利的标题可以充分描述该专利所表示的主要内容。当专利权人之间有相似的研究内容，且他们之间没有共同利益，那这些专利权人之间存在竞争关系。专利权人作为专利在法律上承认的所有者，同时也是专利的直接受益方，通过同专利权人的形式可以判断专利权人之间是否存在共同利益。因此，本研究在剔除共专利权人专利的基础上，通过采用专利的标题分析专利权人之间专利的相似性，从而对企业间的竞争关系进行测度。通过余弦相似度算法，将同一企业所有的专利标题看成一个向量，通过比较向量的相似程度，分析企业间的竞争强度。

用 $T_i=(T_{i1}, T_{i2}, T_{i3}, \cdots, T_{in})$ 表示其中一个企业专利标题的向量，$T_j=(T_{j1}, T_{j2}, T_{j3}, \cdots, T_{jn})$ 表示另一个企业专利标题的向量，那么，

$$CPR = P(i,j) = \frac{T_i * T_j}{|T_i| * |T_j|} \quad （公式9-1）$$

其中，$P(i,j)$ 表示企业 i 和企业 j 专利相似程度，$P(i,j)$ 的取值范围在 0～1，取值越大表明该余弦值所对应的 2 条专利相关程度越高，对应的 2 个专利权人之间的竞争关系越明显。

2)论文主题相似度(基础研究)

与专利主题相似度相同的分析思路应用于论文数据以分析企业间的竞争强度。因此,本文在剔除合著作者的基础上,用论文的关键词分析作者所在企业研究的相似程度,从而对企业间的竞争关系进行测度。

用 $K_i=(K_{i1},K_{i2},K_{i3},\cdots,K_{in})$ 表示一个企业论文标题的向量,$K_j=(K_{j1},K_{j2},K_{j3},\cdots,K_{jn})$ 表示另一个企业论文标题的向量,那么,

$$CAR = A(i,j) = \frac{K_i * K_j}{|K_i|*|K_j|} \quad \text{(公式 9-2)}$$

其中,$A(i,j)$ 表示企业 i 和企业 j 论文相似程度,$A(i,j)$ 的取值范围在 $0\sim 1$,取值越大表明该余弦值所对应的 2 个企业论文相关程度越高,对应的 2 个企业之间的竞争关系越明显。

本文从竞合理论出发,从技术合作、市场合作、市场竞争、技术竞争 4 个角度识别企业间的竞合关系,并根据对竞合识别的操作化定义构建了对竞争关系与合作关系识别的 7 个指标,分别是共专利权人次数、论文合著次数、企业合作项目数、企业目标市场重合度、企业产品重合度、专利相似度及论文相似度(图 9-1)。

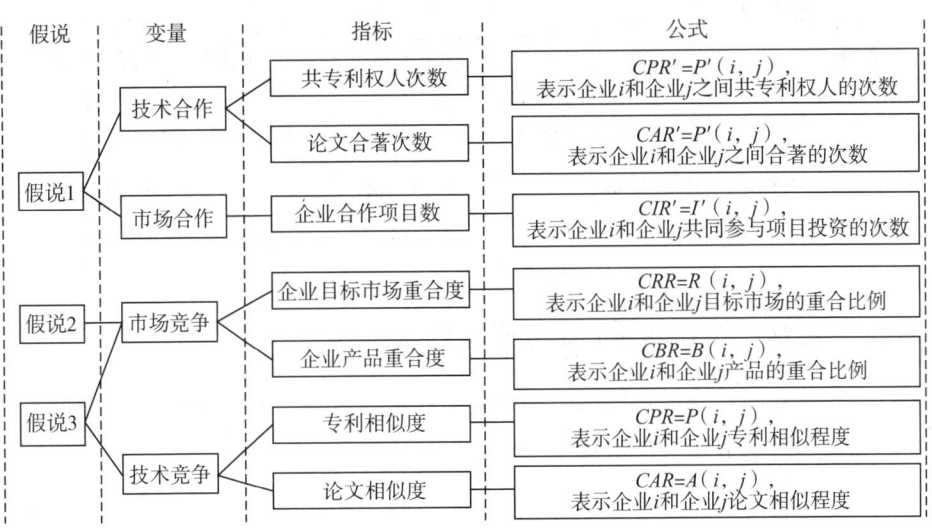

图 9-1 假说——指标对应体系

9.3 企业开放式创新战略分析方法流程

面向开放式创新战略识别的需求,本研究通过竞合理论将企业间的竞争与合作分析融合到一起,通过技术合作、市场合作、市场竞争、技术竞争4个角度7个指标构建了企业竞合关系的监测体系,以实现对企业基础研究、应用研究及产业化等相关活动的跟踪,从而实现创新全链条、全景式的描述。

9.3.1 多源数据与复合关系分析范式下的方法体系

从基于多源数据与复合关系的分析范式来看,开放式创新战略识别在数据集层涵盖了基础研究、应用研究与产业应用中的3种文献类型(论文、专利、企业年报),在复合关系方面主要是在指标层对异源异质关系进行融合,主要情报产出是企业竞合关系(表9-1)。

表9-1 多源数据与复合关系分析范式下的开放式创新战略分析

关键情报课题	数据集	分析单元	关系构建与计算			可视化	情报产出
			概念化	操作化	关系融合		
开放式创新战略	论文 专利 年报	利益相关者	竞合	技术合作 市场合作 技术竞争 市场竞争	指标层异源异质关系	网络图谱	竞合关系
工具支撑	跨库检索	ICTCLAS	Ucinet			Gephi	

9.3.2 企业开放式创新战略分析操作流程

由于企业间竞合关系网络是一个典型的复杂网络,本研究提出了一个基于复杂网络融合的分析操作流程(图9-2)。

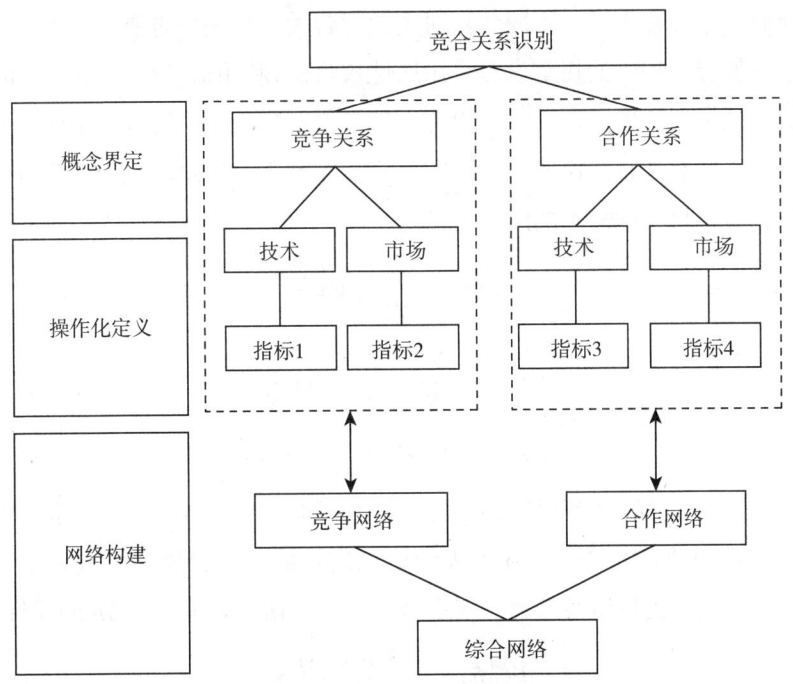

图 9-2 企业开放式创新战略分析操作流程

（1）单一指标计算

①根据指标体系构建目标企业的初始数据集（论文、专利、年报）。

②基于单一数据源，采用指标操作化定义中的计算方法，分别计算各企业间的关系数值，形成基于单指标的关系网络（矩阵）。

③单指标关系矩阵标准化：对于多种合作关系及多种竞争关系来说，由于其数据源具有多样性，数据范围的不可控程度较高，为了保证数据的合理性及数据范围的有效性，我们需要对关系整合的过程进行规范化处理。以下采用标准化处理方法，通过矩阵中数据的线性变换，使结果落在 [0，1] 区间，转换函数如下：

$$X' = \frac{x - \min}{\max - \min} \quad （公式9-3）$$

其中 max 为矩阵中数据的最大值，min 为矩阵中数据的最小值。

（2）竞争网络/合作网络构建

①网络权重计算：整合过程中需要对不同关系矩阵进行赋权，由于各企业

间主导的生产要素不同，不同变量对企业竞合关系识别的重要程度不同，因此多重关系整合过程中的权重设置采用属性权重法，利用信息增益判断权重大小。信息增益是信息论中一个重要的内容，信息增益越大，说明该变量的重要程度越大，信息增益越小，说明该变量的重要程度越小。信息增益的计算方法为原来的信息需求与新的需求之间的差异。

$$E(S) = -\sum_{i=1}^{n} \frac{S_i}{S} \log \frac{S_i}{S} \quad (公式 9-4)$$

$$I(S) = \sum_{j=1}^{2} \frac{S_j}{S} \left(-\sum_{i=1}^{n} \frac{S_i}{S_j} \log \frac{S_i}{S_j} \right) \quad (公式 9-5)$$

$$Gain(Mi) = E(S) - I(S) \quad (公式 9-6)$$

其中，S 表示所有的关系数量，S_i 表示其中一种关系的数量，S_j 表示其中一个矩阵中关系的数量，$Gain(Mi)$ 表示信息增益的大小，属性权重表示为该变量的增益占比，信息增益越大，权重越大，$W(Mi)$ 表示矩阵 Mi 的属性权重。

$$W(Mi) = \frac{Gain(Mi)}{\sum_{i}^{2} Gain(Mi)} \quad (公式 9-7)$$

②同质网络融合：根据权重计算结果，分别基于合作维度矩阵与竞争维度矩阵构建企业间的综合合作网络与综合竞争网络。

（3）竞合网络构建与分析

①异质关系整合：基于综合合作网络与竞争网络计算权重并构建企业间的竞合网络。

②复杂网络分析：对竞合网络的网络特征指标进行分析，如反映结构特征的平均度、平均路径长度及聚类系数等；采用信息熵等指标反映网络的动态变化等。

9.4 企业开放式创新战略分析实证研究

根据面向开放式创新的中小企业技术竞争情报方法体系的应用研究设计，本部分以 LED 领域作为实证对象对开放式创新战略分析方法进行了应用研究。

9.4.1 实证数据集构建

（1）年报数据

本研究通过中国科学技术信息研究所的"上市公司年报数据库"，抽取其中行业分类为 LED 行业的上市公司，确定其中 LED 产业上市公司 114 家，提取其中分产品字段、分地区字段、关联交易字段及重大项目字段，时间限定为自该公司上市以来至 2013 年，共获得年报 735 份。

（2）论文数据

采用中国知网的数据库作为数据来源，将 LED 产业上市公司名称作为检索词进行作者单位检索，检索时间限定为 1900—2013 年，共获得数据 1286 条（检索时间为 2016 年 3 月 23 日）。

（3）专利数据

采用中国知识产权局的数据库作为数据来源，将 LED 产业上市公司名称作为检索词进行专利申请人检索，检索时间≤2013 年，共获得数据 36 155 条（2016 年 3 月 23 日）。

9.4.2 相关计算方法

（1）网络结构特征

复杂网络可以定义为由点的集合 V 及边的集合 E 构成的图 $G=(V, E)$[①]。其中节点规模节点数 $N=|V|$，边规模边的数目 $M=|E|$。复杂网络的功能由其结构决定，相关研究学者在其研究过程中提出了复杂网络的 3 个统计特征，分别是平均度、平均路径长度及聚类系数。

1）平均度

复杂网络中节点 v_i 的度 k_i 定义为与该节点相连的边的数量，根据度的定义，一个节点的度越大，这个节点对于整合网络就越重要。复杂网络中所有节点的度的平均值称为网络的平均度，记为 K，即，

$$K = \frac{1}{N}\sum_{i=1}^{N} k_i \qquad （公式9\text{-}8）$$

---

① 汪小帆，李翔，陈关荣. 复杂网络及其应用[M]. 北京：清华大学出版社，2005：19-20.

2）平均路径长度

复杂网络中 2 个节点 v_i 和 v_j 之间的距离 d_{ij} 定义为链接这 2 个节点的最短路径上的边数，根据距离的定义，2 个点之间的距离越大，信息从点 v_i 到点 v_j 之间的速度越慢。复杂网络中平均路径长度的定义为任意 2 个节点之间距离的平均值，用 L 表示，即，

$$L = \frac{1}{C_N^2} \sum d_{ij} \quad \text{（公式 9-9）}$$

3）聚类系数

在复杂网络中，一个节点 v_i 有 k 条边将它和其他节点相连，这 k 个节点就称为节点 v_i 的邻居，对于 k 个节点来说，它们之间最多可能有 C_k^2 条边。复杂网络中聚类系数的定义为节点 v_i 的 k 个相连节点之间实际存在的边数 E 和总的可能存在的边数 C_k^2 之比，用 C 表示，即，

$$C = \frac{E}{C_k^2} \quad \text{（公式 9-10）}$$

（2）熵

熵用于测度系统不确定程度及复杂程度。熵越大，系统不确定程度越大，复杂程度越高；熵越小，系统不确定程度越小，复杂程度越低。信息论中熵的计算公式为：

$$H(x) = -p(x) \log p(x) \quad \text{（公式 9-11）}$$

其中，系统内包含不同的状态，每种状态出现的概率为 $p(x)$，$H(x)$ 为该状态下的熵。那么，对于整合系统的多种状态，可以用 $H(p_1, p_2, p_3, \cdots, p_n)$ 表示，

$$H(p_1, p_2, p_3, \cdots, p_n) = -\sum_1^n p_i \log p_i \quad \text{（公式 9-12）}$$

当有信息进入系统时，系统不确定度减少，可以采用负熵表示系统信息量的增加[①]。

[①] M E J NEWMAN. Networks: an introduction[M] .Oxford：Oxford University Press，2010.

9.4.3 结果分析

（1）LED产业竞合网络分析

1）企业合作网络

LED领域的企业合作网络（图9-3）共有节点2278个，边2392条，表示LED产业企业间合作关系涉及企业2278个，这些企业间存在合作关系2392组。整合网络中以各个上市公司为中心点形成一个小的发散团体，该部分主要表示上市公司及其相关项目合作的企业，其中包括该上市公司的附属子公司、二级子公司及共同投资新项目的其他企业。

图9-3　LED领域企业合作网络（见书末彩图）

2）企业竞争网络

LED领域的企业竞争关系网络共有节点114个，边6805条，表示LED产业企业间竞争关系涉及企业114个，这些企业间存在竞争关系6805组。国内LED产业上市公司之间普遍存在竞争关系，少数几家上市公司由于其产品的独特性及目标市场的不同性，相对竞争对手较少，如浙江阳光集团股份有限公司等，其目标市场定位主要面对大洋洲、亚洲、北美洲等海外市场，相较于大部分上市公司面对国内市场，其竞争关系涉及的企业相对较少。

3）企业竞合网络

LED领域的企业竞合网络（图9-4）包括节点2290个，边9208条，其中蓝色的边表示企业间的合作关系，共有2374条，绿色的边表示企业间的竞争关系，共有6816条，红色的边表示企业间的竞合关系，共有18条。

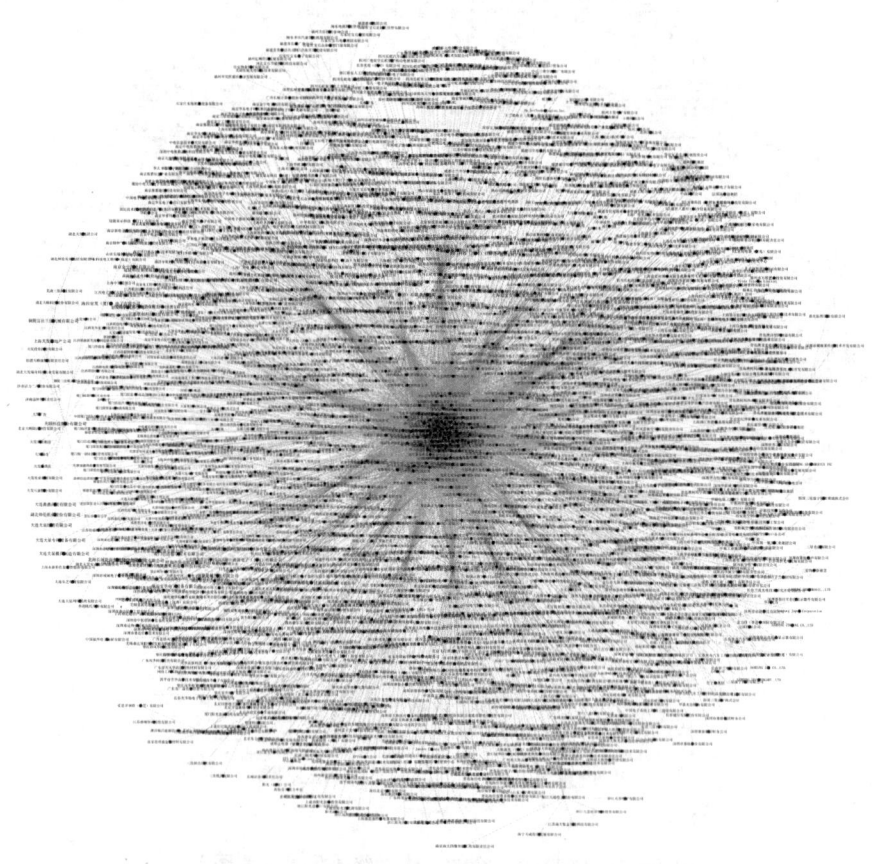

图9-4　LED领域企业竞合网络（见书末彩图）

整个网络表示 LED 领域内竞合关系分布情况，以上市公司为中心向外发散，以子公司、相关项目投资公司为主形成了外围的合作关系；各上市公司之间在网络中间部分以竞争关系为主，形成了上市公司之间的竞争关系；上市公司之间竞合关系分布在网络中心。为了更好地展示 LED 领域企业间综合关系网络，本研究在保留全部竞合关系的基础上，尽量将其中较强的竞争关系与合作关系展示出来。因此，本研究从竞争网络中选取竞争强度 Top600 的竞争关系，从合作网络中选取合作强度 Top600 的合作关系，以及所有的竞合关系，构建 LED 领域企业竞合关系网络（图 9-5）。在该网络中存在竞合关系的企业网络如图 9-6 所示。

在 LED 领域上市公司的竞合关系网络中，共有节点 27 个，边 18 条，表明 LED 领域上市公司之间存在竞合关系的企业共有 27 个，这些企业间共有 18 组竞合关系。

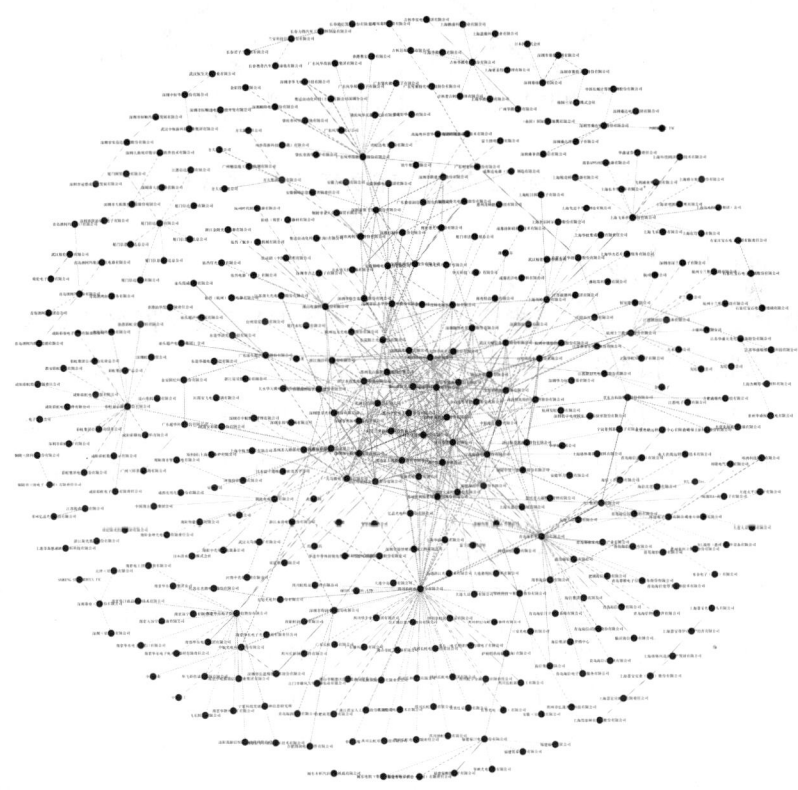

图 9-5　LED 领域企业竞合网络（部分）（见书末彩图）

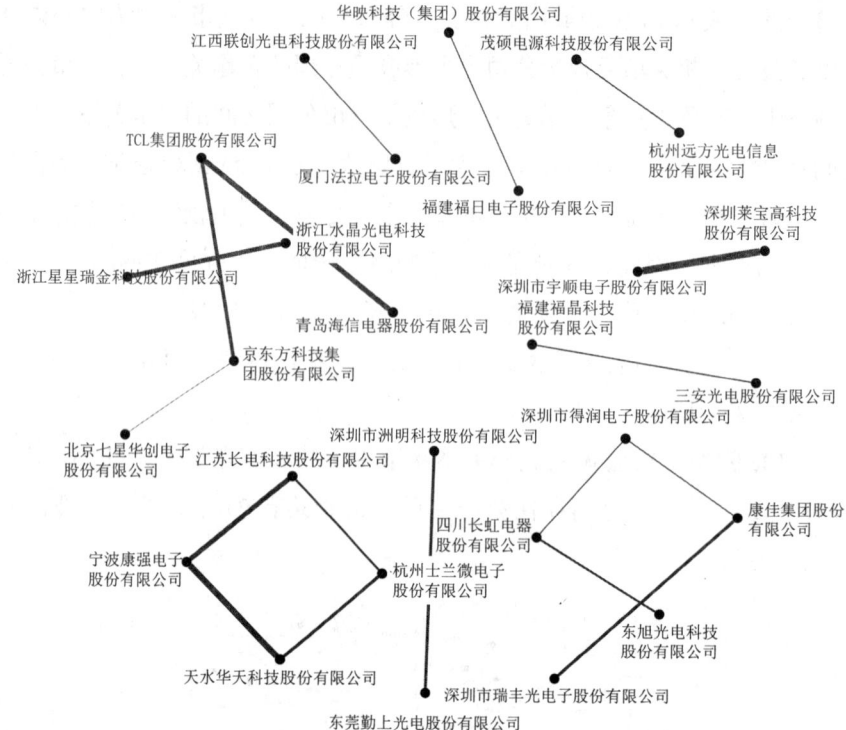

图 9-6 LED 领域上市公司竞合关系网络（见书末彩图）

4）网络指标比较

基于复杂网络相关网络指标，计算 LED 产业多重关系网络的网络指标及整合后得到的合作网络、竞争网络及综合关系网络的网络指标，结果如表 9-2 所示。从中我们可以看出，多重关系的整合并不是简单的点和边的相加，而是在网络规模扩大的基础上使得网络结构更加完善，网络内容更加丰富。

表 9-2 LED 领域关系网络指标比较

	节点规模	边规模	平均度	平均距离	聚类系数
合著网络	182	255	5.604	1.959	0.35
共专利权网络	104	71	2.731	1.59	0
项目合作网络	2078	2080	4.004	6.687	0.006
目标市场网络	112	5549	198.179	1.107	0.96

续表

	节点规模	边规模	平均度	平均距离	聚类系数
产品重合网络	110	760	27.636	2.18	0.492
论文主题网络	74	449	24.27	2.184	0.485
专利主题网络	105	5316	202.514	1.026	0.984
企业合作网络	2278	2392	4.2	6.408	0.032
企业竞争网络	125	6805	217.776	1.123	0.957
竞合关系网络	2290	9208	16.084	3.057	0.082

(2)企业竞合关系分析

企业间具有竞合关系的竞争与合作关系二维散点如图9-7所示。根据散点图中企业竞合关系的位置,可以将它们划分为3类:合作型(以合作为重点,偏向Y轴)、竞争型(以竞争为重点,偏向X轴)和均衡型(对角线45°附近)。

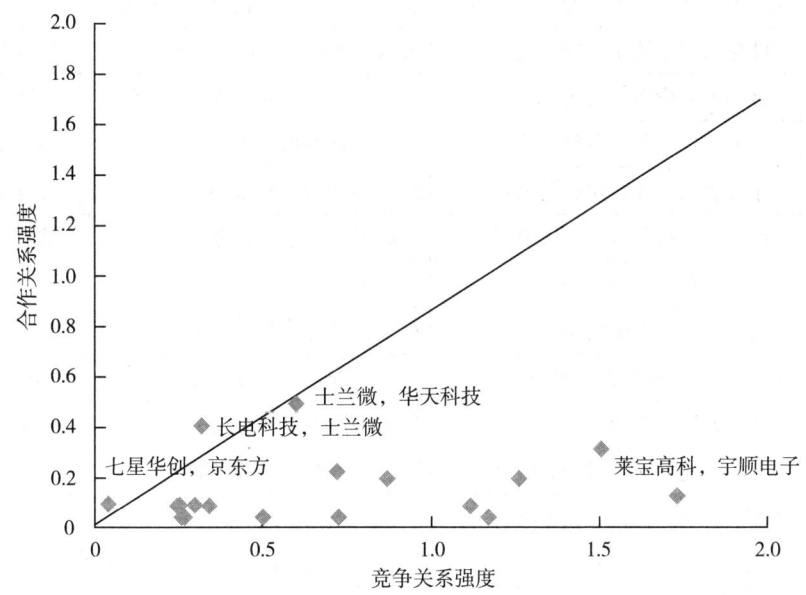

图9-7 LED领域上市公司竞合关系二维散点

具有均衡型竞合关系的企业对有"士兰微"和"华天科技"、"士兰微"和"长电科技"。通过其关系解读可以发现，杭州士兰微电子股份有限公司采用的是典型的基于产业链的开放式创新战略。尽管三者在LED领域的业务有所重合，但他们也各有侧重：华天科技是士兰微排名前五的供应商之一，而士兰微则是长电科技的上游客户。

处于偏合作性的是北京七星华创电子股份有限公司（简称"七星华创"）和京东方科技集团股份有限公司（简称"京东方"）之间的竞合关系，而其实际控制人是同一企业：北京电子控股有限责任公司。相比之下，其余企业间的关系均处于竞合关系中的偏竞争型。可见，在LED领域中企业间的竞合关系主要偏向于竞争（表9-3）。

表9-3 LED领域上市公司竞合类型

序号	企业1	企业2	类型
1	杭州士兰微电子股份有限公司	天水华天科技股份有限公司	均衡型
2	江苏长电科技股份有限公司	杭州士兰微电子股份有限公司	均衡型
3	北京七星华创电子股份有限公司	京东方科技集团股份有限公司	偏合作型
4	宁波康强电子股份有限公司	天水华天科技股份有限公司	偏竞争型
5	康佳集团股份有限公司	深圳市瑞丰光电子股份有限公司	偏竞争型
6	青岛海信电器股份有限公司	TCL集团股份有限公司	偏竞争型
7	京东方科技集团股份有限公司	TCL集团股份有限公司	偏竞争型
8	深圳莱宝高科技股份有限公司	深圳市宇顺电子股份有限公司	偏竞争型
9	浙江星星瑞金科技股份有限公司	浙江水晶光电科技股份有限公司	偏竞争型
10	三安光电股份有限公司	福建福晶科技股份有限公司	偏竞争型
11	茂硕电源科技股份有限公司	杭州远方光电信息股份有限公司	偏竞争型
12	福建福日电子股份有限公司	华映科技（集团）股份有限公司	偏竞争型
13	江西联创光电科技股份有限公司	厦门法拉电子股份有限公司	偏竞争型
14	江苏长电科技股份有限公司	宁波康强电子股份有限公司	偏竞争型
15	东莞勤上光电股份有限公司	深圳市洲明科技股份有限公司	偏竞争型
16	东旭光电科技股份有限公司	四川长虹电器股份有限公司	偏竞争型
17	深圳市得润电子股份有限公司	康佳集团股份有限公司	偏竞争型
18	深圳市得润电子股份有限公司	四川长虹电器股份有限公司	偏竞争型

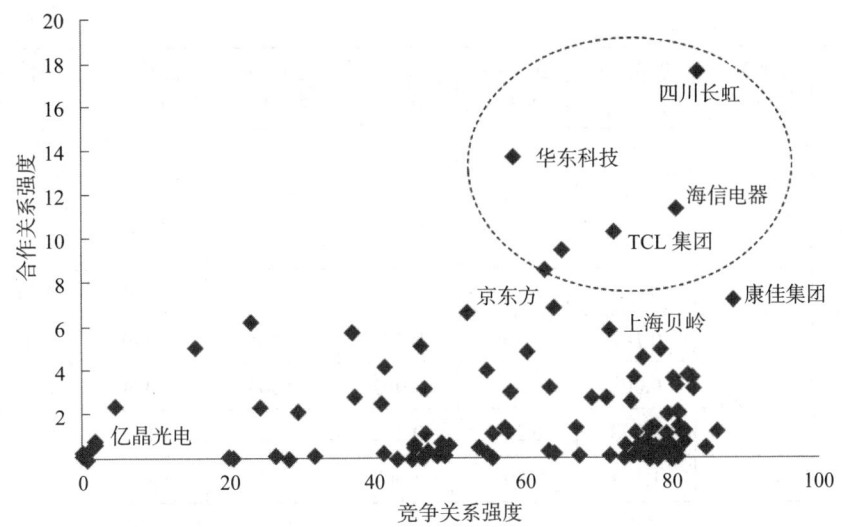

图 9-8 LED 领域上市公司竞争与合作关系散点

而从整个 LED 领域上市企业来说,这种关系表现得就更为突出了(图 9-8)。从数据分布来看,这些企业可以分为 3 类:弱合作弱竞争企业,如常州亿晶光电科技有限公司,弱合作强竞争,如京东方科技集团股份有限公司、上海贝岭股份有限公司,强合作强竞争,如四川长虹电器股份有限公司、南京华东电子信息科技股份有限公司。

(3)竞合关系网络演变分析

1)产业层次分析

本部分基于网络熵描述了 LED 领域企业关系网络的变化。将 2000—2013 年 14 年数据进行分析,以 2 年为一个时间窗,将时间段平均分为 7 部分。各时间段内的 D 产业关系总数 S、合作关系数 x_A、竞争关系数 x_B、竞合关系总数 x_C,合作关系熵 $H(x_A)$、竞争关系熵 $H(x_B)$,竞合关系熵 $H(x_C)$、竞合分布熵 $H(x)$ 及竞争合作比 $P(x)$ 如表 9-4 所示。

表 9-4 LED 领域企业竞争关系熵与合作关系熵变化趋势

	2000—2001 年	2002—2003 年	2004—2005 年	2006—2007 年	2008—2009 年	2010—2011 年	2012—2013 年
S	266	659	1289	2434	4209	6453	6768

续表

	2000—2001年	2002—2003年	2004—2005年	2006—2007年	2008—2009年	2010—2011年	2012—2013年
x_A	255	311	368	496	497	771	879
x_B	11	346	918	1936	3708	5674	5882
x_C	0	2	3	2	4	8	7
$H(x_A)$	0.018	0.154	0.155	0.141	0.110	0.110	0.115
$H(x_B)$	0.057	0.147	0.105	0.079	0.048	0.049	0.053
$H(x_C)$	0.000	0.008	0.006	0.003	0.003	0.004	0.003
$H(x)$	0.075	0.308	0.267	0.222	0.161	0.163	0.171
$P(x)$	0.043	1.113	2.495	3.903	7.461	7.359	6.692

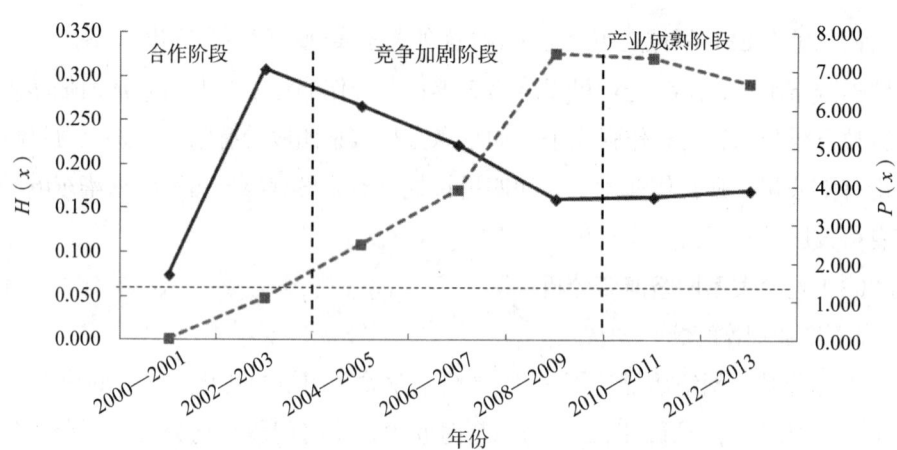

图 9-9　LED 领域企业关系网络竞合分布熵与竞争合作比

通过竞合分布熵 $H(x)$ 和竞争合作比 $P(x)$ 的变化来看（图 9-9），2000—2013 年 LED 领域的发展可以大体划分为 3 个阶段：合作阶段、竞争阶段与产业成熟阶段。2000—2003 年，$P(x)<1$，LED 产业处于合作为主的阶段，竞合分布熵进一步增大，表示不断有新的竞争关系加入使得产业结构日趋复杂；2004—2013 年，$P(x)>1$，LED 产业处于竞争为主的阶段，而通过竞合分布熵的变化情况可以看出，产业竞争呈现先加剧后缓和的过程。LED

产业竞合动态演化呈现先合作后竞争的过程,这一结果符合竞合价值链理论"合作创造价值,竞争争夺市场"及新兴产业通过合作做大市场,成熟产业通过竞争争夺市场的相关论断。

2)企业层次分析:以京东方为例

纵观LED产业上市公司发展历史,京东方科技集团股份有限公司(简称"京东方")作为其中的龙头企业,其发展过程中的竞合变化极具代表性。本部分同样以2年为时间窗,将2000—2013年划分为7个时间段,对京东方与其他企业的竞争关系与合作关系进行了展示(图9-10)。

京东方创立于1993年,是全球领先的半导体显示技术、产品与服务提供商,核心业务包括显示器件、智慧系统和健康服务等,2001年在深圳证券交易所挂牌上市,并根据全球化战略需要,从北京东方电子集团股份有限公司改名为京东方科技集团股份有限公司。

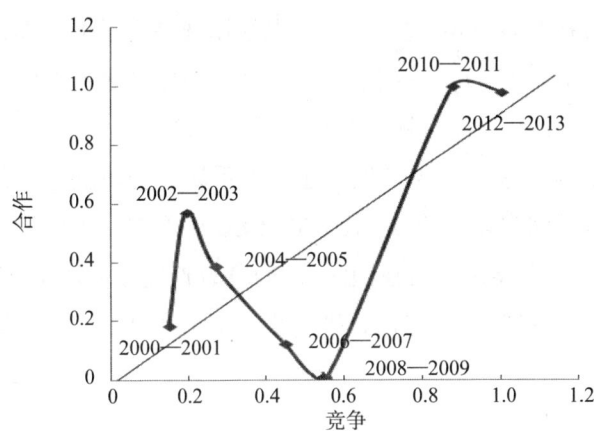

图9-10 京东方科技集团股份有限公司竞合关系动态演化

通过2000—2013年的竞争与合作关系变化可以发现,京东方一直通过合作来不断强化自身的竞争力,而且呈现节律性特征:竞争—合作—竞争—合作。从数据特征来看,京东方具有明显的开放式创新特征,而且可能是一种混合型的开放式创新战略,即通过输入式创新增加企业技术创新能力,通过输出式创新进行产业化。而从京东方的公开资料来看,其市场行为与这些特征间具有一定关系。

自京东方上市以来,其在领域内一直与其他企业保持竞合关系,2000—2001年,京东方与其他企业之间关系属于均衡型,但这时候其合作强度与竞争强度均较低,并不具备强烈的经营优势。这段时间,京东方与东方冠捷合作显示器生产线项目,初步布局中国北方显示器市场。

2002—2005年,京东方与其他企业之间关系属于偏合作型。这段时间中国LED产业迅速起步,京东方收购韩国现代电子TFT-LCD业务,相关专利及团队进入TFT-LCD事业的战略布局;成立北京京东方光电科技有限公司,生产液晶显示屏及模组;成立北京京东方茶谷电子有限公司,生产显示光源产品。

2006—2009年,京东方与其他企业之间关系属于偏竞争型。这段时间中国LED产业逐渐进入成熟期,企业间竞争加剧,京东方规模进一步扩大,成立京东方(河北)移动显示技术有限公司,生产移动产品用液晶显示模组;成立成都京东方光电科技有限公司,生产移动产品用液晶显示屏、模组;成立合肥京东方光电科技有限公司,生产IT与电视用液晶显示屏、模组。京东方业务的扩展标志其进入LED产业封装产品生产,与国内多家封装企业间形成竞争关系,京东方在封装及显示领域都充满了竞争对手。

2010—2013年,京东方与其他企业间关系属于均衡型,经营优势进一步扩大。随着京东方鄂尔多斯第5.5代AMOLED生产线开工建设,填补了我国AMOLED产业空白,奠定了其在国内AMOLED产业龙头地位;合肥第8.5代氧化物TFT-LCD生产线开工建设,进一步丰富了产品线,大大提升了企业竞争力。

9.5 小结

企业开放式创新战略分析是目前科技型中小企业关注的关键情报课题,为了对企业在创新链中的活动进行全景式描述,本研究在多源数据与复合关系分析范式下,在论文、专利和企业年报数据的基础上,融合了从基础研究到产品市场全部链条上的竞争与合作关系,将竞争与合作同时置于同一视域下进行比较研究。LED领域的实证研究结果在一定程度上证实了这种开放式创新战略分析方法的有效性。

从具体分析结果来看，目前在 LED 领域的上市企业更多地是以竞争关系为主，即使企业间存在竞合关系也是更多地偏向竞争，仅有少数企业间是一种均衡型的竞合关系。从企业层次来看，目前均衡型竞合主要是建立在产业链上下游之间的。这一结论与基于科技型中小企业创新现状的调研结果是一致的。而节律性竞合关系的存在则在一定程度上说明了混合型开放式创新战略的存在，即通过输入式创新增加企业技术创新能力，通过输出式创新进行产业化。这种分析结果则进一步说明了基于多源数据（全创新链）与复合关系（竞争与合作关系）分析范式在全景式描述企业创新战略上的方法论优势。

第 10 章
结　语

科技型中小企业是国家创新体系的重要组成部分，一方面它们是技术创新，特别是突破式创新的重要来源；另一方面却因为缺乏必要的技术竞争情报支撑而面临日益加剧的竞争压力。本研究在基于社会调查了解科技型中小企业创新活动现状的基础上，对其技术竞争情报需求进行分析，在此基础上尝试从方法论研究的视角为科技型中小企业的技术竞争情报活动提供方法体系支撑，并针对其关键技术竞争情报课题进行方法应用研究。

10.1　主要研究发现与结论

本项目的研究发现主要集中在科技型中小企业创新活动、技术竞争情报需求及技术竞争情报分析方法等几个方面。

10.1.1　科技型中小企业的开放式创新

（1）科技型中小企业青睐内向式开放创新

针对科技型中小企业开放式创新活动的调查结果表明，在开放式创新过程中，目前科技型中小企业比较关注的技术知识获取方式是合作研发及人才引进，近期开始关注技术并购的方式。在技术商业化及技术知识的外部转移方面，科技型中小企业比较关注的是通过自身的生产或合作生产来实现技术成果的商业化，其后依次是外包生产销售、技术许可、技术出售及风险投资。这种差异表明，目前科技型中小企业比较关注的是内向型创新，即输入式创新。从与外部创新源的合作来看，目前科技型中小企业选择的合作对象较多，但合作的层次却相对较浅。形成这种现象的主要原因是开放式创新取得收益本身的复杂性。

2013—2015年数据的比较表明，科技型中小企业的开放式创新活动正在不断加强。同时结合数据分析结果可知，随着科技型中小企业的开放度不断加强，其技术竞争情报的需求强度也随之增加。

（2）开放式创新中的技术竞争情报呈现"微笑曲线"的特点

尽管在企业开放式创新过程中，科技型中小企业对技术竞争情报的利用程度相对较低。一方面表现在对技术竞争情报功能和情报源利用频次评分相对较低；另一方面是近1/3的企业仍未设立专职机构负责此项职能。但2013—2015年的趋势表明，这种情况正在逐步好转。科技型中小企业所呈现的技术竞争情报需求具有明显的个性化差异，突出表现在平均值与极值打分的差异上。从开放式创新过程来看，科技型中小企业的技术竞争情报需求呈现"微笑曲线"的特点，它们更加关注技术竞争情报的界面作用：越靠近中小企业的核心研发业务，其技术竞争情报需求强度越弱；越接近于企业边界（技术的输入与输出决策），其技术竞争情报需求就越高。这一点充分说明了科技型中小企业对技术竞争情报工作的定位及技术竞争情报工作的本质。

10.1.2 科技型中小企业的技术竞争情报活动

（1）科技型中小企业的竞争情报活动呈现专业化趋势

尽管2013年与2015年对科技型中小企业员工情报意识的调查结果没有太大变化，但就竞争情报部门的设置来说，还是呈现显著增加的趋势。在2013年所调查的企业中只有41.7%的企业设立了专门情报部门，而2015年则有65.7%的企业设立了情报部门。这说明更多的企业越来越重视竞争情报的价值，更倾向于竞争情报工作专业化。

对于没有设置竞争情报部门的企业来说，其技术竞争情报工作仍是由相关业务部门来承担。2013年企业的技术竞争情报工作主要由市场及行政管理部门负责，而2015年的调查结果为市场及技术研发部门，且技术研发部门所占比例最大。这表明随着创新环境的开放程度提高，企业更加注重技术竞争情报的价值。

（2）环境不确定性进一步强化了技术竞争情报活动

基于结构方程的分析结果表明，企业开放度虽然未对技术竞争情报活动构成直接影响，但存在间接影响。随着技术创新的需要，未来开放式创新是不可避免的发展趋势，企业必然会由封闭走向开放，那么企业的开放度将会提高，技术创新能力也会随之得到显著提高，继而提高企业对技术竞争情报的需求。2013年与2015年的比较分析则进一步揭示了这种趋势：不同影响因素的作用正在强化，正向影响着企业对技术竞争情报的内容、功能及情报源的需求程度。环境动荡程度在2013年只与技术竞争情报需求的情报源相关，在2015年则与CIT内容需求及CIT情报源需求都相关，且相关系数有所增大，这表明随着外部环境的动荡程度加剧，企业对技术竞争情报的需求也日益显著增强。

（3）在技术竞争情报研究中更加倾向于二手情报源

调查数据结果表明，科技型中小企业对二手情报源的利用要高于一手情报源，而且对各类情报源的利用正在不断加强。从平均值来看，对报纸、会议、标准的利用程度较高，这突出表明了科技型中小企业对技术竞争情报的时效性要求；对政府机构与竞争对手等一手情报源的关注，则充分说明了政府对于科技型中小企业的重要作用。但仅从调查样本使用频次最高的情报源看，对期刊论文、专利文献的关注则进一步凸显，且呈现进一步强化的趋势。而在一手情报源中，行业协会的作用正在加强。这种数据来源的分布与韩国的一项研究结论基本一致：从信息收集角度来看，文本信息源中技术与市场报告是重要来源，而人际信息源中顾客是重要来源；中小企业研发管理者需要及时获取高质量技术与市场趋势报告，但限于资源，他们很难获得此类报告；关注新技术的中小企业需要从专利与出版物及与国家研究机构的合作中发现新兴技术趋势。

10.1.3　科技型中小企业的技术竞争情报需求

（1）科技型中小企业技术竞争情报需求的整体共性特点与个体差异相对较大

通过功能、内容与情报源分析，可以发现科技型中小企业作为一个群体，其技术竞争情报需求尽管在整体需要上表现出一定共性，但个体差异是非常大的。这一点突出表现在各类变量的整体平均值结果与极值打分上的差异，如分析内容与情报源的打分。

（2）技术内容是科技型中小企业技术竞争情报关键情报问题的核心

除了由于资源局限而更加关注二手情报源的利用外，科技型中小企业的技术情报内容有 2 个特点需要特别关注：一是技术内容本身是优先关注的关键情报课题；二是竞争对手的分析更加复杂。科技型中小企业在技术内容层次关注的共性问题与关键情报课题分别是：技术发展所带来的威胁与发展趋势；而对于机构信息的需求则集中于技术竞争力。

（3）开放式创新环境中对技术竞争情报的需求更加复杂

竞争对手作为技术竞争情报的基本研究对象，除了从竞争的视角进行分析外，在开放式创新环境下，他们也可能是潜在合作伙伴。这不仅需要技术竞争情报从竞争转向合作视角进行分析，同时还需要考虑技术作为一种驱动因素对未来竞争与合作格局的影响。这就需要技术竞争情报研究人员将技术因素与管理因素结合到一起分析。对技术本身的关注，需要技术竞争情报能够分析影响科技型中小企业发展的产业共性技术与前沿技术；对技术竞争力的关注需要技术竞争情报能够分析技术因素驱动下的竞争对手变化，特别是从威胁视角下分析竞争对手的变化；对竞争对手身份变化的关注，需要技术竞争情报不仅要深入到创新链与价值链进行分析，更重要的是还可以识别出他们的创新战略。

10.1.4 技术竞争情报分析方法论

中小企业的技术竞争情报活动具有自身显著的特点，特别是由于资源与知识结构局限性所带来的方法应用局限。针对这种问题，学者给出了不同的解决思路：一种是基于共享理论，借助于产业集群或国家平台解决此类问题；另一种则是针对中小企业的特点进行方法的适用性改进。而本研究则从科技情报方法论的视角提出了一种新的途径，即基于元分析的思想充分挖掘已有、可获得的科技文献数据。这种解决方案正是基于前期科技型中小企业调研中的发现提出的，即目前科技型中小企业对二手情报源的利用要高于 手情报源。本研究将这一解决方案的核心概念化为基于多源数据与复合关系的分析范式。

（1）科技情报分析方法与工具的发展为技术竞争情报提供良好的借鉴

尽管科技情报分析仍然以文献为主要分析对象，但是正在融合更多的数据；在方法功能上尽管也仍然是以统计、科学计量、网络分析为主要内容，但可视化分析正在兴起。在功能层次，科技情报分析支撑工具呈现集成化的特点。这种现象说明就情报工具研发来说，从数据到情报的连续性决定了不可能仅关注科技情报分析的某一环节而忽略其他,而已有的科技情报分析工具也恰恰说明了这一点。在业务流层次,科技情报分析工具呈现综合化的趋势,综合化将是科技情报工具的重要发展趋势。在分析工具调研过程中,最引人注意的是各类情报分析平台。此类平台呈现的最大的特点是面向具体问题的方法与工具乃至数据的综合,综合化的集中体现是面向情报价值的实现,即解决用户的问题,而非提供处理结果。因此,情报分析工具的综合化发展趋势,是科技情报特征所决定的必然目标。

（2）传统竞争情报分析与元分析具有相类似的逻辑基础

在竞争情报领域,首先强调的是开源信息,当明确了竞争情报分析的对象或目标时,数据基本上都是可以获得的。但在这个获得过程中,应该尽可能找到替代数据源以满足于情报分析的数据需求。找替代来源是非常重要的,因为一个数据源可能会提供不同类型的、非常重要的数据,而关于相同目标的数据可以通过多个数据源的相互验证而形成。元分析从不同研究来源对研究结论进行整合的思想,与竞争情报分析中利用多种数据源提高情报产品质量的思路,是具有很强的逻辑一致性。两者的区别也仅仅是对数据类型需求的差异。如果从社会科学的研究范式来看,元分析属于实证范式,而竞争情报分析大多是属于非实证范式。而此类分析思路也已经体现在了科技情报分析方法中对不同来源数据的关系整合研究中。

（3）基于多源数据与复合关系的分析范式

在基于多源数据与复合关系的分析范式概念框架之下,中小企业的技术竞争情报分为3个层次:框架层、业务层与操作层。框架层中确立了技术竞争情报分析的主线,即面向创新决策中的技术情报需求,对技术领域本身及与特定技术相关的利益相关者进行监测、预警、预测和评估。业务层则是从价值链视角进行描述,但与传统分析业务不同,在情报分析环节可能存在并行的情报分析,即利用相关数据源针对同一关键情报需求进行分析,以提高结果一致性与效度。在操作层,除了情报产出环节外,其余各个环节间都是一种交互式的关系,而且它们之间的对应也不是一对一的关系,而是存在多种对应有关系,这也是基于多源数据进行定量化情报分析的特点所决定的。同时,操作环节间的反馈与多种对应关系为描述基于不同来源数据进行复合式关系挖掘提供了框架。

10.1.5 面向开放式创新的技术竞争情报方法体系

（1）面向开放式创新的技术竞争情报方法体系概念框架

面向开放式创新的中小企业技术竞争情报方法体系具有3个典型的特点：第一，在操作层突出了基于多源数据与复合关系的分析范式，在数据源层突出了二手情报源，在分析环节中突出并行。第二，在业务层突出了开放式创新中的关键情报问题（技术与市场的结合、竞争与市场的结合），同时相应地在数据源层强化了数据源与创新链的对应（基础研究、应用研究、产业化）。第三，在框架层强调协同，包括二手情报源与一手情报源的协同、基于多源数据与复合关系分析与其他技术竞争情报分析方法间的协同。

（2）在技术领域监测中的应用研究

在技术领域监测中，本研究选择了LED领域作为分析对象，分别对共性技术识别、研究前沿预测方法进行了方法应用研究。在分析操作层面，分别对异源同质关系在概念层和语义层进行了多种关系的融合。LED领域的实证结果分别说明了基于分析范式所构建的2种研究方法的可行性与有效性。同时也表明了这种分析范式在全景式描述及深度分析上的优势，特别是对科技型中小企业来说扩大数据来源的重要性。

（3）在市场竞争预警中的应用研究

在市场竞争预警中，本研究分别选择了信息技术和环保领域的上市公司为研究对象，分别对潜在竞争对手识别与竞争威胁测度方法进行应用研究。在分析操作层面，分别对同源异质关系与异源异质关系在指标层进行了集成。实证研究的结果证实了所提出方法的可行性与有效性。在进一步突出融合市场与技术数据必要性的同时，也发现了基于定量数据进行分析的局限：一是对竞争行为预测存在不足；二是对于中小企业来说可能会因融合关系过多而带来操作上的困难及指标计算的压力。

（4）在创新活动监测中的应用研究

在创新活动监测中，本研究分别选择LED领域的上市公司为研究对象，分别对企业技术创新能力和企业创新战略分析的方法进行应用研究。在分析操作层面，对异源同质关系与异源异质关系分别在语义层、指标层进行了集成。实证研究的结果证实了所提出方法的可行性与有效性。实证结果在进一步说明了基于多源数据（全创新链）与复合关系（竞争与合作关系）分析范式在全景式描述企业创新战略上的方法论优势的同时，也突出了在创新分析中此类研究可能存在的问题。例如，技术贡献度的测度方法显然是适用性科技型中小企业的技术创新评估的，但无法识别其他类型的创新。因此，对采用多元化战略的大企业来说是会存在问题的。但这种局限是因为本项目的研究目标所限定的，即以设计一种适用于科技型中小企业的技术竞争情报分析方法体系。

10.2 创新点

（1）通过大时间尺度的对比有效地支撑了现状调查与趋势分析

先后 2 次通过标准测量工具对科技型中小企业的创新活动及其技术竞争情报活动现状与需求进行了调查。2 年的时间跨度使本研究对科技型中小企业创新活动及技术竞争情报的需求分析具有更高的效度与信度。

（2）提出了基于多源数据与复合关系的技术竞争情报分析范式

针对科技型中小企业技术竞争情报分析存在的问题，本研究给出与已有研究不同的解决思路，即基于多源数据与复合关系分析范式的一种方法论思路。该分析范式不仅在方法论上借鉴了科技情报分析的最新成果，突出了元分析思想与竞争情报研究的逻辑一致性，更重要的是它符合科技型中小企业的技术竞争情报工作特点，即依赖于二手情报源数据，分析工作可能由一个人完成。而这种分析范式就是充分利用数据多样性来克服分析团队的认知局限或偏见。

（3）基于开源或可获得工具的技术竞争情报分析方法体系应用

针对从科技型中小企业调查中提炼出的关键情报问题，对基于多源数据与复合关系分析范式的技术竞争情报方法体系进行了应用研究。在应用研究中针对产业共性技术、研究前沿、潜在竞争对手、竞争威胁、技术创新能力、创新战略等关键情报课题，均给出了相应的监测指标或指标体系。在应用研究过程中列出了实现分析功能所可能用到的工具，以便于分析人员基于这些开源、可获得的工具实现自己的分析目标。

10.3 研究局限与展望

由于研究能力与资源局限，本研究在内容和成果上仍存在着需要进一步改进的地方及研究空间。

10.3.1 研究局限

（1）科技型中小企业的调查样本量的局限

首先是在科技型中小企业的调查过程中，尽管在可获得样本的基础上尽可能地采用随机抽样的方式进行调查，2次调查中对调查工具进行了随机处理，但由于样本量的局限，调查结果的信度仍可能存在问题。

（2）技术竞争情报方法体系应用研究的局限

在对方法体系进行应用研究设计时，主要是根据科技型中小企业开放式创新活动"界面"中的关键情报问题来展开的，因此未对企业内部技术研发活动的关键情报问题设计应用研究，特别是关于人才监测方面研究与分析。

（3）相关研究成果的局限

尽管本项目在应用研究设计时，尽可能采用不同行业、不同问题、不同功能的应用研究进行组织，以克服研究设计本身对结论外在效度与信度的影响，但由于每种方法的实证研究样本局限，仍需更多实证研究支撑。

10.3.2 未来研究

鉴于上述局限，未来研究需要进一步关注以下问题。

（1）对科技型中小企业创新及技术竞争情报需求的持续跟踪

由于已经建立了相对规范的测量工具，因此，未来研究中可以对科技型中小企业的开放式创新活动进行持续监测，以有效地挖掘其中技术竞争情报需求的变化，以便有针对性地展开研究与服务。

（2）多源数据与复合关系分析范式的工具化与平台化

工具化与平台化在科技情报分析中已经成为趋势，但限于科技型中小企业目前的资源局限，本项目并未给出相应的工具与平台。但从科技型中小企业的技术竞争情报发展趋势来看，越来越多的企业开始成立竞争情报或技术竞争情报部门。组织形式的正式化代表着资源投入的加大,在这种背景之下,科技型中小企业就可能出现较强的工具与平台需求。

(3)针对科技创新人才监测开展方法研究

从2次调查结果来看,科技型中小企业对创新人才监测的技术竞争情报需求还是比较突出的。一方面是因为它们更加关注于内向型创新,而人才引进是主要途径;另一方面这也是它们发现潜在竞争对手或合作伙伴的有效手段。从数据角度来说,在此过程中应该更加关注网络上非结构化信息的处理,如人才履历。从分析功能上而言,应该着手于基于开源信息的创新人才画像与评估。

附录

调查问卷

（注：2013年与2015年调查中问题的顺序及选项的顺序不同。）

科技型中小企业技术竞争情报需求调查问卷

您好！

非常感谢您能参加此次调查活动，我们是《面向科技型中小企业创新的技术竞争情报方法体系研究》项目组，目前正在进行"科技型中小企业技术竞争情报需求研究"的企业调研。

技术竞争情报是指能给组织的竞争地位带来重大影响的外部科学或技术的威胁、机会或发展的信息，以及这些信息的获取、监控、分析、前瞻和预警过程，是竞争情报理论和方法在科技领域中的应用。技术竞争情报是关于技术竞争环境、技术竞争对手及技术竞争策略的研究。

开放式创新认为当企业在发展新技术的时候，应同时将内部和外部的所有有价值的创意有机地结合起来，并同时使用内部、外部2条市场通道。开放式创新强调企业知识的内外结合对企业持续创新的正向作用。同时，外部环境资源的获取和利用会提高企业的技术创新能力。

本研究的目的是识别开放式创新环境下科技型中小企业对于技术竞争情报的需求，在此恳求您根据实际情况，帮助我完成本次问卷。对您的回答我们仅用于项目学术研究，不做它用，请您放心答题！

对您的合作和支持，再次表示衷心的感谢！

一、基本信息

1. 贵企业的员工数量（　　）

A.50 人以下　　B.50～200 人　　C.201～500 人　　D.501 人以上

2. 贵企业具有大专以上学历的科技人员占职工总数的比例是否高于 30%（　　）

A. 是　　B. 否

3. 贵企业直接从事研究开发的科技人员占职工总数的比例（　　）

A.10% 以下　　B.10%～20%　　C.21%～40%　　D.40% 以上

4. 贵企业每年高新技术产品的研发投入占销售额的比例是否高于 3%（　　）

A. 是　　B. 否

5. 贵企业的性质（　　）

A. 国有及国有控股企业　　B. 民营企业　　C. 外资企业　　D. 中外合资企业

E. 其他_____

6. 贵企业所属的技术领域（　　）

A. 电子信息　　B. 生物医药　　C. 光机电一体化　　D. 新材料与节能技术

E. 新能源　　F. 航空航天　　G. 资源与环境　　H. 地球、空间、海洋工程

7. 贵企业的成立时间为（　　）

A.2 年及以下　　B.3～4 年　　C.5～8 年　　D.8 年以上

二、贵企业的技术创新情况

8. 通常情况下，贵企业获取新技术的途径有（　　）（可多选，请按照选项关键程度由高到低排列）

A. 自主研发　　B. 合作研发　　C. 委外研发　　D. 技术并购

E. 购买知识产权　　F. 购买技术许可　　G. 吸收技术人才

H. 其他_____

8.1 贵企业近 2 年通过各种外部途径（即上题中除 A 选项外的选项）获取新技术的总次数为（　　）

A.5 次及以下　　B.6～10 次　　C.11～20 次　　D.20 次以上

9. 通常情况下，贵企业的新技术成果实现商业化的途径有（　　）（可多选，

请按照选项关键程度由高到低排列）

　　A. 企业自身生产销售　　　　B. 合作生产销售　　C. 外包生产销售

　　D. 技术出售　　　E. 技术许可　　　F. 企业技术人才离职并创建分公司

　　G. 风险投资　　　H. 其他_____

　　9.1 贵企业最近 2 年通过各种外部途径（即上题中除 A 选项外的选项）实现新技术成果商业化的总次数为（　　）

　　A.5 次及以下　　　B.6～10 次　　　C.11～20 次　　　D.20 次以上

　　10. 贵企业在选择技术合作伙伴时，对以下外部创新源的类型选择较多的是（　　）（可多选，请按照选项关键程度由高到低排列）

　　A. 用户　　　B. 供应商　　　C. 分销商　　　D. 竞争对手

　　E. 产业外其他企业　　　F. 大学/科研机构　　　G. 技术中介组织

　　H. 知识产权机构

　　I. 其他_____

　　10.1 贵企业最近两年与以上各种外部创新源进行深入合作（如技术研发、共同控股等）的次数（　　）

　　A. 没有　　　B.1～3 次　　　C.4～8 次　　　D.8 次以上

　　10.2 贵企业在选择技术合作伙伴时，希望合作伙伴能够具有较强的（　　）

　　A. 合作意识

　　B. 技术创新资源的共享意愿

　　C. 技术转移能力

　　D. 技术研发能力

　　E. 其他_____

三、技术竞争情报需求的影响因素

　　11. 下列是一些可能影响到技术竞争情报需求的要素，请根据贵公司实际情况对所做描述的正确与否进行判断，并在相应的选项上打"√"。

　　符合程度：完全符合——5，比较符合——4，一般性符合——3，不太符合——2，完全不符合——1。

技术竞争情报需求的影响因素		完全符合←→完全不符合				
企业技术研发能力	贵企业内部研发强度高于同行企业	5	4	3	2	1
	贵企业拥有的专利数量高于同行企业	5	4	3	2	1
企业技术吸收能力	贵企业具有较强的知识学习能力	5	4	3	2	1
	贵企业具有较强的外部获取能力	5	4	3	2	1
	贵企业具有较强的知识整合应用能力	5	4	3	2	1
技术变化程度	贵公司所属的技术领域,新技术出现的速度很快	5	4	3	2	1
	贵公司的核心知识和能力很快就过时	5	4	3	2	1
市场变化程度	贵公司所属的技术领域,用户的偏好速度变化很快	5	4	3	2	1
	贵公司所属的技术领域,产品生命周期越来越短	5	4	3	2	1
企业内部情报意识	贵企业员工经常接受情报培训	5	4	3	2	1
	贵企业员工能够有意识地进行技术情报信息的监测和获取	5	4	3	2	1
	贵企业高层管理人员能够认识到情报工作的价值	5	4	3	2	1
外部创新知识属性	贵企业外部的新技术具有知识隐性	5	4	3	2	1
	贵企业外部的新技术比较复杂	5	4	3	2	1
企业合作机会识别能力	贵企业能够识别出关键技术	5	4	3	2	1
	贵企业能够识别出潜在合作伙伴	5	4	3	2	1
企业合作机遇评估能力	贵企业能够对技术的适用性进行准确评估	5	4	3	2	1
	贵企业能够对合作的兼容性进行准确评估	5	4	3	2	1

四、技术竞争情报需求

12. 贵企业在技术创新过程中,对以下技术竞争情报内容的需求程度。

需求程度:非常需要——5,比较需要——4,一般性需要——3,不太需要——2,完全不需要——1。其中,技术机构指的是包括企业自身及外部创新源(用户、供应商、分销商、竞争对手、产业外其他企业、大学／科研机构等组织、技术中介组织、知识产权机构等）。

技术竞争情报需求：贵企业是否需要对以下技术信息进行获取、监测及分析		非常需要←→完全不需要				
技术本身	技术发展现状	5	4	3	2	1
	技术发展趋势	5	4	3	2	1
	技术机会	5	4	3	2	1
	技术威胁	5	4	3	2	1
	其他（　　）	5	4	3	2	1
技术机构	技术发展战略	5	4	3	2	1
	研发方向和计划	5	4	3	2	1
	技术实力	5	4	3	2	1
	技术人员状况	5	4	3	2	1
	其他（　　）	5	4	3	2	1

13. 贵企业在下列技术创新活动中，对技术竞争情报功能的关注程度。

关注程度：非常关注——5，比较关注——4，一般性关注——3，不太关注——2，完全不关注——1。

技术创新活动		所关注的技术竞争情报功能及关注程度																		
		预警					评价					监测					预测				
从企业外部获取新技术		5	4	3	2	1	5	4	3	2	1	5	4	3	2	1	5	4	3	2	1
自主创新	技术决策阶段	5	4	3	2	1	5	4	3	2	1	5	4	3	2	1	5	4	3	2	1
	技术研发阶段	5	4	3	2	1	5	4	3	2	1	5	4	3	2	1	5	4	3	2	1
	技术商品化阶段	5	4	3	2	1	5	4	3	2	1	5	4	3	2	1	5	4	3	2	1
向企业外部输出新技术		5	4	3	2	1	5	4	3	2	1	5	4	3	2	1	5	4	3	2	1

14. 贵企业对以下技术竞争情报来源的使用频率。

使用频率：非常多——5，比较多——4，一般——3，比较少——2，非常少——1。

	技术竞争情报来源	非常多←　　→非常少				
文献来源	报纸	5	4	3	2	1
	专业期刊	5	4	3	2	1
	会议文献	5	4	3	2	1
	专利文献	5	4	3	2	1
	标准文献	5	4	3	2	1
	研究报告	5	4	3	2	1
	其他（　　）	5	4	3	2	1
机构来源	企业内各部门员工	5	4	3	2	1
	客户	5	4	3	2	1
	竞争对手	5	4	3	2	1
	经销商	5	4	3	2	1
	供应商	5	4	3	2	1
	政府机构	5	4	3	2	1
	行业协会	5	4	3	2	1
	其他（　　）	5	4	3	2	1

15. 贵单位是否有专门的情报部门（　　）

A. 是　　　B. 否

15.1 如果贵单位没有专门的情报部门，那技术竞争情报的搜集、整理等工作由哪些部门负责（　　）

A. 行政管理部门　　　B. 技术研发部门　　　C. 市场部门

D. 销售部门　　　　E. 其他部门_____

16. 您在贵企业的职位是：_____

参考文献

[1] OECD.Enhancing the competitiveness of SMEs through innovation[R/OL].（2000-06-14）[2018-01-20]. http：//www.oecd.org/cfe/smes/2010176.pdf.

[2] 陈清泰.必须确立科技型中小企业在国家创新体制中的战略地位[N].科学时报，2011-06-11（1）.

[3] OECD.Enhancing the contributions of SMEs in a global and digitalised economy[R/OL].（2017-06-07）[2018-01-20]. http：//www.oecd.org/mcm/documents/C-MIN-2017-8-EN.pdf.

[4] JARUNEE WONGLIMPIYARAT.New economics of innovation：strategies to support high-tech SMEs[J]. Journal of high technology management research，2015，26：186-195.

[5] 科技部，财政部，国家税务总局.高新技术企业认定管理办法:国科发火〔2008〕172号[A/OL].（2008-04-28）[2013-01-25].https://www.most.gov.cn/fggw/zfwj/zfwj2008/200804/t20080428_61006.htm.

[6] 科技部，财政部.科技型中小企业技术创新基金项目管理暂行办法：国科发计字〔2005〕60号[A/OL].（2005-03-11）[2013-01-25].http：//www.most.gov.cn/tztg/200503/t20050311_19628.htm.

[7] 张丹.科技型中小企业技术创新能力评价研究[D].济南：山东大学，2007：11.

[8] RCHARD A KLAVANS，W BRADFORD ASHTON.Keeping abreast of science and technology：technical intelligence for business[M]. Columbus：Battelle Press，1997.

[9] GINA CULBELT，CAREY JORDAN，CHRIS TUROSI.Competitive intelligence white paper[EB/OL].（2009-09-01）[2018-01-26].https://www.ipo.org/wp-content/uploads/2013/03/Nov2009TradeSecretsWhitePaper1.pdf.

[10] 李艳，赵新力，齐中英.技术竞争情报现状分析[J].情报学报，2006，25（2）：242-253.

[11] PASCAL SAVIOZ.Technology intelligence：concept design and implementation in technology-based SMEs[M]. New York：Palgrave Macmillan，2004.

[12] C I V KERR，L MORTARA，R PHAAL，et al. A conceptual model for technology

intelligence[J]. International journal of technology intelligence and planning,2006,2（1）：73-93.

[13] ECKHARD LICHTENTHALER. Third generation management of technology intelligence process[J]. R&D management,2003,33（4）：361-375.

[14] 刘细文. 技术竞争情报的演化与发展[J]. 图书情报工作,2008,52（10）：6-9.

[15] COBURN MATHIAS M. Competitive technical intelligence：a guide to design, analysis and action[M].Oxford：Oxford University Press, 1999.

[16] BROCKHOFF K. Competitor technology intelligence in German companies[J].Industrial marketing management,1991,20（2）：91-98.

[17] SUOMINEN A, Li Y, YOUTIE J, et al. A bibliometric analysis of the development of next generation active nanotechnologies[J]. Journal of nanoparticle research,2016,18：270.

[18] ALIYA KUZHABEKOVA, JENNIFER KUZMA.Mapping the emerging field of genome editing[J]. Technology analysis & strategic management,2014,26（3）：321-352.

[19] YANG LY, YUE T, DING JL, et al.A comparison of disciplinary structure in science between the G7 and the BRIC countries by bibliometric methods[J]. Scientometrics,2012,93：497-516.

[20] KOSTOFF R N, DEL RIO J A, CORTES H D, et al.Clustering methodologies for identifying country core competencies[J].Journal of information science,2007,33（1）：21-40.

[21] RONALD N KOSTOFF, TIBOR BRAUN, ANDRAS SCHUBERT, et al.Fractals data mining using bibliometrics and database tomography[J].Journal of chemical information and computer sciences,2000,40（1）：19-39.

[22] TAN AH. Text mining：the state of the art and the challenges[C].Proceedings of the PAKDD Workshop on Knowledge Discovery from Advanced Databases,1999.

[23] PORTER AL. Tech mining[J]. Competitive intelligence magazine,2005（8）：30-37.

[24] PORTER AL, DETAMPEL M J. Technology opportunities analysis[J]. Technological forecasting and social change,1995,49（3）：237-255.

[25] WANG X, MA P, HUANG Y, et al. Combining SAO semantic analysis and morphology analysis to identify technology opportunities[J].Scientometrics,2017,111（1）：3-24.

[26] DANIELA BAGLIERI, FABRIZIO CESARONI. Capturing the real value of patent

analysis for R&D strategies[J]. Technology analysis & strategic management, 2013, 25(8): 971-986.

[27] PANTANO E, PRIPORAS CV, SORACE S, et al. Does innovation-orientation lead to retail industry growth? empirical evidence from patent analysis[J]. Journal of retailing and consumer services, 2017, 34(1): 88-94.

[28] YU SHAN CHEN, CHUN YU SHIH. Re-examine the relationship between patents and Tobin's q[J].Scientometrics, 2011, 89(3): 781-794.

[29] YU SHAN CHEN, CHUN YU SHIH, CHING HSUN CHANG. Explore the new relationship between patents and market value: a panel smooth transition regression(PSTR) approach[J].Scientometrics, 2014, 98(2): 1145-1159.

[30] ZHANG YI, QIAN YUE, HUANG YING, et al. An entropy-based indicator system for measuring the potential of patents in technological innovation: rejecting moderation[J]. Scientometrics, 2017, 111(3): 1925-1946.

[31] SUNGCHUL CHOI, HYUNSEOK PARK, DONGWOO KANG, et al.An SAO-based text mining approach to building a technology tree for technology planning[J].Expert systems with applications, 2012, 39(13): 11443-11455.

[32] LEE CHANG YONG, JEON JEONGHWAN. Monitoring trends of technological changes based on the dynamic patent lattice: a modified formal concept analysis approach[J]. Technological forecasting and social change, 2011, 78(4): 690-702.

[33] HU HAO CHANG, CHIN YUAN FAN.Identification of the technology life cycle of telematics: a patent-based analytical perspective[J].Technological forecasting and social change, 2016, 105: 1-10.

[34] M S M ALENCAR, A L PORTER, A M S ANTUNES.Nanopatenting patterns in relation to product life cycle[J].Technological forecasting and social change, 2007, 74(9): 1661-1680.

[35] AKAYA OGAWA, YUYA KAJIKAWA.Assessing the industrial opportunity of academic research with patent relatedness: a case study on polymer electrolyte fuel cells[J]. Technological forecasting and social change, 2015, 90(B): 469-475.

[36] SEO WONCHUL, KIM NAMHYOUNG, CHOI SUNGCHUL. Big data framework for analyzing patents to support strategic R&D planning[C]. DASC/PiCom/DataCom/CyberSciTech.2016: 746-753.

[37] GERDSRI NATHASIT, DAIM TUGRUL. Generating intelligence on the research and development progress of emerging technologies using patent and publication information[C]. Proceedings of the 4th IEEE International Conference on Management of Innovation and Technology, ICMIT, 2008: 1-6.

[38] ASHTON WB, TACEY GS. Technical intelligence in business-understanding technology threats and opportunities[J].International journal of technology management, 1995, 10(1): 79-104.

[39] PORTER AL, NILS C NEWMAN. Tech mining: a key tool to bolster innovation[C]. Proceedings of International Forum on Technological Innovation and Competitive Technical Intelligence, 2008: 254-270.

[40] PORTER AL. "Tech mining" to drive open innovation[C]. Proceedings of the First International Conference on Technology Innovation, Risk Management and Supply Chain Management, 2007: 1-13.

[41] TECHNOGLY FUTURES ANALYSIS METHODS WORKING GROUP.Technology futures analysis: toward integration of the field and new methods[J].Technological forecasting and social change, 2004, 71（3）: 287-303.

[42] AYSE KAYA FIRAT, WEI LEE WOON, STUART MADNICK.Technological forecasting: a review[R/OL].（2008-09-01）[2018-02-05]. http: //web.mit.edu/smadnick/www/wp/2008-15.pdf.

[43] PORTER AL. Technology foresight: types and methods[J]. International journal of foresight and innovation policy, 2010（6）: 36-45.

[44] 陈峰. 开展竞争情报与技术预见交叉研究的若干发现[J]. 图书情报工作, 2007, 51(2): 26-29.

[45] M M CARVALHO, ANDRÉ FLEURY, ANA PAULA LOPES.An overview of the literature on technology roadmapping（TRM）: contributions and trends[J].Technological forecasting and social change, 2013, 80（7）: 1418-1437.

[46] 朱东华, 袁军鹏, 李石柱. 面向科研立项评估的技术监测和技术机会分析研究[J]. 科研管理, 2003, 24（2）: 9-15.

[47] 朱东华. 论技术监测的对象[J]. 科研管理, 2006, 27（1）: 23-28.

[48] PORTER AL, ROPER AT, MASON TW, et al. Forecasting and management of technology[M]. New Jersey: Wiley, 2011: 114-132.

[49] CUNNINGHAM SW, SANZ A. Enhancing technological intelligence and competitiveness of small and medium sized enterprises[J]. Technology monitoring and analysis, 2011: 11-19.

[50] ALAN L PORTER, NILS C NEWMAN. Mining external R&D[J]. Technovation, 2011, 31（4）: 171-176.

[51] CHESBROUGH HW. The era of open innovation [J].MIT sloan management review, 2003, 9（44）: 35-41.

[52] CHESBROUGH HW. Open innovation: the new imperative for creating and profiting from technology[M]. Massachusetts : Harvard Business School Press, 2003.

[53] ECKHARD LICHTENTHALER. Managing technology intelligence processes in situations of radical technological change[J].Technological forecasting & social change, 2007, 74: 1109-1136.

[54] CANTONNET M L, ALDASORO J C, CILLERUELO E. Analysis of the competitive intelligence activities of small and medium-sized enterprises from the industrial sector[J]. Hum factors ergon Man, 2015, 25: 646-658.

[55] XIANJIN ZHA, MINGHONG CHEN. Competitive intelligence monitoring in the risk prevention of SMEs[J]. Journal of service science and management, 2009, 3: 230-235.

[56] ANDRÉS B, POLER R. A roadmap focused on SMEs decided to participate in collaborative non-hierarchical networks[A]. In: Camarinha-Matos L M, Xu L, Afsarmanesh H (eds) Collaborative Networks in the Internet of Services. PRO-VE 2012. IFIP Advances in Information and Communication Technology, Heidelberg: Springer, 2012.

[57] JARNO VÄHÄNIITTY, CASPER LASSENIUS, KRISTIAN RAUTIAINEN, et al. Long-term planning of development efforts by roadmapping: a model and experiences from small software companies[C]. In Proceedings of the 2009 35th Euromicro Conference on Software Engineering and Advanced Applications (SEAA'09) . IEEE Computer Society, Washington, DC, USA, 2009: 300-305.

[58] DAVID SARPONG, DIRK MEISSNER. Potentials of collaborative foresight for SMEs[J]. Technology analysis & strategic management, 2018, 30（6）: 625-632.

[59] CINZIA BATTISTELLA, ALBERTO F DE TONI, ROBERTO PILLON.The extended map methodology: technology roadmapping for SMES clusters[J].Journal of engineering

and technology management，2015，38：1-23.

[60] LEE YONG HO，YOUNG KIM SO，SONG INSEOK，et al. Technology opportunity identification customized to the technological capability of SMEs through two-stage patent analysis[J]. Scientometrics，2014，100：227-244.

[61] APREDA R，BONACCORSI A，DELL' ORLETTA F，et al. Functional technology foresight：a novel methodology to identify emerging technologies[J].European journal of futures research，2016，4：13.

[62] OECD. Enhancing the competitiveness of SMEs through innovation[EB/OL].（2011-12-10）[2018-02-10]. http：//www.oecd.org/dataoecd/20/1/2010176.pdf.

[63] 郑彦宁. 我国中小企业竞争情报供给模式研究 [D]. 武汉：武汉大学，2011.

[64] HENRI DOU. Competitive technical intelligence. methods and tools，application to innovation，SMEs，poles of competitiveness，research institutions and large companies[C]. Proceedings of International Forum on Technological Innovation and Competitive Technical Intelligence' 2008，Beijng：Peking University press，2009：155-170.

[65] E LICHTENTHALER. The choice of technology intelligence methods in multinationals：towards a contingency approach[J]. International journal of technology management，2005，32（3）：388-407.

[66] 柯贤能. 基于创新过程的技术竞争情报分析方法框架构建 [D]. 北京：中国科学院文献情报中心，2008.

[67] P SAVIOZ.Technology intelligence：concept design and implementation in technology-based SMEs[M].New York：Palgrave Macmillan，2004.

[68] 杜娟. 我国科技型中小企业竞争情报现状及特点研究 [D]. 北京：中国科学技术信息研究所，2004.

[69] 周英. 动态环境下科技型中小企业专利竞争情报系统研究 [D]. 镇江：江苏大学，2010.

[70] 曾德超，许明金，彭丽徽. 开放式创新视角下中小企业技术竞争情报服务模式研究 [J]. 图书馆，2015（1）：101-103，108.

[71] 陈钰芬. 开放式创新的机理与动态模式研究 [D]. 杭州：浙江大学，2007.

[72] 亨利·切萨布鲁夫. 开放式创新：进行技术创新并从中赢利的新规则 [M]. 金马，译. 北京：清华大学出版社，2005：9.

[73] 傅家骥. 技术创新学 [M]. 北京：清华大学出版社，1998.

[74] JOHN J MCGONAGLE, CAROLYN M VELLA. Proactive intelligence the successful executive's guide to intelligence[M].London：Springer London Heidelberg New York Dordrecht，2012.

[75] MAYOR A D. Adapting to environmental jolts[J]. Administrative science quarterly，1982，27（4）：515-538.

[76] 冯军政. 环境动荡性、动态能力对企业不连续创新的影响作用研究[D]. 杭州：浙江大学，2012.

[77] 蒋旭灿，王海花，彭正龙. 开放式创新模式下创新资源共享对创新绩效的影响：环境动荡性的调节效应[J]. 科学管理研究，2011，3（29）：5-10.

[78] NELSON R R, WINTER S G. Evolutionary theorizing in economics[J].Journal of economic perspectives，2002，16：23-46.

[79] TYLER B B, STEENSMA H K. Evaluating technological collaborative opportunities：a cognitive modeling perspective[J].Strategic management journal，1995，16（5）：43-70.

[80] 王长峰. 知识属性、网络特征与企业创新绩效：基于吸收能力的视角[D]. 济南：山东大学，2009.

[81] L ARGOTE，P INGRAM. Knowledge transfer：a basis for competitive advantage in firms[J].Organizational behavior and human decision proeesses，2000，82（1）：150-169.

[82] 陈钰芬，陈劲. 开放度对企业技术创新绩效的影响[J]. 科学学研究，2008，2（26）：419-426.

[83] 王鹏飞. 外向开放式创新对创新绩效的影响研究：基于网络嵌入性的视角[D]. 杭州：浙江大学，2011.

[84] LICHTENTHALER E.Technological change and the technology intelligence process：a case study[J]. Journal of engineering and technology management，2004，21（4）：331-348.

[85] CARROLL N，RICHARDSON I，WHELAN E. Service science：an actor-network theory approach[J].International journal of actor-network theory and technological innovation （IJANTTI），2012，4（3）：51-69.

[86] 金炬，梁战平. 美国的竞争性技术情报及其对我国的启示[J]. 图书情报知识，2006(7)：71-77.

[87] JOON MO AHN，TIM MINSHALL，LEIZIA MORTARA. Open innovation：a new

classification and its impact on frim performance in innovative SMEs[J]. Journal of innovation management, 2015, 3(2): 33-54.

[88] P SAVIOZ, M BLUM. Strategic forecast tool for SMEs: how the opportunity landscape interacts with business strategy to anticipate technological trends[J]. Technovation, 2002, 22: 91-100.

[89] CHANWOO CHO, BYUNGUN YOON, BYOUNG YOULCOH, et al.An empirical analysis on purpose drivers and activities of technology opportunity discovery: the case of Korean SMEs in the manufacturing sector[J]. R&D management, 2016, 46(1): 13-35.

[90] RIGBY D, ZOOK C. Open-market innovation[J].Harvard business review, 2002, 80(10): 80-88.

[91] STEPHEN E RUDOLPH, ERNEST R GILMONT, ANDREW S MAGEE, et al. Technology intelligence a powerful tool for competitive advantage[EB/OL]. [2018-02-20]. http: //www.adlittle.com/sites/default/files/prism/1991_q2_35-39.pdf.

[92] HUSAM ARMAN, JAMES FODEN. Combining methods in the technology intelligence process: application in an aerospace manufacturing firm[J]. R&D management, 2010, 40 (2): 181-194.

[93] ZACK M H.Managing organizational ignorance[J].Kowledge directions, 1999, 1(1): 36-49.

[94] CRAIG S FLEISHER, BABETTE E BENSOUSSAN.Business and competitive analysis[M]. New York: Pearson FT Press, 2015.

[95] MILLER S H. Competitive intelligence an overview[J].Competitive intelligence magazine, 2001, 1(11): 1-14.

[96] JAN P HERRING.Key intelligence topics: a process to identify and define intelligence needs[J].Competitive intelligence, 1999, 10(2): 4-14.

[97] THOMAS H DAVENPORT, DON COHEN, AL JACOBSON.Competing on analytics[R/OL]. (2005-05-01) [2018-03-03]. http: //www.babsonknowledge.org/analytics.pdf.

[98] RITU AGARWAL, VASANT DHAR. Big data, data science, and analytics: the opportunity and challenge for IS research[J].Information system research, 2014, 25(3): 443-448.

[99] 郑毅. 证析：大数据与基于证据的决策[M]. 北京：华夏出版社, 2012.

[100] CAPELLA UNIVERSITY.How are business analytics (also known as data analytics) and

business analysis different?（The terms often used interchangeably.）[EB/OL].（2016-12-12）[2018-3-05].https://www.capella.edu/blogs/cublog/the-differences-between-business-analytics-and-business-analysis/.

[101] WIKI.Business analytics[EB/OL].（2018-01-01）[2018-3-05]. https://en.wikipedia.org/wiki/Business_analytics.

[102] NANETTE J BULGER. The evolving role of intelligence：migrating from traditional competitive intelligence to integrated intelligence[J].International journal of intelligence，security，and public affairs，2016，18（1）：57-84.

[103] 托马斯·库恩. 科学革命的结构 [M]. 北京：北京大学出版社，2003.

[104] NIROD K DASH.Selection of the research Paradigm and methodology[EB/OL].（2005-06-01）[2018-03-22]. http：//www.celt.mmu.ac.uk/researchmethods/Modules/Selection_of_methodology/.

[105] JR J H N. Meta-analysis：methods，strengths，weaknesses，and political uses[J]. Journal of laboratory & clinical medicine，2006，147（1）：7-20.

[106] GLASS G V. Primary，secondary，and meta-analysis of research[J]. Educational researcher，1976，5（10）：3-8.

[107] AFFAIRS O O P. Cross design synthesis：a new strategy for medical effectiveness research[J]. Statistics in Medicine，1992（18）：1-126.

[108] ALAN L PORTER. Tech mining[J]. Competitive intelligence magazine，2005，8（1）：30-37.

[109] 刘志辉，赵筱媛. 上市公司年报在产业竞争情报分析中的应用研究 [J]. 图书情报工作，2013，57（3）：65-68.

[110] 郭晓林. 产业共性技术创新体系及共享机制研究 [D]. 武汉：华中科技大学，2006.

[111] BELANGER B C，URIANO G A，KAMMER R G. Program report：the advanced technology program：a new role for NIST in accelerating the development of commercially important technologies [J]. Journal of research of the national institute of standards and technology，1991，96（5）：605-611.

[112] 李纪珍. 产业共性技术：概念、分类与制度供给 [J]. 中国科技论坛，2006（3）：45-47，55.

[113] 马名杰. 政府支持共性技术研究的一般规律与组织[J]. 中国制造业信息化，2005（7）：14-16

[114] RBM B G S, BERGVELD P. Modification of ISFETs with a monolayer of latex beads for specific detection of proteins[J]. Biosensors & bioelectronics, 2003, 18（9）: 1109-1114.

[115] TASSEY G. Policy issues for R&D investment in a knowledge-based economy[J]. Journal of technology transfer, 2004, 29（2）: 153-185.

[116] 陈玉瑞, 鲍健强, 项浙学. 整合科技资源构建浙江共性技术科技创新体系[J]. 今日科技, 2003（6）: 10-13.

[117] KEENAN M. Identifying emerging generic technologies at the national level: the UK experience[J]. Journal of forecasting, 2003, 22（2-3）: 129-160.

[118] MARTIN B. Research foresight and the exploitation of the science base[M]. London: HM Stationery Office, 1993.

[119] 李纪珍. 产业共性技术供给体系[M]. 北京: 中国金融出版社, 2004.

[120] 科技部. 国家科技支撑计划管理暂行办法: 国科发计字〔2006〕331号[A/OL].（2006-07-31）[2012-04-12]. http://www.most.gov.cn/fggw/zfwj/zfwj2006/200607/t20060731_54375.htm.

[121] HALL B, JAFFE A, TRAJTENBERG M. The NBER patent citation data file: lessons, insights and methodological tools[EB/OL].（2001-10-01）[2012-04-12]. http://www.nber.org/papers/w8498.

[122] PQRAC JF, THOMAS H, BADEN C. Competitive groups as cognitive communities: the case of Scottish knitwear manufacturers[J]. Journal of management studies, 1989, 26（4）: 397-416.

[123] HONG ZHENG. The identification of enterprise dynamic competitor based on cluster analysis[C]. Int Conf on Information Management, Innovation Management and Industrial Engineering, Washington: IEEE, 2011:（1）315-318.

[124] 迈克尔·波特. 竞争战略[M]. 陈小悦, 译. 北京: 华夏出版社, 1997.

[125] BARNEY J. Firm resources and sustained competitive advantage[J]. Journal of management, 1991, 17（1）: 99-120.

[126] AMIT R, SCHOEMAKER P. Strategic assets and organization rent[J]. Strategic management journal, 1993（14）: 33-46.

[127] MAKADOK R. Toward a synthesis of the resource-based and dynamic-capability views of rent creation[J]. Strategic management journal, 2001, 22（5）: 387-401.

[128] 曾忠禄. 基于注意力理论的竞争对手分析模型 [J]. 情报理论与实践, 2013（12）: 219-228.

[129] CRANE A. In the company of spies: when competitive intelligence gathering becomes industrial espionage[J]. Business horizon, 2005, 48（3）: 233-240.

[130] ALEX COAD, MERCEDES TERUE. Inter-firm rivalry and firm growth: is there any evidence of direct competition between firms[J]. Industrial and corporate change, 2012, 22（2）: 397-425.

[131] PAPALIA R B, CALIA P, FILIPPUCCI C. Information theoretic competitiveness composite indicator at micro level[J]. Social indicators research, 2014, 123: 1-22.

[132] DAY G S. Strategic market analysis and definition: an integrated approach[J]. Strategic management journal, 1981, 2（3）: 281–299.

[133] SANTOS VIJANDE M L, ÁLVAREZ GONZÁLEZ L I. Innovativeness and organizational innovation in total quality oriented firms: the moderating role of market turbulence[J]. Technovation, 2007, 27（9）: 514-532.

[134] 国务院办公厅. 国务院办公厅关于强化企业技术创新主体地位 全面提升企业创新能力的意见: 国办发〔2013〕8 号 [A/OL].（2013-02-04）[2015-09-13].http: //www.gov.cn/zwgk/2013-02/04/content_2326419.htm.

[135] 戴布拉·艾米顿. 知识经济的创新战略: 智慧的觉醒 [M]. 北京: 新华出版社, 1998.

[136] 李友良. 论知识物化及其中的知识流 [J]. 合肥工业大学学报（社会科学版）, 2007, 21（5）: 99-102.

[137] 安徽铜峰电子股份有限公司. 新高度 新跨越 欢迎访问铜峰电子网站！[EB/OL].（2016-08-18）[2018-03-25]. http: //www.tong-feng.com/Aboutus.asp?Title=%B3%C9%B3%A4%C0%FA%B3%CC.

[138] 武汉长江通信产业集团股份有限公司. 长江通信 [EB/OL].（2016-07-20）[2018-03-25]. http: // www.ycig.com/about/&FrontComContent_list01-1291971293531ContId=9&comContentId= 9&comp_stats=comp-FrontComContent_list01-1291971293531.html.

[139] 清华同方股份有限公司. 集团简介 [EB/OL].（2016-07-20）[2018-03-30]. http: //www.thtf.com.cn/.

[140] BRANDENBURGER M, NALEBUFF J. Co-opetition[M]. New York: Doubleday, 1997.

[141] 项保华, 李大元. 企业竞合分析新范式: 六力互动模型——内涵、思路与策略 [J]. 科

技进步与对策,2009,26(3):52-54.

[142] BENGTSSON M,KOCK S."Coopetition" in Business Networks:to Cooperate and compete simultaneously[J]. Industrial marketing management,2000,29(5):411-426.

[143] 任新建. 企业竞合行为选择与绩效的关系研究[D]. 上海:复旦大学,2006.

[144] 汪小帆,李翔,陈关荣. 复杂网络及其应用[M]. 北京:清华大学出版社,2005:19-20.

[145] M E J NEWMAN. Networks: an introduction[M].Oxford:Oxford University Press,2010.

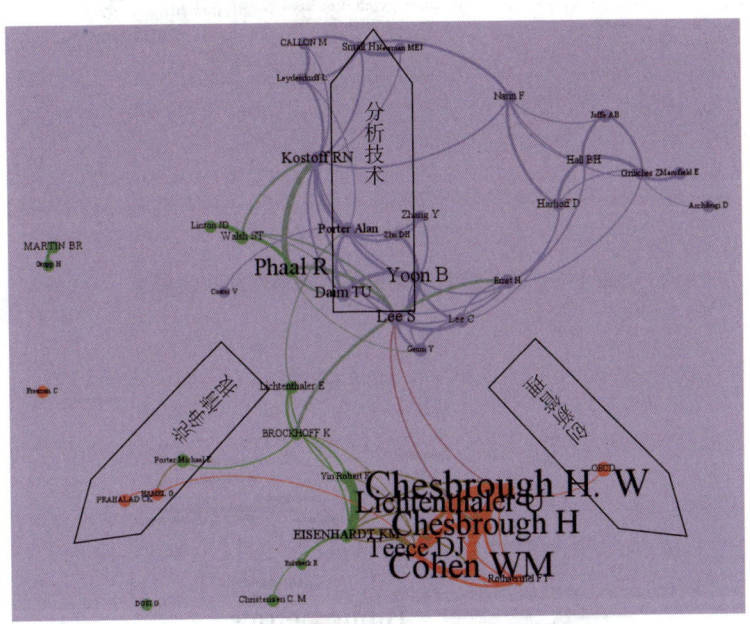

图 1-2 技术竞争情报领域的作者同被引分析

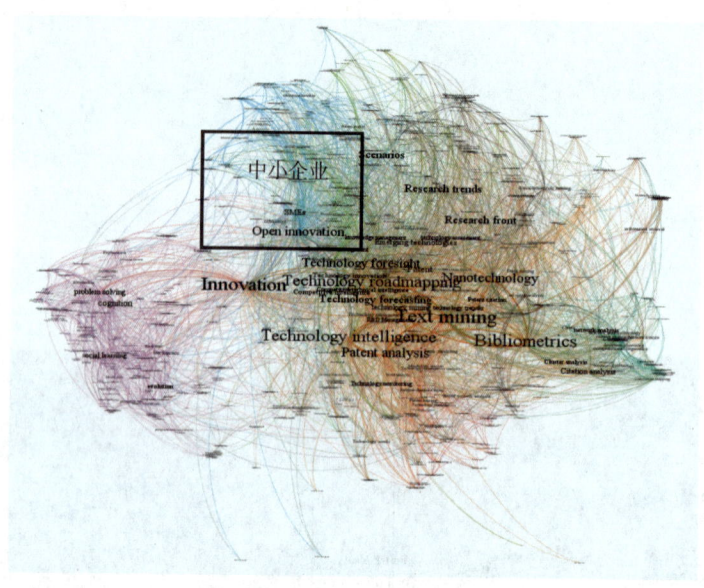

图1-3 基于作者关键词共现关系网络（全局）

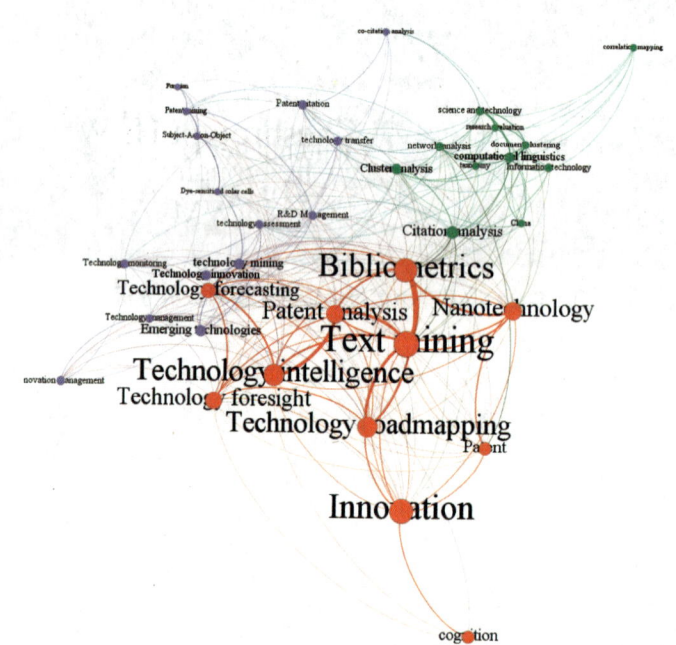

图1-4 基于作者关键词共现关系网络（核心）

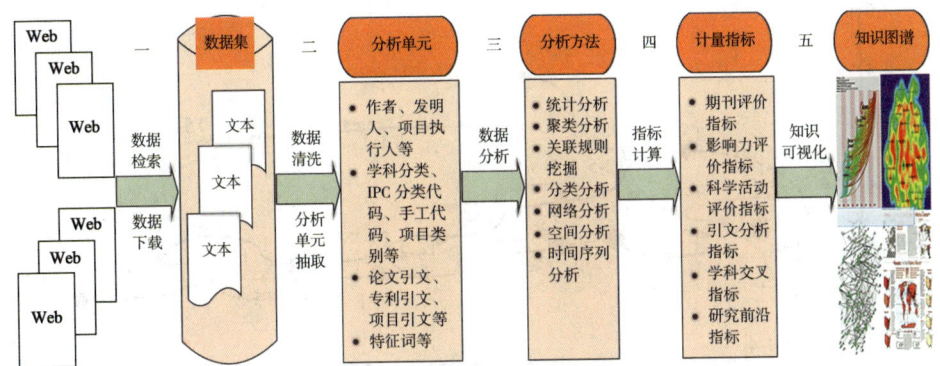

图 3-5 科技情报研究流程

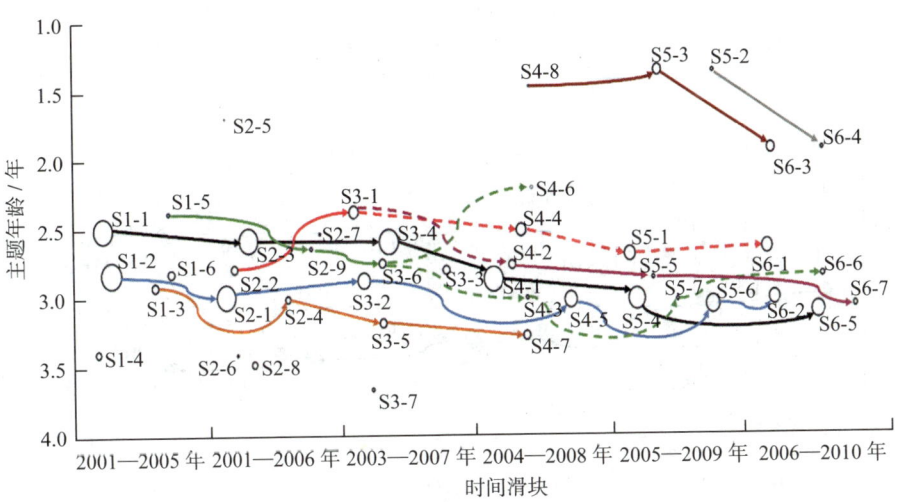

图 5-2 LED 领域论文主题演化

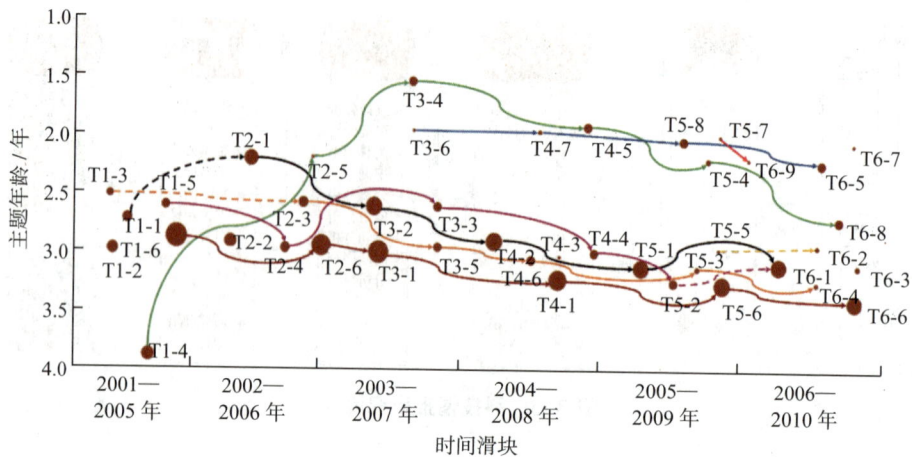

图 5-3　LED 领域专利主题演化

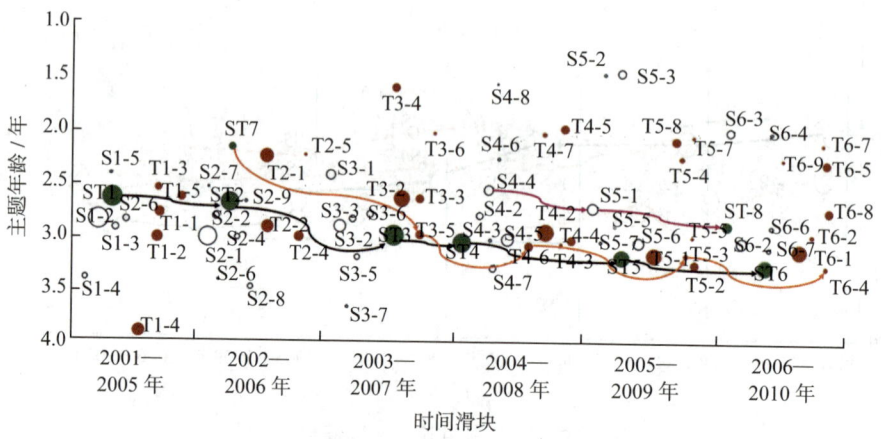

图 5-4　LED 领域数据融合后的主题演化

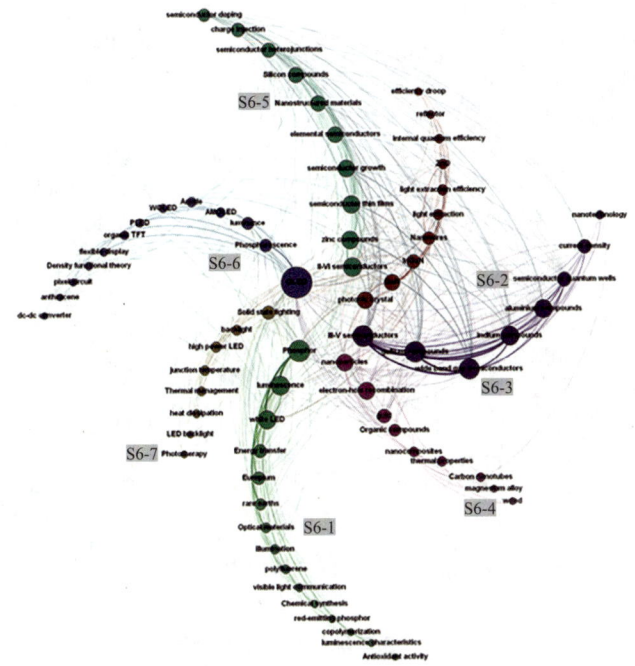

图 5-5　2006—2010 年论文数据类团

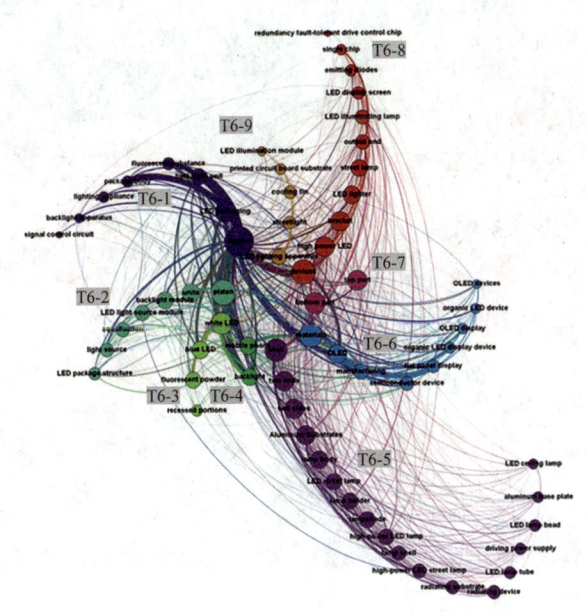

图 5-6　2006—2010 年专利数据类团

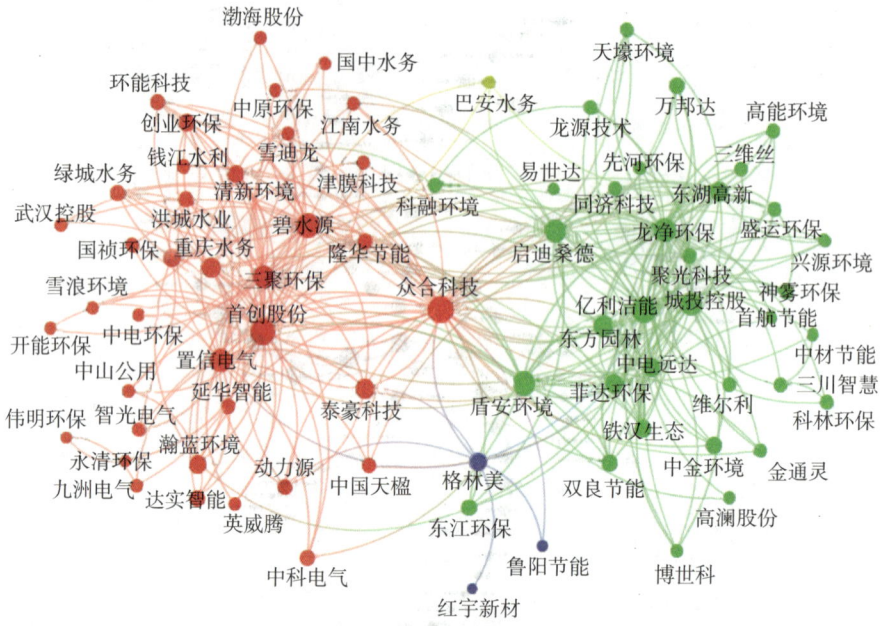

图 7-1 2015 年环保行业市场威胁网络

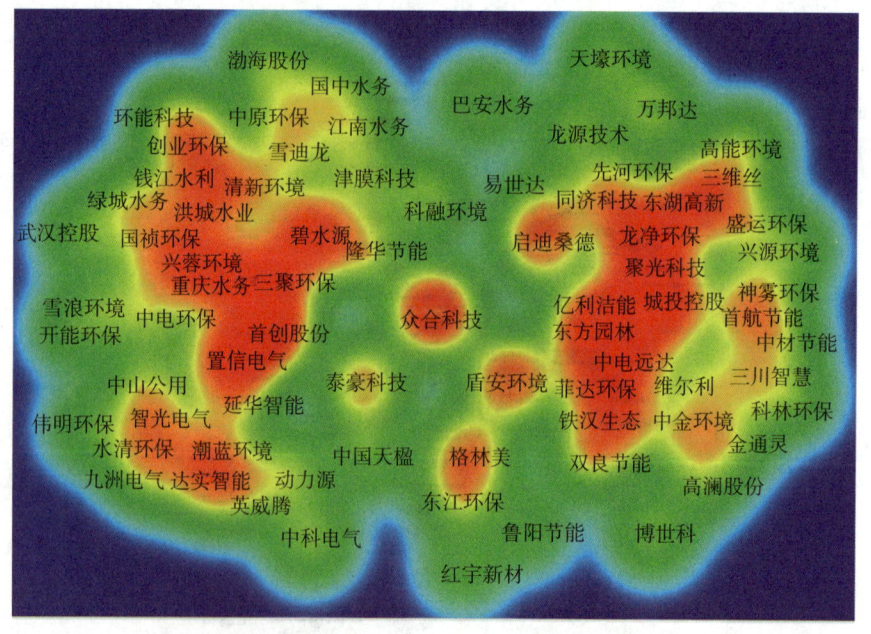

图 7-2 2015 年环保行业市场威胁密度

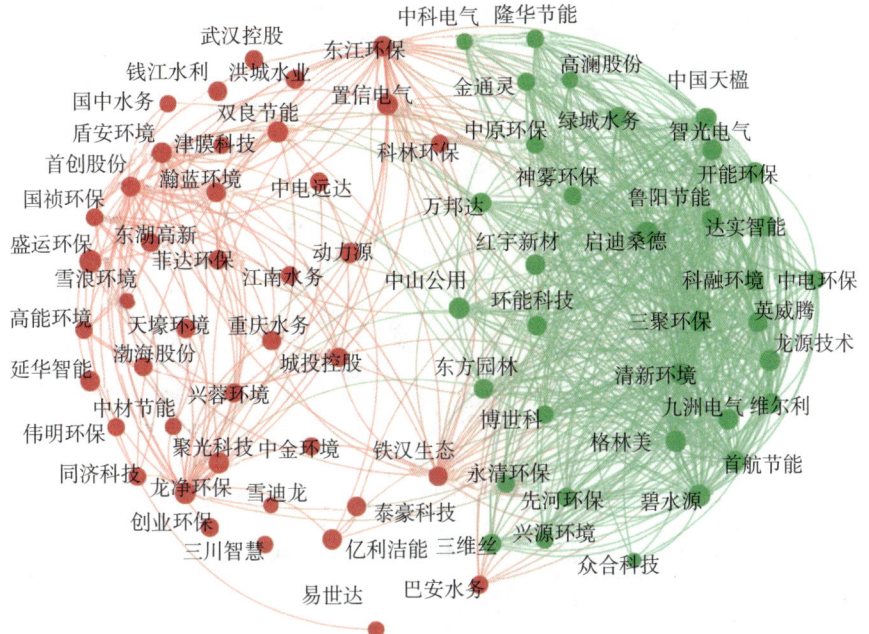

图 7-3　2015 年环保行业资源威胁网络

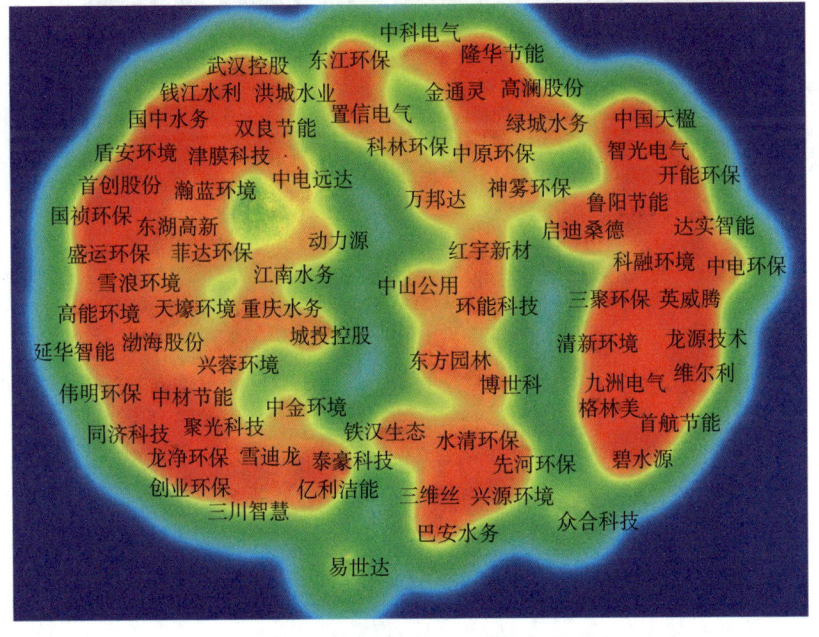

图 7-4　2015 年环保行业资源威胁密度

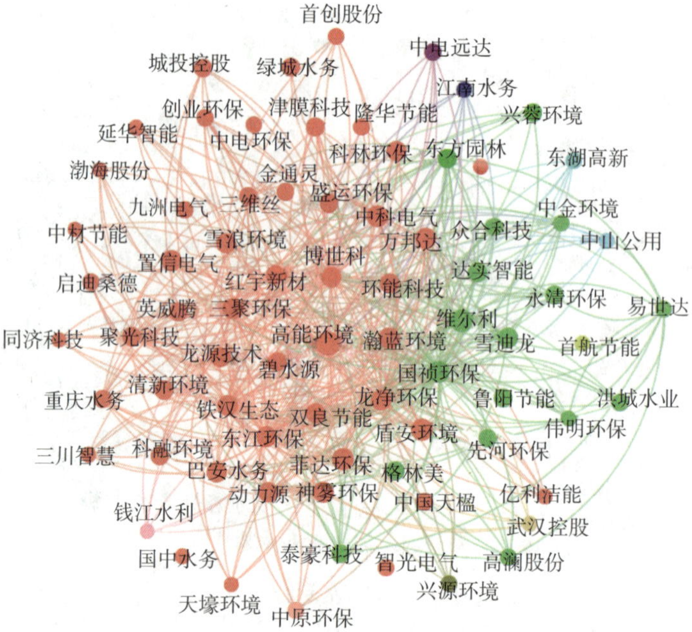

图 7-5 2015 年环保行业技术威胁网络

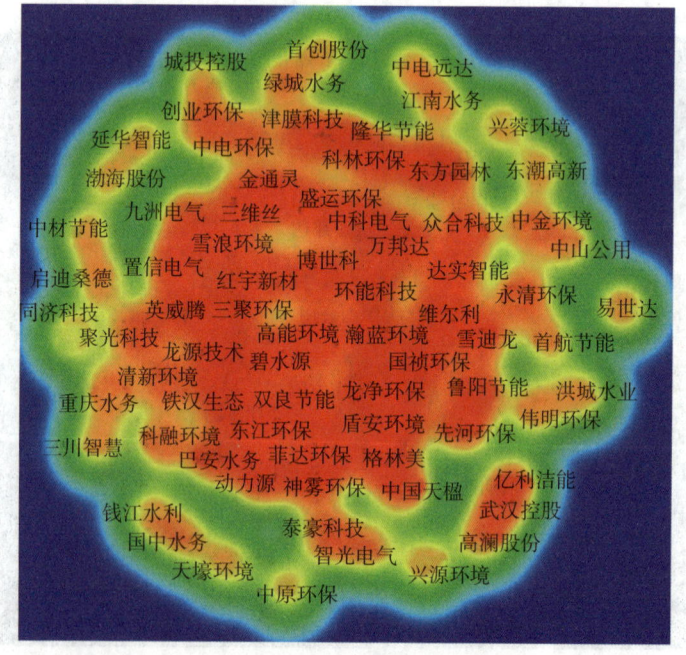

图 7-6 2015 年环保行业技术威胁密度

图 9-3 LED 领域企业合作网络

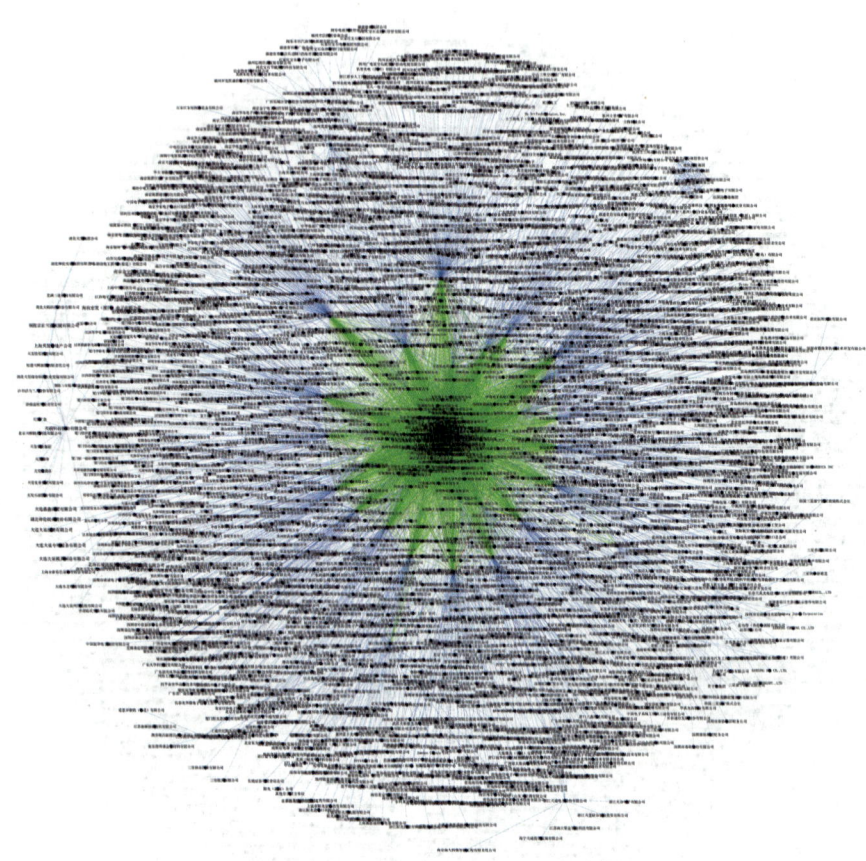

图 9-4 LED 领域企业竞合网络

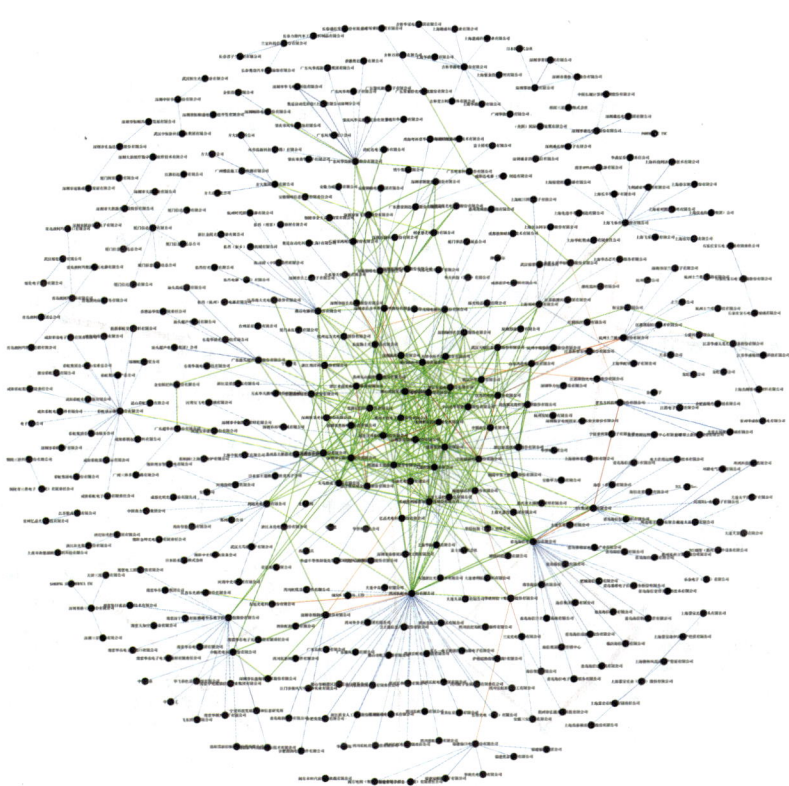

图 9-5 LED 领域企业竞合网络(部分)

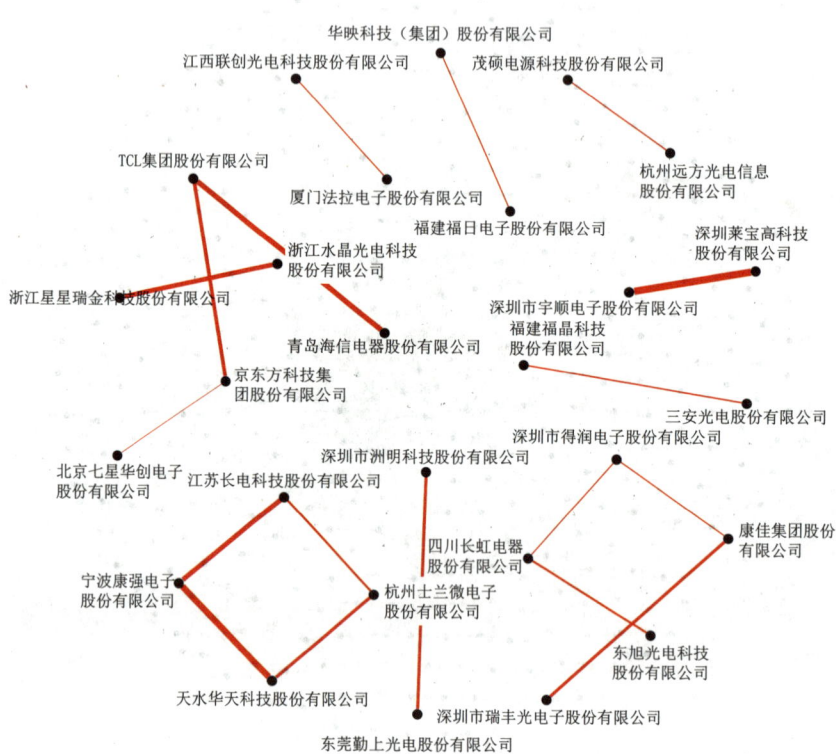

图 9-6 LED 领域上市公司竞合关系网络